中等职业教育规划教材

# 创新能力教程

CHUANGXIN
NENGLI
JIAOCHENG

姚志恩　主编

化学工业出版社

·北京·

本书试图从兴趣探索型学习的角度，来培养中职学生用心观察周围的事物，善于发现问题，提出问题，突破惯性思维，大胆探索动手实践的创新意识和实践能力，全面提高其科技综合素质，在科技实践活动和探究性学习过程中发明创新作品。

本书在内容安排上实行先观察后决策，先思考后动手，先模仿后创新，循序渐进的策略，通过观察力项目训练、思维力项目训练、模仿力项目训练、物化力项目训练、创新力项目训练，引导学生一步步走向创新实践。

在观察力训练项目中，重视培养学生的观察、分析能力，教育学生要做观察的有心人，培养他们观察的兴趣和主动性，更好地锻炼观察力，掌握良好的观察方法，培养对事物进行科学观察的能力和习惯。

在思维力项目训练中，利用头脑风暴法、思维导图等各种先进思维方法进行训练，使学生的大脑"动起来"，令学生在遭遇问题时不再感到无从下手，而是能够运用各种思维方法，通过思维的灵活转换成功破解各种难题并全面开发自己的创新潜力，形成自己解决问题的策略，成功解决新问题。

在模仿力项目训练中，训练学生模仿制作各类生活中常见的小工艺品、小玩具等，了解制作使用的各种工具，学会各种制作技能，提高学生实践动手能力。

在物化力项目训练中，训练学生将自己头脑中构思出的设计方案利用自己的技能和工具材料表现成为具体实际作品的能力。当学生自行组织条件用具体的事实来证明自己想法的成功，得到成功的体验时，创新创造的萌芽就开始悄悄地出现了。

在创新力项目训练中，注重引导学生对生活中周边事物包括日常使用物品、工具多观察多思考，发现存在不合理、不科学、不顺手、不节俭、不牢固、不安全、不灵活、不省力、不轻巧的地方，认真地对这些缺点进行思考分析，就有可能对缺点加以改正，从而有所发现、有所创新。

本书为职业学校学生培养创新能力的教程。通过本书所安排的内容，期望能使学习者开放思维，勤于观察思考，勇于动手实践，结合所学专业知识，实现从"制造"走向"创造"之路。本书也可供创新爱好者阅读参考。

**图书在版编目（CIP）数据**

创新能力教程／姚志恩主编．—北京：化学工业出版社，2014.2（2023.9重印）
中等职业教育规划教材
ISBN 978-7-122-18981-3

Ⅰ．①创⋯　Ⅱ．①姚⋯　Ⅲ．①创造能力-能力培养-中等专业学校-教材　Ⅳ．①G718.3

中国版本图书馆CIP数据核字（2013）第270937号

责任编辑：王文峡　　　　　　　　文字编辑：王　爽
责任校对：边　涛　　　　　　　　装帧设计：尹琳琳

出版发行：化学工业出版社（北京市东城区青年湖南街13号邮政编码100011）
印　　装：北京科印技术咨询服务有限公司数码印刷分部
787mm×1092mm　1/16　印张18　字数406千字　2023年9月北京第1版第3次印刷

购书咨询：010-64518888　　　　　　　售后服务：010-64518899
网　　址：http://www.cip.com.cn
凡购买本书，如有缺损质量问题，本社销售中心负责调换。

定　　价：49.00元　　　　　　　　　　　　　　　　　　版权所有　违者必究

# 前言

联合国教科文组织发表的《波恩宣言》和世界第三届职业教育大会指出：当前职业教育的发展在于关注公民的可持续发展能力，关注职业教育的全人生化和生活化。职业教育应该能够为人们的工作和生活提供合适的价值观、知识、技能和能力，以帮助人们提高技能、解决实际问题，是一种可持续性地改善自身生活和工作服务的教育。

进入21世纪以来，在职业教育"以就业为导向"的思想指导下，强调职业技术学校"工作岗位导向"的实用技能教学，其积极意义在于学生毕业后的"首岗"技能与企业需求实现了对接，学生直接上岗适应期短，受到企业欢迎。从毕业生在企业发展状况的跟踪反馈信息中分析，大部分学生存在着本岗位（本专业）从业素质较好，但跨岗位（专业）发展能力较弱，发展后劲不足的现象。随着社会经济发展，岗位技能教学与终身发展需求之间的矛盾越来越突出，因此只是强调岗位导向技能的职业教育会造成职业教育与技能培训的趋同化，从而使"职业教育"的功能弱化。

根据可持续发展能力培养的教育理念，职业教育是"职业能力+技术能力"的教育。职业能力教育以人的发展为宗旨，通过职业能力训练课程来实现，技术能力教育以岗位目标为导向，通过专业课程的教学来解决，两种课程相互支撑，相互促进，实现如何发现问题、分析问题、解决问题的职业核心竞争力的培养目标，促进学生与社会同步发展的可持续能力发展。

职业能力训练需要以课程形式予以保证。本书是职业能力训练中以思考与操作为主的实践课程，课程的设计原则是"能力为重，作品为果，创新为优"，课程期望达到的目标是使学生善于发现和思考实际问题，掌握常用的工具使用，具有一定的基本操作技能，了解解决问题的策略，培养学生良好的观察与思考能力；团队合作能力、敢于自我表现能力、实际执行能力和创新创造能力。本书内容的编排采取了项目式的方法。每一个章节都配有若干个项目进行信息收集处理和实际操作训练。这些项目的设计兼顾科学性、实用性、趣味性，符合青年学生的特点与职业教育的特色。项目的设计由浅入深，从简单到复杂，有不少项目具有很强的挑战性，需要思维素质和技术素质的综合应用，是锻炼设计与制作能力的有效载体，更是创意、创造、发明基本方法的实践体验。

本书在编写过程中得到了湖州市教育局副局长金毅伟，浙江信息工程学校校长黄桂众，创新工作室特聘专家邱中元老师的大力支持。浙江信息工程学校职业能力训练中心田瑞瑞、司杰、汤叶飞、黄云飞、刘敏、钱洁等教师在两年教学实践的基础上对本书提出了宝贵意见，方卿、沈敏杰、钱凯飞、章翔等为书中所提项目制作了实物作品，梁艳、杨育萍、罗静妮做了大量文字和图片处理工作，在此表示衷心的感谢。

由于作者水平有限，书中难免存在缺点和疏漏，恳请广大读者批评指正。

作者<br>2013年10月

# 目录

## 第一章　处处留心皆学问　2
项目一　观察思考身边的事物　4
项目二　事物观察中的关键问题　9
项目三　身边事物中的科学技术知识　17

## 第二章　点点思考聚知识　36
项目一　信息的收集与处理　38
项目二　思维的逻辑训练　46
项目三　发散性思维的训练　54
项目四　解决问题的一般思维特征　59

## 第三章　测一测你的潜力　68
项目一　神奇的简笔画　70
项目二　神奇的折纸艺术　72
项目三　神奇的金属艺术　81
项目四　神奇的丝网花艺术　89
项目五　秀出神奇的自己　96

## 第四章　试一试你的装备　102
项目一　常用的工具　105
项目二　常用小制作的传动　115
项目三　常用小制作的能源　121
项目四　常用小制作的传感器　130

## 第五章　解决问题的策略　　**146**
项目一　怎样发现问题　　148
项目二　怎样解决问题　　158

## 第六章　解决问题的实践　　**172**
项目一　鲁班锁制作　　175
项目二　河道太阳能景观灯的制作　　184
项目三　走马灯的制作　　187
项目四　四处乱窜的聪明鼠　　195

## 第七章　创新来自需要　　**204**
项目一　培养创新意识　　208
项目二　培养创新习惯　　217
项目三　小发明小创造的特征　　226
项目四　小发明小创造的常用技法　　237
项目五　不可思议的鸡蛋　　245

## 第八章　展望未来科技　　**248**
项目一　电能无线传输　　250
项目二　机器人的时代　　258
项目三　未来科技预测　　263

## 附录　　**267**
附录一　小发明小创造项目任务书　　268
附录二　中职学生创新能力评价表　　271
附录三　专利及相关知识　　274
附录四　推荐网站　　277
附录五　部分参考答案　　277

## 参考文献　　**282**

# 第一章 处处留心皆学问

**内容描述**

观察是人类有意识、有计划、可持久的知觉活动。观察是人类认识世界、了解世界的直接手段。它作为一种认识方法,在人的一切实践活动中,有着广泛的适用性,特别是对学习有着重要的意义。学生的观察能力作为一种心理品质,是在成长中通过学习逐渐形成的。学生只有在生活中多听、多看,才会掌握更多的知识,积累更多的经验,找到事物的内在联系,才能顺利发挥自己的思维和技能去解决问题。因此,为了掌握良好的观察方法,有效地进行观察,有必要锻炼学生的观察力,培养学生对事物进行科学观察的能力和习惯。

第一章　处处留心皆学问

据科学统计，人们从外界获取的信息，80%都是通过观察获得的。学会观察，才会记忆和思考，因而观察是思维的出发点。只有在生活中多听、多看，才会掌握更多的知识，积累更多的经验，找到事物的内在联系，才能顺利发散思维去解决问题。科学发展史上，不乏由于细心观察与思考而产生重大发现的例子。例如，伽利略由于观察研究吊灯摆动而发现了单摆振动的规律，奥斯特因细心观察而发现了电流的磁效应等。观察是一种重要的提出问题的研究手段。生理学家巴甫洛夫在他研究院门口的石碑上刻下了"观察、观察、再观察"的警言，以此来强调观察对于研究工作的重要性。达尔文也曾经说过："我没有突出的理解力，也没有过人的机智，只是在觉察那些稍纵即逝的事物并对它们进行精细观察的能力上，我可能是中上之人。"可见，观察力是十分重要的。法国雕塑家罗丹说过："对于我们的生活，不是缺少美，而是缺少发现。"

学校教育中也要重视培养学生的观察、分析能力，同时要组织学生进行观察研究活动，体会认真细致的观察在知识学习、科学发明及发现中的作用，教育学生要做会观察的有心人，培养学生观察的兴趣和主动性。

## 项目一 观察思考身边的事物

观察力的培养，首先是要观察了解身边的事物，培养浓厚的观察兴趣。当然，人们所说的观察是和思考相伴随的。人们身边有许许多多值得细心观察的事物。什么花在春天到来时最先开放，哪些动物在夏天时总在树上叫，秋天来临时白天时间变得短了还是长了，冬天下雪的时候冷还是雪融化的时候冷等。经常细心留意这些现象，养成爱观察、爱思考的习惯，有助于积累更多的经验，更好地认识世界。

观察往往需要通过人的各种器官进行，比如，月亮是圆是缺需要用眼睛去观察，温度是高是低需要用身体去观察，声音是大是小需要用耳朵去观察，花儿是香是臭需要用鼻子去观察，苹果是酸是甜则需要用舌头去观察。直接观察的优点是感官能够对被观察的事物有直接感受，可以避免由于运用中间环节引起的误差。比如，水是凉的还是热的，只要用手伸到水里就可感知。

**1. 利用观察了解人们未知的事物**

一天早晨，化学家波义耳照例到实验室巡视，一位花匠走进他的书房，在屋子的角落摆下一篮美丽的深紫色紫罗兰。波义耳随手拿起一束紫罗兰，他一边观赏着一边向实验室走去。紫罗兰那艳丽的色彩和扑鼻的芬芳使人心旷神怡，波义耳感到心情特别舒畅。"威廉，有什么新情况吗？"波义耳刚走进实验室就询问一个年轻的助手。"昨天晚上运来了两大瓶盐酸。"助手向波义耳汇报道。"我想看看这种酸，请从烧瓶里倒出一点来。"波义耳边说边把紫罗兰放在桌子上，帮助威廉倒盐酸。盐酸挥发出刺鼻的气体，像白烟一样从瓶口涌出，倒进烧瓶里的淡黄色液体也在冒着白烟。"威廉，这盐酸好极了。"波义耳高兴地说。他从桌上拿起那束花，要回书房去。这时，他突然发现紫罗兰上冒出轻烟，原来盐酸的飞沫溅到花朵上了。他赶紧把花放进水盆中清洗，令人奇怪的是，紫罗兰的颜色变红了。

这个偶然的奇异现象引起了波义耳的兴趣。他走回书房，把那个盛满鲜花的篮子拿到实验室，对威廉说："取几只杯子，每种酸都倒一点，再拿点水来。"

年轻的助手按照波义耳的吩咐，一个杯子倒进一种酸，往每个杯子里放进了一朵花，再把花放在水中清洗。和助手做完这些，波义耳便坐在椅子上观察。慢慢地，深紫色的花朵逐渐变色了，先是带点淡红，最后完全变成了红色。

"威廉，看清了吗？不仅是盐酸，其他各种酸，都能使紫罗兰由紫变红！"波义耳兴奋地说："这可太重要了！要判别一种溶液是不是酸，只要把紫罗兰的花瓣放进溶液就可以判别了！""可惜紫罗兰不是一年四季都开花的！"威廉带着惋惜的口气说。"你学会动脑筋了，为了方便鉴别溶液的酸性和碱性，我们该做些什么呢？"波义耳向助手提出了新的问题。

不久，他们研制出一种用石蕊浸泡过的指示纸，很方便地就能分辨出什么是酸什么是碱。这对化学研究工作具有重要的意义。

实际上人们对于身边的许多事物都还缺乏了解，如果可以仔细去观察，去思考，那么还会发现许多未知的事情，而这种观察的发现往往会对生活和生产带来巨大的影响。

**2. 利用观察纠正人们对事物的误解**

明朝明世宗年间湖北省的某个乡村，村子里的一棵大树上多了个草棚。人们发现每天总有一个书生模样的青年，躲在草棚里，凝神观察树下的动静。这一天，青年又躲在树上的草棚里，聚精会神地往树下看。有一只穿山甲正用前爪抓着一个土堆。不一会儿，土堆被抓开了，成千上万只蚂蚁吓得四处乱窜。但见穿山甲伸出又细又长的舌头，轻轻一舔，舌头上便沾满了密密麻麻的蚂蚁。穿山甲舌头一缩，立刻将蚂蚁全吞下肚里。接着，它又一次伸出舌头。"我知道了！我知道了！"青年兴奋地大声喊起来。

他"知道了"什么？原来这个青年就是李时珍，他读了南北朝的陶弘景所写的一篇关于穿山甲如何吃蚂蚁的文章。陶弘景说穿山甲能水陆两栖，白天爬上岩石，张开鳞甲，装出死了的样子，引诱蚂蚁进入甲内，再闭上鳞甲，潜入水中，然后开甲让蚂蚁浮出，再吞食。

为了验证陶弘景的说法是否正确，李时珍亲自上山去观察。在樵夫、猎人的帮助下，李时珍捉到了一只穿山甲。从穿山甲的胃里剖出了一升左右的蚂蚁，证实穿山甲吃蚂蚁，陶弘景是说对了。不过，从观察中，他发现穿山甲吃蚂蚁的时候，是扒开蚂蚁的巢穴，进行舐食，而不是引诱蚂蚁入甲，下水吞食。李时珍肯定了陶弘景对的一面，纠正了其错误之处。李时珍的实事求是也让他在35岁时就完成了著名的《本草纲目》。

目前由于网络技术的发展，使人们不用出门就可以知道许多事物的情况介绍，但不能盲目地接受这些观点，还必须去亲自观察和了解真实的事物状态，即"百闻不如一见"。

**3. 利用观察提供人们分析解决问题的线索**

炭疽病是炭疽杆菌引起的人畜共患急性传染病。人类因接触病畜及其产品或食用病畜的肉类发生感染。炭疽杆菌从皮肤侵入，引起皮肤炭疽，使皮肤坏死形成焦痂溃疡与周围肿胀和毒血症，也可以引起肺炭疽或肠炭疽，均可并发败血症。法国微生物学家、化学家路易斯·巴斯德（公元1822～1895年）在研究这种传染病时，观察到一些地方时隔多年总是不断重复发生传染情况。巴斯德很想知道有的地方为什么不断发生炭疽病，而且总是发生在同样的田野里，有时相隔数年之久。巴斯德从已埋在地下12年之久、死于炭疽病的羊尸体周围土壤中，分离出这种病菌。他奇怪这种有机体为什么能这样长时间地抗拒

日照以及其他不利于生存的因素。一天巴斯德在地里散步时，发现有一块土壤与周围颜色不同，遂请教农民。农民告诉他，前一年这里埋了几只死于炭疽病的羊。一向细心观察事物的巴斯德注意到土壤表层有大量蚯蚓带出的土粒。于是他想到蚯蚓来回不断从土壤深处爬到表层，就把羊尸体周围含有腐质的泥土以及泥土中含有的炭疽病芽孢带到表层。巴斯德从不止步于设想，他立刻进行了实验。实验结果证实了他的预见，接触了蚯蚓带到地面表层泥土的豚鼠得了炭疽病。如果巴斯德不亲自去观察，而是坐在办公室中思索，那就不可能弄清这个问题。

# 项目练习

❶ 图1-1中的两图有几处不同？

图1-1

❷ 你能在图1-2的叶子中间找到3个隐藏的侧面人像吗？

图1-2

❸ 图1-3是法国的国旗，请你仔细观察一下国旗中的蓝、白、红三条色带的宽度。

图1-3

仔细观察一下，然后找根尺子量一下，也许你会发现，你的眼睛骗了你。没关系，其实这是一种错觉。这种错觉人人都有。准确地说，国旗中蓝、白、红的比例是30:33:37。据说，最初的法国国旗是按蓝、白、红三色同样宽窄的尺寸做成的。可是旗做好后，看上去总觉得红色带没有蓝色带宽，为了克服这种错觉，才把蓝色条带缩窄，把红色条带加宽。请你查找资料说明为什么会产生这种错觉。

❹ 仔细观察图1-4，你觉得在现实生活中可能存在这样的结构吗？

图1-4

❺ 仔细观察图1-5，根据实际生活，你能找出不合理的地方吗？

图1-5

❻ 小实验：骗人的双手

请你准备三盆水，一盆温度较高、一盆温度较低、一盆温度适中。先把左手放进温度较高的盆里，把右手放进温度较低的盆里。30秒后，把两只手都放进温度适中的那盆水中，这时候，你会发现左手感觉到的温度要低一些，右手感觉的温度会高一些。想一想，为什么会这样呢？

❼ 请你在图1-6的算式中移动一根火柴，使其等式成立。

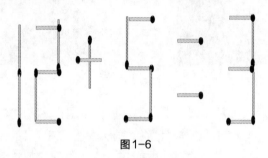

图1-6

❽ 图1-7是用火柴棒摆成的一把椅子，可它倒过来了，看上去又好像缺了一条腿，请你移动两根火柴，使它摆正，而且看上去又不缺腿，你行吗？

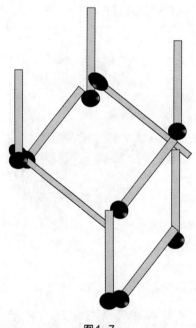

图1-7

## 事物观察中的关键问题

观察是每个人都具有的基本能力，但并不是每个人都能掌握观察的系统方法，得到所需的结果。不少学生缺乏生活经验和独立、系统的观察能力，有的人在观察事物时，如过眼云烟，脑子里没有留下丝毫印象；有人虽然去观察事物却不带目的性，一股脑儿地观察把所有现象都收留，囫囵吞枣，结果抓不住重点，浪费时间，观察结果不理想；有人观察事物不深入、不细致，只是粗略地浏览一下，这样既得不到具体印象，又遗漏许多细节，使观察结果一般化，因而总形不成观点。一个良好的观察者必须具备观察事物的技巧，掌握适当的观察方法。

**1. 事物观察应切忌想当然，注重全面性、发展性的观察**

有的人观察事物，只注意它的正面，不注意它的反面；只观察表面，不观察内部；只注意现在，不注意过去。由于这种只注意事物的一个方面而忽视其他方面的片面观察，他们所观察到的往往是一些假象，因而得出了错误的结论。

从前有个人，不小心丢失了一把斧子，怎么也找不到。他想，肯定是邻居偷了他的斧子。于是，他偷偷地观察邻居的神情、动作。看着看着，他越来越觉得邻居的一举一动都像是偷了自己的斧子。他心里很不高兴，心想："我早就料到他不怀好心了，果然不出我所料。"第二天，他上山砍柴，却发现斧子就在树旁，这才想起昨天砍柴时忘了把斧子带回家。回家后，他又观察邻居的神情、动作。这时，再怎么看，他都觉得邻居不会偷他的斧子了。为什么会出现这种情况呢？这就是因为这个人在观察的时候已经带有自己的主观想法了，这种想法左右了他的眼睛，让他产生了错觉。

中国古代兵书上有疑兵计和兵不厌诈的谋略，就是故意利用一些手段混淆敌人的视听，破坏他们的观察能力，引导他们做出错误的判断。比如《三国演义》中"张飞独断当阳桥"的故事。曹操看见张飞雄赳赳，横枪立马在桥头之上，又看见张飞身后的树林背后尘埃蔽日，似乎埋伏有大队人马。他又想起关羽曾经告诉他的话："吾弟张翼德于万马军中取上将首级如探囊取物耳。"这时张飞连吼三声，声如巨雷，势如猛虎，曹操立即转身逃走，退兵30里（1里=500米）。这时曹操犯的就是片面观察的错误。

刻舟求剑是《吕氏春秋·察今》中记述的一则寓言，说的是有个楚国人坐船渡河时，不慎把剑掉入江中，他在船上刻下记号，说："这就是我的剑掉下去的地方。"当船停下时，他才沿着记号跳入河中找剑，遍寻不获。该寓言比喻不懂事物已发展变化而仍静止地看问题的人，后引申成墨守成规不懂变通之意。在这里求剑者就没有发展性地观察问题。

大侦探福尔摩斯是作家柯南·道尔笔下的主人公，他是个学识渊博、观察力非凡的人。不管有多离奇、多古怪的案件，经过福尔摩斯的侦察和分析，总是能够露出蛛丝马迹，真相大白。有一次，福尔摩斯同他的助手华生同时鉴别一块刚刚得到的怀表。华生的鉴别仅仅停留在怀表的指针、刻度的设计和造型上，不能发现一丝线索。而福尔摩斯凭借手中的放大镜，看到了表壳背面的两个字母、四个数字和钥匙孔周围布满的上千条错乱的划痕。经过周密的思考，福尔摩斯认为：那两个字母表示主人的姓氏；四个数字是伦敦的当铺的当票号码，表明怀表的主人常常穷困潦倒；而钥匙孔周围布满的上千条错乱的划痕，则说明怀表的主人在把钥匙插进孔去给表上弦的时候手腕总是在颤抖，因而这个人多半是个嗜酒成性的醉汉。福尔摩斯在破案过程中，不但关注这只怀表的新旧程度和价值，而且紧紧抓住那些与案件有本质联系的所有现象，进行深入全面的观察。

### 2. 事物观察应排除错觉的干扰，实事求是地进行观察分析

一个人在观察的时候，很难按照事物的本来面目客观地看待它，往往会受到自己的经验以及环境等因素的左右，根据自身的经验和习惯来判定，从而使事物的面目发生变化。有一次，孔子带着他的徒弟们周游列国，在一个国家饿了很多天，好不容易搞到了一点米，便让颜回煮成饭给大家吃。饭刚做好的时候，孔子发现颜回悄悄地抓了一把饭往嘴里塞。孔子很不高兴，于是大声训斥颜回："大家都在饿着，你怎么一个人先吃呢？"颜回委屈地说："我刚才打开锅盖时，看见饭里有一块很脏的东西，我怕这个脏东西被别人吃掉，于是我就自己把这脏米饭吃了。"孔子不禁为自己观察失误发出感慨。在这里孔子根据以往的经验认为颜回是偷吃。所以在观察事物的时候千万不要戴上有色眼镜，这样，在观察和认识事物的时候就会有自己的盲点，就像手电筒一样，仅仅照出一个光柱和一个圆圈，其余光线没有照到的地方就是被忽略的地方。

观察者常常根据感官臆造出虚假的现象。虚假的观察可能由错觉造成，出现错觉时感官使头脑得出错误的印象。各种几何图形能造成视觉上的错觉，光在水、玻璃及热空气中折射造成的变化，也使人产生视觉上的错觉。视觉观察不可靠的最突出的例子就是魔术师的戏法。有位英国医学院的教授，在上课的第一天对他的学生说："当医生，最要紧的就是胆大心细！"说完，便将一只手指伸进桌子上一只盛满尿液的杯子里，接着再把手指放进自己的嘴中吮吸。学生们惊异地看着教授，没想到，教授随后将那只杯子递给一个学生，让每个学生照着他的做法来做。学生们忍着呕吐，像教授一样把手指伸进尿液中，然后再塞进嘴里。教授看着学生的狼狈样子很得意，最后他微笑着说："哈哈，不错，不错，你们每个人都够胆大的。"不一会儿，教授又神色郑重地说："只可惜你们看得不够心细，没有注意我探入尿杯的是食指，放进嘴里的却是中指啊！"

在很多时候，观察事物的现象由于局限性往往与其本质并非总是相吻合的。例如，你现在已经能够清楚地看到，太阳是从东方升起，在西方落下的，这好像表明太阳是绕地球旋转的。但事实恰恰相反，是地球绕太阳旋转的。在有些地方都说蛇遇到青蛙时，是扑上去把青蛙吸进

嘴里吃掉。到底是不是这种情况呢？吉林省永吉县口前镇某生物小组的同学们对这个情况进行了验证观察。他们抓来了青蛙和蛇，在不让两种动物受惊吓的情况下将它们放在了一起，然后进行了细致的观察。同学们发现，蛇机敏地向青蛙靠近，在相距1尺（1尺≈0.33米）左右时，蛇停住不动了，但是蛇的舌头却吐出了嘴外。青蛙像是发现了什么，直盯着蛇的舌头，当蛇再次把舌头伸出来的时候，青蛙立刻扑向了蛇。这时，蛇突然张大了嘴巴，把青蛙叼在了嘴里。原来，青蛙的眼睛善于看到闪动的东西，蛇不断晃动舌头让青蛙误以为是虫子在飞，于是扑向了蛇，正好上了蛇的当，由于这些动作太快，以致使人们产生蛇扑青蛙的错觉。

### 3. 事物观察应重点关注关键细节，勤于动脑分析

观察到一切是不可能的。因此观察者必须把大部分注意力集中在选定的范围内，但应同时留意其他现象，尤其是特殊的现象。

敏锐的观察能力往往能够发现一些别人没有发现的问题，特别是在观察所预期事物的时候，保持对意外事物的警觉性和敏感性的能力特别重要。元朝大画家何澄根据刘义庆《世说新语》中记载的故事绘制了一副《陶母剪发图》。画中表现的是：晋国有一个叫陶侃的贫困青年，有一天，他的朋友陆逵来拜访他，因为没有钱买酒招待他，陶侃的母亲在仓促之间，便把头发剪下来去卖钱换酒。这幅画被年仅8岁的岳柱看到了，岳柱毫不客气地指出了画中存在不合理的地方：陶侃的母亲手上戴着金手镯，却要剪下头发去换取酒食，这是不合情理的。因为金首饰很值钱，完全可以用它去换酒，何必匆匆忙忙把头发剪了去换酒招待客人呢？岳柱作为一个孩子，在观察画时思维没有受到《陶母剪发图》所宣扬的魏晋名士风度的局限，而是根据自己对生活、对事物的直观认识，观察到了不合情理的细节问题。

细节观察需要从细小的地方着手来观察，因此平时观察事物的时候要多注意细节。例如，某公安局招考侦破人员，主考官对大家说名单落在了外面另一所房子中的一本书里，夹在267页和268页之间，所有的人都涌出去找名单，唯有一人没动，结果他被录取了。为什么，你可以随手拿一本书翻一下，267页与268页是一张纸的正反两页，是夹不住东西的。如果平时能注意观察事物的细节，相信你的思维能力无形中就得到了提高，就可以轻而易举地做出判断。

四川仁寿县的虞丞乡，有一处文物古迹，是南宋时期一位抗金名相虞允文的墓地。2009年2月，这处古迹出现了一个奇怪的现象：生长在墓地坟头的一棵大树，被发现在大晴天自动落下水滴，这个现象被当地人广为传播，一时间引得四面八方的人前来观看，每天聚集在丞相墓地有一万多人，山间小路全部挤满了人。来看过的人一致认为，这是大树在"下雨"。但是大树自己怎么会下雨呢？这其中又有什么原因？

据记载，在南美洲等一些热带地区，有一种所谓的"雨树"，树高约20多米，树冠呈平顶状伞形，扩张面积最大可达30米。这种树之所以会下雨就在于其奇特的树叶。长约40厘米的"雨树"树叶呈碗状，落到叶面上的液体都会被聚集起来，晚上叶面会卷起来，将聚集到

的液体包裹其中，白天气温高时叶面会慢慢舒展开，聚满的液体就会溢出叶面，形成一种所谓的"下雨"现象。根据观察，这棵大树还没有发出新叶，整个树干光秃秃的，不会是因为树叶积存水分而出现滴水的情况，那么，到底是什么原因能从树上落下水滴呢？

墓地所处玉屏山，山势成圈椅形状，墓堆就位于山势正中。墓地里生长着柏树以及各种树木，算得上是一处幽雅静秀之地。墓地上的这棵大树，当地人把它叫作棉丝树，这是一种乔木，长得高大挺拔，学名滇朴，在我国南方是一种比较常见的树种，这棵树的历史并不长，是自己长起来的，也就20多年。

气象局的人说，因为古墓的周围全是石板，正好那段时间这个地方的天气特别怪，太阳很大，石板温度可能达到了45℃以上，气象局的技术人员推测这个现象有可能是因为这里地形特殊的原因，气流在大树上空形成积雨云，才会造成下雨的现象，而这种现象，就叫作局地小气候。大树下雨到底是不是局地小气候造成的呢？根据当地媒体的描述，他们本来以为能看到大树下飘洒着毛毛细雨的奇观，但在现场守候多时，始终没能看到所谓大树下雨的现象。它与人们想象中的下雨有完全本质的区别，当时，在树下大声说话或鼓掌，树上确实能落下一些水滴，但绝不是绵绵不断的毛毛雨，也不是真正的天气变化所产生的下雨现象，这些疑点推翻了局地小气候的解释。

北京林业大学的任利利博士在现场的树上发现了刺吸式口器昆虫取食的痕迹。在附近小的那棵棉丝树和旁边的这些树上发现了有类似于木虱或者是粉虱这样的同翅目的一些昆虫。任利利介绍，昆虫有一定的生态学习性，比如蚜虫或蚧虫，还有木虱或粉虱，身体上都有一些线管或附管，能分泌一些排泄物。那么，蚜虫会不会就是大树下雨的真正原因？任利利说，起初怀疑是蚜虫或者蚧虫，因为这种虫子在北京有过分泌蜜露和像下雨的情况发生。但是现在看来，蚜虫可能性比较小。因为如果树上有蚜虫，那么这棵树必须有大量新鲜的树叶，提供给蚜虫们取食，可是现在，这棵树的叶子全都掉光了，新的树叶还没发出来，所以这树上不可能有蚜虫。那么，在大树上生活的会是什么虫子呢？

在仁寿县消防部门的大力帮助下，取下了这棵会下雨棉丝树的一根树枝。在取下的树枝上，人们惊异地发现，干枯的枝条上布满了密密麻麻的不知名的昆虫，看来，这棵树的虫口密度很大，现场的人中谁也没见过这种虫子，它只有米粒大小，而且还会跳跃。那么这究竟是什么昆虫呢？

北京林业大学的骆有庆教授确认，这是一种名叫朴巢沫蝉的昆虫。这种小虫子，和常见的知了是一个家族的昆虫，但是个头却比知了小很多，只有一个米粒大小。它们依靠取食植物的汁液而生存，并且会迅速地将体内不需要的水分和糖分排出体外。因为排出的是液状物质糖分比较多，人们就给它取了一个很好的名字叫作蜜露，实际上都是通过消化道肛门排出来的一些多余的代谢物质。据介绍，路旁的花、草、树，乍一看没有太严重的危害，那上面不见得有虫子，因为虫的密度小，你可能没注意或者不太容易发现。如果虫口密度很大，正好加上是昆虫的活动取食时间，如果在下面待着或者走过去，你就能感受到好像是非常细小的雨滴下来，这是一种很正常的自然现象。

原来，所谓神奇的大树"下雨"现象竟然是小小的虫子在作怪，这种朴巢沫蝉，因为独特的自然习性，给大家带来了一个小小的惊喜。它们生活在虞丞相墓的大树上，靠吸食树的汁液生存，吃饱了以后，它们把身体中不需要的糖分和水分排泄出来，成了雨。这就是仁寿县虞丞相墓的大树会"下雨"的真正原因。

## 项目练习

❶ 你能从图1-8中找出至少7张人脸来吗？

图1-8

❷ 读故事，回答问题。

　　王戎是我国西晋时期一位大将军。他幼年时就很聪明，注重观察和思考。有一次，王戎和一群小伙伴到郊外游玩，当时正是李子成熟的季节。王戎和伙伴们走了很长时间，累得口干舌燥，突然看到不远处的路边有一棵高大的李树，都争先恐后奔向前去。那棵李树十分高大，枝头挂满了紫色的大李子，非常诱人。小伙伴们来到树下，各显其能，有的爬上树摘李子，有的用石块打枝头的李子。只有王戎一个人坐在路边休息，小伙伴们见了很奇怪，就问他："你不想吃李子吗？"王戎微笑着说："我当然想吃了，但是这棵树结的李子是苦的。"大家不相信他的话，费了很大的力气，终于有一个伙伴够到了一个李子，他高兴地咬了一大口，连忙吐出："哇，这么苦啊！"并将剩余的部分扔了。别的小伙伴也有人尝到了苦李子，大喊上当。大家都很奇怪，就围着王戎问："你也是头一次来，怎么会知道这棵树上的李子是苦的呢？"你觉得王戎是怎样得出结论的呢？

❸ 仔细观察图1-9中的植物花卉，利用网络信息了解名称、产地和特性。

图1-9

❹ 看图1-10中回答下面问题,看谁用的时间最少?

(1)在图中找出"飞英小学"和"海贝幼儿园",并找出两者间最近的行走路线。

(2)如果一位旅游者在"日月大桥"向你询问去"凤凰时代广场"的道路,你怎样用最简洁清晰的话向他解释?

(3)如果你手持地图站在"陵阳路"上,如何判别东南西北方位?

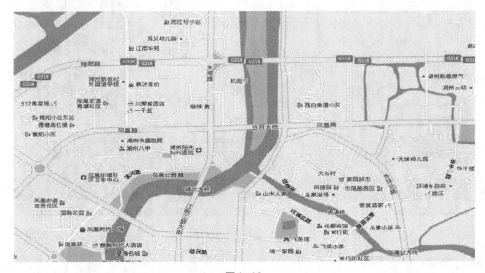

图1-10

❺ 一家著名公司的总经理死在五星级的宾馆客房里,福尔摩斯被请去协助调查,他看到客房布置得非常豪华,地上铺着一层厚厚的羊毛地毯,四周的墙上挂着不少世界名画,从现场情况分析,总经理是在接电话时被人从背后开枪打死的。

报案人是总经理的女秘书丽娜小姐,她说:"出事时我正在街上和总经理通电话,突然听见话筒里传来枪声,忙问他发生什么事了,但只听到总经理临死时的呻吟声和凶手逃走时慌乱的脚步声,我意识到情况不妙,就赶紧打电话报警了。"

福尔摩斯听完她的述说,冷笑着说:"秘书小姐,你的谎话编得可不太圆满啊,还是老实交代你是怎么杀死总经理的吧!"

你知道福尔摩斯是从哪里看出破绽的吗?

❻ 你能看出图1-11的生活场景中设计不合理的地方产生的问题吗?

图1-11

❼ 图1-12中是美国智力题专家奇尔出的一道观察力测试题,许多成年人对此不知从何入手,而一些聪明的少年却轻而易举地解开了难题。你是不是这个聪明的少年呢?图中有辆公共汽车,有A和B两个汽车站。问:公共汽车现在是要驶往A车站,还是驶往B车站?

图1-12

❽ 怎样解释图1-13的现象呢?
面积:13×13=8×21?

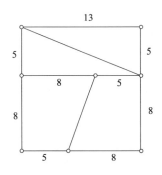
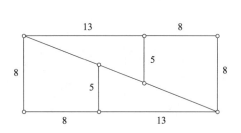

图1-13

❾ 一位双目失明的少女在一个炎热的夏日被绑架了。家人交了赎金后,她在3天后平安回到家。少女告诉警察,绑架她的好像是一对年轻夫妇。她应该是被关在海边的小屋里,"在这间小屋里能听到海浪的声音,我好像被关在阁楼上。天气非常闷热,不过到了夜晚会

有风吹进来。"

警察在海边找到了两间简易小屋,一间朝南,一间朝北,主人都是一对年轻夫妇。不过这两间屋打扫得干干净净,找不出痕迹。

后来警察根据一些情况,立即做出了判断。这些情况是:(1)两间小屋结构几乎完全相同,只是阁楼的小窗一个朝北,一个朝南;(2)海岸面向海的方向是南面,北面对着丘陵;(3)少女被关的3天都是晴天,而且一点风也没有。

那么,你知道少女被关在哪一间小屋里吗?

❿ 有人说淡水河里的鱼和海洋里的鱼在游动时都在不停地吐水泡,你怎样认为?

# 身边事物中的科学技术知识

　　科学是人类在长期认识和改造世界的历史过程中所积累起来的认识世界事物的知识体系。技术是指人类根据生产实践经验和应用科学原理而发展成的各种工艺操作方法和技能以及物化的各种生产手段和物质装备。

　　科学技术是第一生产力。放眼古今中外，人类社会的每一项进步，都伴随着科学技术的进步。尤其是现代科技的突飞猛进，为社会生产力发展和人类的文明开辟了更为广阔的空间，有力地推动了经济和社会的发展。目前计算机、通信、生物医药、新材料等高科技企业的迅速增长，极大地提高了整个世界的产业技术水平，促进了工业、农业劳动生产率大幅度提高，有力地带动了整个世界经济的发展。

　　在日常生活中，如果仔细观察，就会发现许多疑问，而这些问题的答案包含了许多的科学技术知识。

　　为什么星星会一闪一闪的？看到星星闪，不是因为星星本身的光度出现变化，而是与大气的遮挡有关。大气隔在人类与星星之间，当星光通过大气层时，会受到大气密度和厚薄的影响。大气不是绝对的透明，它的透明度会根据密度的不同而产生变化。所以可以在地面透过它来看星星，就会看到星星好像在闪动的样子了。

　　为什么人会打呵欠？当人感到疲累时，体内已产生了许多的二氧化碳。当二氧化碳过多时，必须再增加氧气来平衡体内所需。因为这些残留的二氧化碳，会影响身体的机能活动，这时身体便会发出保护性的反应，于是就打起呵欠来。打呵欠是一种深呼吸动作，它会让人比平常更多地吸进氧气和排出二氧化碳，还有消除疲劳的作用呢。

　　为什么蛇没有脚都能走路？蛇的身上有很多鳞片，这是它们身上最外面的一层盔甲。鳞片不但用来保护身体，还可以是它们的"脚"。蛇向前爬行时，身体会呈S形。而每一片在S形外边的鳞片，都会翘起来，帮助蛇前进时抓住不平的路面。这些鳞片跟蛇的肌肉互相配合，并能推动身体向前爬行，所以蛇没有脚也可以走动。

　　为什么向日葵总是朝着太阳开花？向日葵花盘下面茎部的地方，含有一种叫作"植物生长素"的物质。这物质有加速繁殖的功用，但却具有厌光性，每遇到光线时，便会跑到背光的一面去。所以太阳升起时，向日葵茎部便马上躲到背光的一面去，看起来整棵植物就向着太阳的方向弯曲了。

　　为什么人老了头发会变白？头发中有一种叫"黑色素"的物质，黑色素愈多头发的颜色便愈黑。而黑色素少的话，头发便会发黄或变白。人类到了老年时，身体的各种机能会逐渐衰退，色素的形成亦会愈来愈少，所以头发也会渐渐变白。

　　为什么萤火虫会发光？萤火虫会发光是因为在它们的腹部末端有发光器，发光器内充满许多含磷的发光质及发光酵素，使萤火虫能发出一闪一闪的光。萤火虫发光的目的，除了要照明之外，还有求偶、警戒、诱捕等用途。这也是它们的一种沟通工具，不同种类萤火虫的发光方式、发光频率及颜色也会不同，它们借此来传达不同的讯息。

为什么肚子饿了会咕咕叫？肚子饿了便会咕噜咕噜地叫，这是因为之前吃进的食物快消化完，胃里虽然空空的，但胃中的胃液仍会继续分泌。这时候胃的收缩便会逐渐扩大，胃里的液体和气体便会翻搅起来，造成咕噜咕噜的声音。

为什么罐头里的食品不容易变坏？午餐肉、豆豉鲮鱼、茄汁豆等都是美味的罐头食物，它们都可以存放很久而不易变坏。这是因为罐头是密封的，细菌便无法进入。人们在制造罐头食品的时候，把罐头里的空气全部抽出，然后把它封口。在没有空气的情况下，即使里面的食物沾上少许细菌，它们也无法生存或繁殖！

为什么海水大多是蓝色或绿色的？望向大海，很多时会发现海水呈现蓝色或绿色。可是，当把海水捞起时，却只能看到它像往日的水般透明无色。原来，海水本身与日常所接触到的水没有太大分别，也是透明的。海水的颜色主要是由海水的光学性质，即海水对太阳光线的吸收、反射和散射造成的。太阳光是由红、橙、黄、绿、青、蓝、紫七色光复合而成，七色光波长长短不一，从红光到紫光，波长由长渐短，其中波长长的红光、橙光、黄光穿透能力强，最易被水分子所吸收。波长较短的绿光、蓝光、紫光穿透能力弱，遇到纯净海水时，最易被散射和反射。又由于人们眼睛对紫光很不敏感，往往视而不见，而对绿光、蓝光比较敏感，所以人们所看到海水呈现蓝绿色，其实是海水反射蓝光绿光而吸收了其他颜色光的原因。当海水很深时，绿光也大部分被吸收，海水看上去便成了蓝色。

为什么树叶会变颜色？树叶变色的原因与其蕴含的化学物质叶绿素有关。当秋天来临时，白天的时间比夏天时较短，而气温较低，树叶因此停止制造叶绿素，剩余的养分输送到树干和树根中储存。树叶中缺少了绿色的叶绿素，与此同时，其他化学色素因而显现出来，所以能看到黄色和褐色等颜色的树叶。

随着生活水平的提高，人们越来越追求健康、高品位的生活，科学技术与生活的联系也日趋密切。只要留心观察、用心思考，就会发现生活中的科学技术知识随处可见。了解这些科学技术知识，可以对一些自然现象做出合理的解释，也可以利用这些原理来改善生活和设计制造技术产品。

**1. 生活中的物理知识应用**

在生活中随处可以见到物理知识的应用，如声音是人类获取信息的主要途径之一，声音传递的不仅仅是语言信息，在其他方面也有着重要的作用。

（1）辨析熟悉的来人

【现象】和你朝夕相处的人在室外说话时，通过听声音就知道是哪位在说话。

【原理】不同的人发出的声音音调、响度都有可能相同，但音色绝不会相同，因为不同的发声体发出的声音的音色一般不相同，由于非常熟悉，所以通过辨别音色就能分辨出哪位在说话。

（2）听声音辨别状态

【现象一】向暖水瓶中倒水时，听声音就能了解水是不是满了。

【原理】不同长度的空气柱，振动发声时发声频率不同，空气柱越长，发出的音调越低。

暖水瓶中水越多，空气柱就越短，发出的声音频率越高，音调也就越高，特别是水刚好倒满的瞬间，音调会陡然升高，通过听声音的高低，就能判断出水已经倒满了。

【现象二】去商店买碗、瓷器时，用手或其他物品轻敲瓷器，通过声音就能判断瓷器的好坏。

【原理】有裂缝的碗、盆发出的声音的音色远比正常的瓷器差，通过音色这一点就能把坏的碗、盆挑选出来，当然实际还得辨别音调，观察形态，但主要还是通过音色来辨别的。

（3）测量距离

【现象】前面如果有一座建筑物或高山，对着高山大喊一声，用表测量发出声音到听到声音的时间，利用声速就可以测出与高山或高大建筑物间的距离。

【原理】声音在传播过程中遇到障碍物被反射回来就产生了回声。

（4）判别病因助手

【现象一】听诊器。

【原理】人的体内有些器官发出的声音，如心肺、气管、胃等发生病变时，器官发出的声音在某些特征上有所变化，医生通过听诊器能听出来，依此来诊断病情。

【现象二】B超检查原理。

【原理】频率高于20000赫兹的声音称为超声波，超声波有一定的穿透性，医生用某些信号器产生超声波，向病人体内发射，同时接受内脏器官的反射波，通过仪器把反射波的频率、强度检测出来，并在电视屏幕上形成图像，为了判断病情提供了重要的依据，B超利用的是回声原理。

（5）治疗疾病（传递能量）

【现象】体内碎石。

【原理】人体的有些器官发生结石，如肾、胆等，最好的治疗措施就是用体外碎石机把体内结石击碎，变成粉末排出体外。体外碎石机利用的就是超声波，用超声波穿透人体引起的结石激烈震荡，使之碎化。这主要利用了声波能传递能量的性质。

（6）监测灾情

【现象】通过监测次声波就可知道地震、台风的信息。

【原理】次声波是频率低于20赫兹的声音，人类无法听到。一些自然灾害如地震、火山喷发、台风等都伴有次声波的产生；次声波在传播过程中减速很小，所以能传播得很远，通过监测传来的次声波就能获取某些自然灾害的信息。

**2.生活中的化学知识应用**

日常生活中，化学给人类带来许多方便，从衣、食、住、行、用来看，色泽鲜艳的衣料需要经过化学处理和印染，丰富多彩的合成纤维更是化学的一大贡献。要装满粮袋子，丰富菜篮子，关键之一是发展化肥和农药的生产。加工制造色香味俱佳的食品，离不开各种食品添加剂，如甜味剂、防腐剂、香料、调味剂和色素等，它们大多是用化学合成方法或用化学分离方法从天然产物中提取出来的。现代建筑所用的水泥、石灰、涂料、玻璃和塑料等材料都是化工产品。用以代步的各种现代交通工具，不仅需要汽油、柴油作动力，还需要各种汽油添加剂、防冻剂。

（1）化学在服装中的应用

人们都喜欢穿羊毛衫和羊毛外套。俗话说"羊毛出在羊身上"，但也有不出在羊身上的"羊毛"，这就是在百货商店里色彩耀眼的腈纶毛线。腈纶有"合成毛线"之称，它的学名叫聚丙烯腈，它具有羊毛的特点，并且有优于羊毛的地方。腈纶是怎样合成的呢？制取腈纶的原料是丙烯腈（$CH_2$=CHCN），丙烯腈可以由电石制造，也可以用石油裂解和炼油废气中的丙烯来制造，丙烯经过氨氧化后，便成了丙烯腈，丙烯腈通过聚合反应变成聚丙烯腈，然后通过喷丝、纺织便成了腈纶纤维。

近几年不断推出的服饰材料是化学在服装领域应用的新成果。目前正在开发有益于人体健康的服饰材料，比如说材料的抗菌率、紫外线的遮挡率，且含有人体必需的、体内不能生成的多种微量元素，具有预防多种疾病的多种功能的新型衣料等。化学的应用丰富了人们的衣橱。

（2）化学在食品中的应用

饮食中的化学知识更是不胜枚举。有些人喜欢喝加糖的牛奶，所以在煮牛奶时就先放糖一块煮，当然，也可能是用微波炉加热。另外有些人喜欢在牛奶里加入果子露或巧克力同饮，这些都是错误的食用方式。首先，牛奶中的赖氨酸与糖同煮，在高温作用下会生成一种有毒物质——果糖基氨酸。这种物质不会被人体消化吸收，结果使对人体特别是对健脑有益的赖氨酸遭到破坏，尤其对少年儿童发育更为不利。喝牛奶加糖的正确方法是：把煮开的牛奶装入碗内，晾至不烫手时，再把糖加入牛奶中搅拌至糖化时，即可饮用。这样，牛奶温度低了，赖氨酸就不会遭到破坏。其次，牛奶含有丰富的蛋白质和钙，果子露属于酸性饮料，在胃中能使蛋白质凝固成块，影响吸收，从而降低牛奶的营养价值。巧克力含有大量草酸。牛奶与巧克力同时食用，则牛奶中的钙和巧克力中的草酸就会结合成草酸钙，不被人体吸收，破坏了牛奶的营养成分。

饮酒过量常为醉酒，醉酒多有先兆，语言渐多，舌头不灵，面颊发热发麻，头晕站立不稳……醉酒之后就需要解酒。不少人知道，吃水果或饮服1～2两（1两=0.05千克）干净的食醋可以解酒。什么道理呢？这是因为，水果里含有机酸，例如，苹果里含有苹果酸，柑橘里含有柠檬酸，葡萄里含有酒石酸等，而酒里的主要成分是乙醇，有机酸能与乙醇相互作用而形成酯类物质从而达到解酒的目的。同样道理，食醋也能解酒是因为食醋里含有3%～5%的乙酸，乙酸能跟乙醇发生酯化反应生成乙酸乙酯。尽管带酸味的水果和食醋都能使过量乙醇的麻醉作用得以缓解，但由于上述酯化反应在体内进行时受到多种因素的干扰，效果并不十分理想。因此，防醉酒的最佳方法是不贪杯。

油条是我国传统的大众化食品之一，它不仅价格低廉，而且香脆可口，老少皆宜。油条的历史非常悠久。我国古代的油条叫作"寒具"。唐朝诗人刘禹锡在一首关于寒具的诗中是这样描写油条的形状和制作过程的："纤手搓来玉数寻，碧油煎出嫩黄深；夜来春睡无轻重，压匾佳人缠臂金。"这首诗把油条描绘得何等形象化啊！可在吃香脆可口的油条时，是否想到油条制作过程中的化学知识呢？

先来看看油条的制作过程：首先是发面，即用鲜酵母或老面（酵面）与面粉一起加水揉和，使面团发酵到一定程度后，再加入适量纯碱、食盐和明矾进行揉和，然后切成厚1厘米、长10厘米左右的条状物，把每两条上下叠好，用窄木条在中间压一下，旋转后拉长放入热油锅里去炸，使膨胀成一根又松、又脆、又黄、又香的油条。在发酵过程中，由于酵母菌在面团里繁殖分泌酵素（主要是分泌糖化酶和酒化酶），使一小部分淀粉变成葡萄糖，又由葡萄糖变成乙醇，并产生二氧化碳气体，同时，还会产生一些有机酸类，这些有机酸与乙醇作用生成有香味的酯类。反应产生的二氧化碳气体使面团产生许多小孔并且膨胀起来。有机酸的存在，就会使面团有酸味，加入纯碱，就是要把多余的有机酸中和掉，并能产生二氧化碳气体，使面团进一步膨胀起来。同时，纯碱溶于水发生水解，后经热油锅一炸，由于有二氧化碳生成，使炸出的油条更加疏松。

从上面的反应中，你也许会担心，炸油条时不是剩下了氢氧化钠吗？含有如此强碱的油条，吃起来怎能可口呢？然而其巧妙之处也就在这里。当面团里出现游离的氢氧化钠时，原料中的明矾就立即跟它发生了反应，使游离的氢氧化钠经成了氢氧化铝。氢氧化铝的凝胶液或干燥凝胶，在医疗上用作抗酸药，能中和胃酸、保护溃疡面，用于治疗胃酸过多症、胃溃疡和十二指肠溃疡等。常见的治胃病药"胃舒平"的主要成分就是氢氧化铝，因此，有的中医处方中谈到，油条对胃酸有抑制作用，并且对某些胃病有一定的疗效。但过量加入明矾会造成铝元素超标，如果长期食用铝含量过高的食品，会干扰人的思维、意识与记忆功能，表现为记忆减退，智力下降。

（3）化学在建筑中的应用

近年来，有儿科专家在接诊白血病患儿时，有意对其家庭居住环境和生活习惯进行了调查，九成患儿的家长承认自家最近装修过，而且大多是豪华装修。医学专家推测，装修材料中的有害物质可能是小儿白血病的一个诱因，芯板、榉木、曲柳等各种贴面板和各种密度板中含有甲醛，油漆中含有苯乙烯和部分大理石地面的辐射出的氡，可能是罪魁祸首，因为甲醛和苯乙烯都是国际卫生组织确认的致癌物，苯可以引起白血病和再生障碍性贫血也被医学界公认。而这些污染气体释放缓慢，据了解，人造板材中甲醛的释放期一般为3～15年，所以，新装修的房子最好经过一段时间的开窗通风后再入住。

我国古建筑历经数千年的发展，其种类繁多，形式风格多样，精美绝伦，具有极高的文物、历史和艺术价值，它不仅是中华民族的宝贵遗产，也是世界建筑艺术的瑰宝，是研究古代历史文化的重要实物资料。尽管许多古建筑毁于历代的天灾人祸，如今遗留保存下来的也多已满目疮痍。早年美轮美奂、富丽堂皇的涂料彩画，如今已光泽黯淡，漆皮龟裂剥落，屋顶等处杂草丛生，渗漏严重；气势雄伟的梁柱，现已倾斜且蛀蚀糟朽……因此，古建筑面临着相当艰巨的维修、保护任务。传统的古建筑工程修缮方法沿用了千百年，自成体系，已有成熟的工艺和丰富的经验。由于历史的原因和条件限制，以往大多采

用大拆、大修、大落架的方法，除了形式上保留原状外，其原来的材料更换了，甚至把木柱换成水泥柱。这种做法不符合文物保护原则。现代科学技术的发展为古建维修保护提供了越来越多的化学材料和方法，来处理和加固古建筑，并尽可能不落架、不大修大拆，使其达到防腐、防虫、防火、防潮与防杂草，防涂料老化以及加固、增加强度的目的。

（4）化学在交通工具中的应用

化学反应是交通工具得以行驶的动力。没有燃料燃烧放出的热量，车辆根本无法开动。化学能是它们得以行动的最原始的能量来源，即使使用电作为动力，也不能忘记化学能伟大的贡献。神舟系列火箭实现了中华民族载人航天的梦想，这离不开化学燃料技术的进步。

现在最方便的交通工具就是汽车了，但汽车在行驶过程中会排放大量尾气。尾气中包含一氧化碳、碳氧化合物等化学物质。汽车尾气对人体健康有什么样的危害呢？一氧化碳是一种无色、无臭、无味、无刺激性的有毒气体。它随着空气经肺进入血液循环，与血液中的血红蛋白结合，降低红细胞的携氧功能，引起缺氧，影响呼吸及心、脑功能。碳氢化合物对机体具有一定的刺激作用。氮氧化物的刺激作用较小，但易于侵入呼吸道深部细支气管和肺泡，长期吸入可使肺组织受到破坏，氮氧化物还能引起组织缺氧而造成全身组织损伤。

（5）化学在化妆品中的应用

蜡类是高碳脂肪酸和高碳脂肪醇构成的酯。这种酯在化妆品中起到调节黏稠度、减少油腻感等作用。主要应用于化妆品的蜡类有棕榈蜡、小烛树蜡、霍霍巴蜡、木蜡、羊毛酯、蜂蜡等。用棕榈蜡制成的精致产品为白色或淡黄色脆硬固体，具有愉悦的气味，主要成分为蜡酸蜂花醇酯和蜡酸蜡酯。在化妆品中主要提高蜡酯的熔点，增加硬度、韧性和光泽，也有降低黏性、塑性和结晶的倾向，主要用于唇膏、睫毛膏、脱毛蜡等制品。

**3. 生活中的工程技术知识**

从人类诞生的那一天起，工程技术的应用便开始快速发展，从石器时代的工具、青铜器时代的兵器、铁器时代的农具，到今天的电子技术、计算机技术、互联网技术、航天航空技术等，工程技术为人类社会的进步做出了重大贡献。

（1）中国古代的著名工程

中国古代建筑中的故宫、长城、京杭大运河、赵州桥等都是工程技术应用的典范，都江堰水利工程是农业灌溉工程的杰出代表。岷江是长江上游的一条较大的支流，发源于四川北部高山地区。每当春夏山洪暴发之时，江水奔腾而下，从灌县进入成都平原，由于河道狭窄，古时常常引起洪灾，洪水一退，又是沙石千里。灌县岷江东岸的玉垒山又阻碍江水东流，造成东旱西涝。秦昭襄王五十一年（公元前256年），李冰任蜀郡太守，他为民造福，排除洪灾之患，主持修建了著名的都江堰水利工程。都江堰的主体工程是将岷江水流分成两条，其

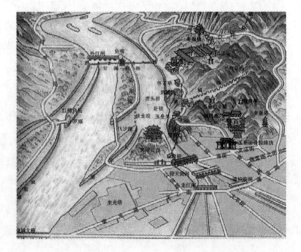

中一条水流引入成都平原，这样既可以分洪减灾，又达到了引水灌田、变害为利的目的。为此，李冰在其子二郎的协助下，邀集有治水经验的农民，对岷水东流的地形和水情做了实地勘察，决心凿穿玉垒山引水。在无火药（火药发明于东汉时期，即公元25年至220年）不能爆破的情况下，他以火烧石，在烧烫的石头上浇水，使岩石爆裂（热胀冷缩的原理），大大加快了工程进度，终于在玉垒山凿出了一个宽20米、高40米、长80米的山口。山口水流在低水位时每秒流速3米，高水位时每秒流速6米。因形状酷似瓶口，故取名"宝瓶口"，把开凿玉垒山分离的石堆叫"离堆"。宝瓶口引水工程完成后，虽然起到了分流和灌溉的作用，但因江东地势较高，江水难以流入宝瓶口，李冰父子率众又在离玉垒山不远的岷江上游和江心筑分水堰，用装满卵石的大竹笼放在江心堆成一个狭长的小岛，形如鱼嘴，岷江流经鱼嘴，被分为内外两江。外江仍循原流，内江经人工造渠，通过宝瓶口流入成都平原。

（2）工程技术中常用原理

工程技术中经常使用自然科学的一些原理来设计和应用，比如水的张力、虹吸现象、毛细现象等。

虹吸管是人类的一种古老发明，中国人很早就懂得应用虹吸原理。宋朝曾公亮的《武经总要》中，有用竹筒制作虹吸管把峻岭阻隔的泉水引下山的记载。中国古代还应用虹吸原理制作了唧筒。唧筒是战争中一种守城必备的灭火器。宋代苏轼《东坡志林》卷四中，记载了四川盐井中用唧筒把盐水吸到地面。其书载：以竹为筒，无底而窍其上，悬熟皮数寸，出入水中，气自呼吸而启闭之，一筒致水数斗。明代的《种树书》中也讲到用唧筒激水来浇灌树苗的方法。

虹吸原理就是连通器的原理，加在密闭容器里液体上的压强，处处都相等。而虹吸管里灌满水，没有气，来水端水位高，出水口用手掌或其他物体封闭住。此时管内压强处处相等。一切安置好后，打开出水口，虽然两边的大气压相等，但是来水端的水位高，压强大，推动来水不断流出出水口。

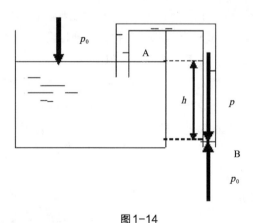

图1-14

图1-14就是说明这个压强差如何使水流动的原理图。设进水端的水平面为A，出水端的水平面为B，向上作用在两个水平面上的大气压值都是$p_0$，但右边管内在A面以下还有一段长$h$的水柱，所以，在右管中与A同一面上的压强$p = p_0+\rho gh$，即$p_0<p$，就会引起管中水柱向右管流动，最终由B端流出。由此可以给虹吸现象下一个定义：由于连通器的两端液位的高度

差产生的压强差,引起液体自行流动的现象称为虹吸现象。利用虹吸原理必须满足三个条件:管内先装满液体;管的最高点距上容器的水面高度不得高于大气压支持的水柱高度;出水口比上容器的水面必须低。这样使得出水口液面受到向下的压强(大气压加水的压强)大于向上的大气压,保证水的流出。

虹吸现象在生产和生活中有许多巧妙的应用,比如,公厕中的便池应当定时用水冲洗,虽然无人值守,但又不能让水无节制地哗哗直流,就可利用虹吸原理设计一种自动装置(如图1-15所示,$a$点高于$b$点),调节放水阀门,让水流进下面的容器,当容器中的水面超过弯管顶部$c$时,弯管中便充满了水,下端放水口$b$就有水流出冲洗便池,容器中水面不断下降,但只要没有低于弯管的上端$a$,水就会继续流出,直到上端口$a$露出水面,水流就会停止,这段时间就是虹吸的作用。调节弯管上端口的高度,可以改变每次冲洗的出水量,调节放水阀门放水量的大小,可以改变两次冲洗的时间间隔。现代的抽水马桶也常常利用了虹吸原理,以便产生更大的吸力将便池内的污物排出。

虹吸现象也造成了大自然的一些神奇现象。每逢午夜,重庆丰都县暨龙乡旺龙村村民向正银家就会出现一种怪异声响。这种声响让一家人平静的生活一度被恐惧笼罩——因为不少身在"鬼城"的人都认为:向家闹鬼了!村民们说,向正银家的"鬼叫"始于2002年夏夜。当时,向正银和老伴陈大珍连续几晚上起来准备抓小偷,均不见贼影,反而惊醒了附近村民。大家屏住呼吸等待,却听到老向家小木屋里不时传出阵阵怪异声响:时而"嘎吱"如门开了又关、时而"叮咚"如流水、时而"滴答"如钟表、时而"呜唉"如人叹气……

图1-15

让人恐惧的是,这种怪声从未在白天出现,但一到午夜,就会"准时"打破夜的宁静——"难道鬼城真有鬼?""是不是他家附近曾有人冤死,阴魂不散?"——就这样,"向家闹鬼声"的传言在旺龙村乃至暨龙乡传开。听到传言,老向和老伴心里也很害怕,甚至搬出楼下卧室,睡到了楼上客房,当地也曾有人来向家烧香祷告,希望"请走"鬼神。

暨龙乡乡长罗仕勤介绍,因传言甚多,乡政府专门请来丰都县地质环境监测所负责人彭亚明和南江地质队高级工程师、中国洞穴协会副会长谭开鸥等专家"捉鬼"。专家们此前怀疑是地下岩石断裂、山体滑坡等影响而传到地表的"地声"。据称,地声是地震等地质灾害的前兆。不过,专家们通过悬挂酒瓶、糊纸贴墙等实验,没有发现酒瓶碰撞、纸条绷断现象,证明并非"地声"。

最后,专家们在老向家周围发现几个深不可测的石灰岩地质落水洞及一些小水塘,得知落水洞和水塘相连通,且每晚都要涨水的状况后,专家们确证此系"虹吸现象"。

原来,向家附近的落水洞相当于一个容器,和落水洞相连的溶岩管道相当于虹吸管,地表水不断渗透进落水洞,当水面上升到溶岩管道弯曲处的顶端时就产生了

虹吸现象，溶岩管道开始向外吸水，流向与溶岩管道相通的水塘。在这流动过程中，因为水冲击通道，产生声音。在老向家堂屋底下有个非常细的缝，这个缝中的空气成为声音的载体，传送过来。而两次涨水之间的时间间隔约是24小时，到了老向他们家里，这个声音恰好在深夜发出了。

（3）工程技术中常用结构

工程技术中有许多常用结构，如杠杆结构、榫卯结构等，这些结构组成了现代工程的基本模块。

螺旋结构是自然界最神奇的几何形状，有平面的、圆柱形的、锥形的、对数螺旋线及双螺旋线等多种。螺旋结构有大有小，大到龙卷风及茫茫宇宙中的银河星系，小到螺旋藻、螺旋菌和DNA分子的结构等。螺旋形的存在有其内在的自然原因，例如DNA分子的结构，美国宾夕法尼亚州大学的教授卡缅指出："从本质上来看，螺旋结构是在一个拥挤的空间，例如一个细胞里，聚成一个非常长的分子的较佳方式。"在细胞的窄小环境中，长分子链常采用螺旋形状，例如DNA分子的双螺旋结构。

车前草的各叶片呈螺旋状排列，以一定的夹角作叶序排列，可以使叶片获得最大的采光量，且得到良好的通风。向日葵籽在盘上的排列也是螺旋状的。棉纤维初生胞壁中的纤维素也呈螺旋状结构。野生兽类动物的毛旋具有保护自身和适应环境的作用，它可使雨水顺着一定的方向淌掉。螺蛳和海螺及蜗牛的壳、动物的毛旋及蜘蛛网等的形状采用对数等角螺旋，使得螺壳或皮发能随生物的成长而自然长大。鹰从高空下降扑取猎物时总是紧盯住奔跑在地面上的猎物呈倒锥形螺旋线飞行，最后擒获猎物。

许多螺旋形发明的共同优点是节省空间。例如螺旋形蚊香、汽车的螺旋形扬声筒及阁楼的螺旋楼梯，还有卷尺、螺旋线圈和选矿螺旋溜槽等。圆柱形螺旋的结构简单，制造方便，用途广泛，常用于普通的弹簧、螺杆、螺母、螺旋铰刀和钻头等。自从17世纪发明了螺旋膛线之后，枪炮射击的距离和精度才有了明显的提高。弹丸在枪管螺旋膛线的作用下旋转，保证了弹丸的稳定飞行。与之类似，火箭和反坦克火箭弹的螺旋板尾翼在气流作用下使火箭自旋而能够稳定飞行。由绕轴线的螺旋线组成螺旋曲面的螺旋桨已广泛地用作螺旋桨飞机、直升机、飞艇、船舶、潜艇和鱼雷等。螺旋输送机也靠螺旋面的旋转而推动固体颗粒物料向前移动。类似的还有用于粉状物料的均匀连续供料、卸料的螺旋喂料机。螺旋挤压机则是靠螺杆的旋转来挤压橡胶胶料，还有利用两根互相啮合旋转的螺杆来挤压而输送液体和气体的螺旋泵和螺杆压缩机。

螺旋状卷曲的中空纤维具有很好的保暖性，可作

为羽绒的替代品，在滑雪衫、被褥、枕芯和椅垫中都有应用，富有弹性、透气、柔软、舒适。把涤纶纤维内部做成多孔空心状，包含不流通的空气，外部做成螺旋卷曲状，质地轻盈且有良好的保温作用。将形状记忆钛镍合金纤维加工成圆锥螺旋状，然后压成平面固定在服装面料内。这种服装表面接触高温时，形状记忆纤维触发形变，迅速由平面状变化成螺旋状，在两层织物间形成空腔，隔离了高温从而防止了烫伤，因而用作消防人员防护服。

家用清洁巾内部采用螺旋状纤维，擦拭器物时能包裹吸附并擦除器具表面的尘土和污渍，而擦后浸泡水中时，纤维又膨胀，尘土和污渍就容易被清洗出来。多根细棉线以螺旋状绞拧成一股绳，比一根粗棉线结实，不易拉断，因为多根线各自分担的拉力小了，又有互相间的摩擦力作支撑。纺纱时纤维大多呈圆锥形螺旋线，使纤维在纱中内外缠绕连接，因此纱的结构紧密、强度高。钢丝绳是由多层钢丝捻成股，再以绳芯为中心，由一定数量股捻绕成螺旋状。其强度很高，不易骤然整根折断，常用作承载绳索，如缆索起重机和架空索道上的缆索及吊运、拉运的绳索。钢索由许多根钢丝绳互相绞绕而成，承载力更强。现代的大跨度斜拉大桥全靠桥两端的两组多根钢拉索来平衡大桥自重和其上的载荷。

# 项目练习

❶ 请回答问题。

（1）人站在月亮上大声喊，能不能听到自己的声音，为什么？

（2）用壶烧开水时，水要发出响声。水的响声，有大小不同的两种：一种是快要沸腾时，水发出非常连续的响声，音调很高；另一种是沸腾时，水发出"噗噜、噗噜"可辨的断续响声，音调远没有前者的高。为什么水烧开时响声（音调）不高，而未烧开时的响声却高呢？

（3）寒冷的天气，用手触摸自来水金属管时，好像有一种"粘力"，这是什么原因？

（4）有时候从保温瓶中倒出一大杯开水，塞好瓶塞后一会儿瓶塞会跳起来，这是为什么？

（5）每年的春天，都有不少人兴致勃勃地把五颜六色、各式各样的风筝放上天空。这些风筝在蓝天上翩翩起舞，十分壮观。这些风筝为什么会飞上天呢？

（6）人们喜欢吃鱼，是因为鱼的味道鲜美。可是，如果剖鱼时不小心弄破了鱼胆，胆汁沾在鱼肉上，就会使鱼肉带有苦味，影响人们的食欲，用怎样的方法可以消除苦味呢？

（7）人们常说菠菜不可与豆腐同食，对还是错呢？为什么？

❷ 请解释下列现象。

（1）三个瓶，一个空着，另一个加入一半的沙子，第三个加满沙子，拧紧盖，三个药瓶并排立在书上，将书倾斜一定角度或稍加晃动，就会发现最先倒的是空着的瓶子，而装满整瓶沙子的最不容易倒下。

（2）把洗过的黑衣、白衣同时晾晒在一处，每隔两小时去检查它们水分蒸发的状况，可以发现黑衣先干，衣服干后，可以将温度计卷在黑衣里，放到有阳光的地方，记录10分钟后温度计的数值，同样的，用温度计测出白衣在光照时的温度，结果是白衣温度比黑衣温度低。

（3）用火柴杆蘸着牛奶，在白纸上写字，干了后重新变为白纸，把干了的纸放在蜡烛火焰上方，烘烤一会儿，会有黄色的字迹显现出来。

（4）在酷热的盛夏之夜，耐心地去凝望那野坟墓较多的地方，也许会发现有忽隐忽现的蓝色星火之光。由于民间不知鬼火成因，只知这种火焰多出现在有死人的地方，而且忽隐忽现，因此称这种神秘的火焰为"鬼火"，认为是不祥之兆，是鬼魂作祟的现象，你怎样认为？

❸ 如图1-16所示，光合作用原理说明光合作用是需要光的，怎样鉴别呢？

可以把两片叶子分别放在有光和没光的地方。一段时间后，在经过光照的叶子上滴一些碘酒，这时，叶子变成了蓝色。这是因为叶子上有个光合作用的产物——淀粉。同时，在没有经过光照的叶子上也滴一些碘酒，这时，叶子的颜色保持不变。结果到底是不是这样呢？

请用试验进行验证。

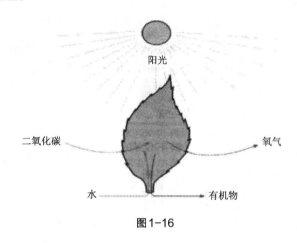

图1-16

❹ 动手制作并解释原理。

（1）爱吃糖的牙签：把糖和几根牙签摆放在水中，牙签会向糖游去，很有意思，就像要抢糖吃似的。①在平底浅碟中加水，把方糖放在水中央；②将6根牙签放在水面上，与方糖保持一定距离；③方糖溶解后，牙签会向方糖所在的方向游去。

（2）纸杯烧开水：纸靠近蜡烛的火焰，很快就燃烧了。但是，装水的纸杯却不会燃烧，还能把水烧开。①在纸杯内装半杯水；②保证纸杯不会燃烧，过一会儿，纸杯中的水却沸腾起来。

（3）水滴走钢丝：让水滴从一条细线上走过去。①用肥皂把线擦一遍，在其中一个杯子中倒入半杯水；②用胶带把一条细线的两端固定在两个杯子的内侧，距杯口2～3厘米；③拿起装水的杯子，与另一个杯子形成坡度；④轻轻拉紧细线，往外倒水，就会看到水滴在线上一滴滴滚到另一个杯子里。

（4）喷水饮料瓶：往装有水的饮料瓶中插入吸管，然后往里面猛吹气，就会看到水从吸管处喷流如注。①在瓶中装入2/3的水；②用锥子在瓶盖上开一个和吸管一样粗细的洞，将吸管穿过瓶盖；③通过吸管猛吹一口气，马上闪开，瓶中的水就会迅猛喷出。

❺ 请你查阅相关水表面张力的资料，自行设计制作一个能直观展现水表面张力的小实验。

❻ 神舟十号飞船中宇航员的太空授课让人们在太空微重力的情况下看到了许多地面上看不到的现象，在授课过程中，女航天员王亚平的头发是扎起来的，如图1-17所示。请问，如果没有扎起来，头发会呈现怎样的状态？

图1-17

❼ 通过书籍或网络了解下列科学家的主要成就。

（1）艾萨克·牛顿（1642～1727年）英国科学家，近代物理学的奠基人。

（2）维尔纳·冯·西门子（1816～1892年）德国工程学家、企业家。

（3）约瑟夫·约翰·汤姆逊（1856～1940年）英国物理学家。

（4）富尔顿（1765～1815年）美国发明家。

（5）卡尔·弗里特立奇·本茨（1844～1929年）德国工程师。

（6）伏打（1745～1829年）意大利物理学家。

（7）尼考罗斯·奥古斯特·奥托（1832～1891年）德国工程师。

（8）戴姆勒（1834～1900年）德国机械工程师。

（9）鲁道夫·狄塞尔（1858～1913年）德国工程师。

（10）托马斯·阿尔瓦·爱迪生（1847～1931年）美国发明家。

（11）莫尔斯（1791～1872年）美国发明家。

（12）亚历山大·贝尔（1847～1922年）美国发明家。1876年发明电话。

（13）伽利尔摩·马可尼（1874～1937年）意大利工程师。

（14）阿尔弗雷德·贝恩哈德·诺贝尔（1833～1896年）瑞典化学家、工程师和实业家。

（15）马克斯·普朗克（1858～1947年）德国物理学家。

（16）阿尔伯特·爱因斯坦（1879～1955年）现代物理学的开创者和奠基人。

### 现代自然科学

现代自然科学，不是单单研究一个事物，一个现象，而是研究事物、现象的变化发展过程，研究事物相互之间的关系。这就使自然科学发展成为严密的综合性的体系。这是现代自然科学的重要特点。

工程技术的科学叫作应用科学，是应用自然科学中基础学科的理论来解决生产斗争中出现的问题的学问。当然，基础学科中也有好多道理是从生产实践中总结提高而来的；而且没有工农业生产，基础学科研究也无法搞下去。所以基础学科称为基础，就是根据其在现代自然科学体系中的位置而言的。六门基础学科：天文、地学、生物、数学、物理、化学。这六门是不是都是一样的基础呢？也不是。从严密的综合科学体系讲，最基础的是两门学问。一门物理，是研究物质运动基本规律的学问。一门数学，是指导人们推理、演算的学问。

先说化学。化学是研究分子变化的。20世纪30年代后出现了量子化学，用量子力学的原理来解决化学问题，使化学变成应用物理的一门学问。近年来，由于电子计算机的运用，又出现了计算化学。从前人们认为化学就是用些瓶瓶罐罐做试验。现在由于掌握了物质世界里的原子的运动规律，就可以靠电子计算机去计算。有朝一日化学研究会主要靠电子计算机计算，而且可以"设计"出人们想要的分子，"设计"出这种分子或化合物的化学过程。到那时做化学试验只是为了验证一下计算的结果而已。

天文学也是物理。现在的天文学，不是光研究太阳、月亮、星星在天上的位置和运行规律，还要研究星星的变化，研究宇宙的演化。比如研究太阳内部、恒星内部。人去不了，怎么研究？一是研究可见光，把可见的星光分成光谱，把不同频段的光摄下来进行研究。再就是研究看不见的频段，如波长比较长的红外线、无线电波，波长很短的紫外线、X射线，波长更短的γ射线等。这么一研究，就发现天上很是热闹——到处有星的爆发，一颗星爆发像氢弹爆炸一样。一个爆发的过程是一两个月、几个月。中国古书上有所谓客星，实际上就是星的爆发。爆发时亮了，就看得见，天上来了"客人"；过一段时间爆发过程结束，看不见了，就以为是"客人"走了。天上还有一些更怪的现象。如中子星，是由中子组成的密度非常大的星，一颗芝麻点大小的中子星物质就有几百万吨重，而且转得很快，转时发出的X射线强度不一样，变化周期不到一秒。还有一种星，名叫"黑洞"，其实不是洞，是光出不来的星。这种星密度更高，引力场特别强，强到光线被吸住射不出来，只有当其他物质被吸引掉进去时才发光，发射出X射线。不但恒星会爆发，而且由亿万颗恒星组成的星系，像人类所在的银河星系，中心也会爆发，还会爆发得更强烈。一颗恒星爆发起来产生的能量等于十万亿亿个氢弹爆炸的能量，而一个星系爆发起来的能量等于亿亿个恒星爆发的能量。要了解这些天文现象没有物理学是不行的。

地学也要靠物理。地学家们讲，研究地学有三个时代。第一时代是18世纪末到20世纪初，研究地质年代时引入了生物观念（化石观念），用生物的化石来断定地质年代，称为生物学地球观。第二时代是20世纪初，开始研究地球上地壳和海洋的化学成分的变化，矿物元素的分布，借此来推论地球在地质年代中的演化，称为化学地球观。现在是第三时代。地学上最大的发展是所谓板块理论，发现地球的外壳（包括大陆和海洋）是一块块拼起来的，像七巧板似的。块与块之间有相互作用。这主要是根据海底岩石的地磁走向推论出来的。有了这种理论就可以解释火山带、地震带的形成了。这一些理论，加上研究地球深处的情况，都要靠物理学，所以称为物理学地球观。

生物学的发展，现在达到了研究分子的水平，也要归结到物理上面。分子生物学，不是过去那样研究细胞核、细胞膜、细胞质，而是一直追到分子，把生命现象看作是分子的运动，分子的组合和变化过程。最近生物学上有一个轰动世界的发现，就是可以把影响遗传的信息，挂在一种叫去氧核糖核酸的高分子化合物的某一段上传下去。这就是把这种高分子人为地变化一下，把一个高分子的某一段遗传信息切下来，接到另一个上面，改变遗传的某一特性，创造新的物种，这样，就有可能打破植物动物的界限，把植物的某一特性接到动物上面。这样，不但能使细胞内部发生变化，而且使细菌发生变化，如把胰岛素的遗传信息切下来，接到容易繁殖的大肠杆菌上面，使产生出来的新的大肠杆菌能制造大量胰岛素。这项技术叫作遗传工程，用它建立了一门新的工业。

所以，天、地、生、化四门基础学科，用现代科学技术体系的观点看，都可以归结到物理和数学。根本的基础学科，就是研究物质运动基本规律的物理，加上作科学技术工具的数学。数学不只是演算，也包括逻辑的推理。靠六门基础学科的现代工程技术，也靠物理和数学这两门基础作为支柱。所以，物理和数学也可以称为现代自然科学体系的基础。当然，说物理和数学是基础，并不是说物理和数学可以代替其他学科，在此之上还有天文学、地学、生物学和化学这些基础学科，以及各种分支学科，如力学等；再在上面是工程技术学科，如工程结构、电力技术、电子技术、农业技术等。这就是现代自然科学体系的构成。

# 综合测试

## 一、错觉识别能力

很多公认的创造力特别高的著名发明家、艺术家都具备一种很快识别正确事物，从而做出决策的能力。错觉对于他们而言往往不成为错觉。这在心理学上称之为"场独立性"较强。以下是精心选辑的一些心理学中知名的错觉图片。他们很多都是一种"两难图片"，请大家用最快的速度做出判断，了解自己的错觉识别能力。

❶ 图1-18中的两条线平行吗？

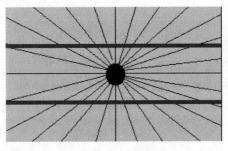

图1-18

❷ 你能从图1-19中看出几个头像？

图1-19

❸ 图1-20中的大象有几条腿？

图1-20

你对自己错觉识别能力的评价是：_____

提示1　这两条直线是完全平行的，只不过由于背景的影响，显得往外凸，不信，可用尺子量一下。

提示2　有三个头像，非常神奇吧(一个头朝左的少女，一个头朝左的老妇女，一个头朝右的老头)。

提示3　当然不是4条腿，这是个不可能的图。

## 二、图形观察能力

❶ 图1-21 五幅小图中，哪一幅与其他四幅不同？

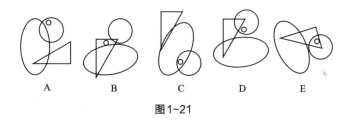

图1-21

❷ 图1-22中的五个图形中，有四个图形两两对应，那么，余下的一个是A、B、C、D、E中的哪一个？

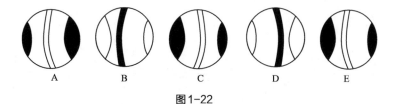

图1-22

❸ 图1-23，A～F六个图形中，哪一个与众不同？

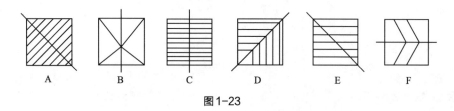

图1-23

你对自己图形观察能力的评价是：_____

提示1　B；提示2　E；提示3　C

## 三、环境观察能力

必须快速回答下面的问题，不能长时间去仔细回忆或观看实物。

❶ 汽车是生活中的重要交通工具，它的两组轮子一转能载着人到处跑。请问，当车子前进时是前轮先转动还是后轮先转动，或是前后轮一齐转动呢？

❷ 请问，在给保温杯注水时，是将水注满保温时间长，还是不注满留点空隙保温时间长？

❸ 你是个城市居民，每天都要经过几次十字路口。如果红绿灯是水平的，那么请问，红绿灯上的红灯是在左边还是右边呢？

❹ 你一定读过很多书，那么请问，书的双数页是在书的左边还是右边呢？

❺ 你一定经常开家里防盗门的锁，那么请问，钥匙插进后应该顺时针旋转还是逆时针旋转？

你对自己环境观察能力的评价是：_____

提示1　后轮；提示2　不注满；提示3　左边；提示4　左边；提示5　顺时针

## 四、综合观察能力测试

测试说明：本测验是一个综合性的"观察能力测验"，主要从排除错觉能力、差异辨别能力、空间翻转视觉能力、局部与整体识别能力、科学常识识别能力等方面来考察你的观察能力发展水平。（共100分）

❶ 在水平的地面上放有一堆宽厚相同的木条，请根据这堆木条的俯视图（图1-24），回答下列问题。（15分）

（1）哪些木条是水平（即与地面平行）放置的？（3分）

（2）哪些木条是倾斜的？（3分）

（3）水平放置的木条中，哪根位置最高？（3分）

（4）倾斜的木条中，哪一根倾斜度最大？（3分）

（5）A与G相接触吗？（3分）

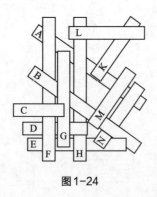

图1-24

❷ 从图1-25的6个标号图形中，找出一个合适的图形放在问号处。（6分）

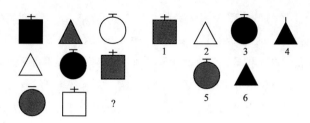

图 1-25

❸ 将图 1-26 中的纸折成一个纸盒，将是右边纸盒中的哪一个？（6分）

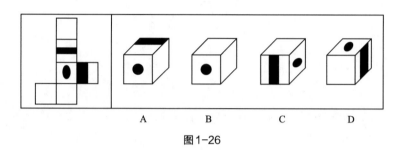

图 1-26

❹ 图 1-27 中的粗线、双短线分别在转动，不转动书，找出一个与其他运动不同的图形。（6分）

图 1-27

❺ 一艘宇宙飞船关闭发动机后在大气层外绕地球飞行，飞船内的水滴呈什么形状？（5分）

❻ 图 1-28 中几何结构图形是由两个最基本的图案构成的。你能从图中找出这两个基本图案吗？（12分）

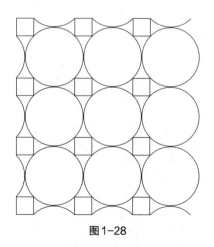

图 1-28

❼ 大气层空气的密度是变化的，大气压强随着高度的增加而减少。乘坐飞机旅行时，虽然

大型民航客机的机舱是密封的,但是在飞机起飞、降落和航行中,机舱内空气的压强还是会有较大的变化。人在地面时,地面的大气压强为1个大气压左右,人的耳咽管及内耳道内空气的压强也是1个大气压左右,当飞机升入高空之后,机舱内的空气压强降低,而内耳及耳咽管封闭着1个大气压的气体,造成鼓膜内外有个压强差,使鼓膜受到从内耳向外耳的压力作用,使人感到头晕、恶心,甚至于出现呕吐等不舒服的症状。这时,应该采取怎样的措施来缓解?(8分)

❽ 请在图1-29中的B中找出图A并用笔勾画出来。(6分)

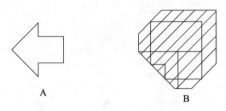

图1-29

❾ 把一只煮熟的鸡蛋和一只生鸡蛋分别放在桌上旋转,如果用力合适,哪只鸡蛋转着转着就会竖立起来?(6分)

❿ 糖果溶化的速度:①把两块方糖用线拴起来;②在手中调整线的长度,使A比B短;③把C糖扔入一杯水中,在另外两杯水里,A悬在水面,B悬在水中(图1-30),谁溶化最快?谁溶化最慢?(12分)

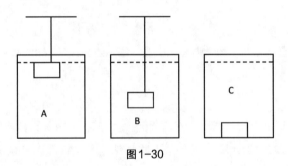

图1-30

⓫ 图1-31中有几处不同?(6分)

图1-31

⓬ 你能拿8根普通的火柴棒拼出1千米吗?(12分)

## 综合观察能力测试参考答案

1. （1）A、B （2）C、D、E、F、G、H、K、L、M （3）B （4）C （5）不接触
2. 观察每一行图形，3种主要几何图案、3种色调、顶上3种不同的小图案均应出现1次。因此，答案是6。
3. ③
4. 粗线沿逆时针转动，两条短线沿顺时针转动。第5个图中不合理。
5. 球形。
6. 如图1-32所示。

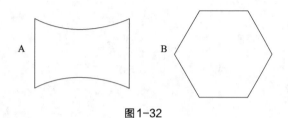

图1-32

7. 这时只要张开嘴，做咀嚼、吞咽动作，耳咽管就会开启与空气相通，使内耳中的空气压强与机舱内的气压相同，使加在鼓膜上的压强差消失。当你乘飞机旅行时，乘务员总是要在飞机起飞前发给你口香糖，这是不是为了给你的旅行增加甜蜜的味道？不是，而是为了减轻你在飞行中的不适。
8. 如图1-33所示。
9. 熟鸡蛋。
10. A完全溶解了，B溶化的速度第二，C才溶化了一小部分。解谜：糖块在水中的位置越低，溶化速度越慢；糖块吊得越高，溶化速度就越快。因为糖在水中的溶解主要靠对流。沉入水底的糖溶化后，形成密度比较大的糖溶液，令水的对流减慢。而吊在水面的糖，由于糖水比清水重，糖水下沉，清水上升，形成对流。糖的位置越高，水对流的范围越大，糖就越容易溶化。

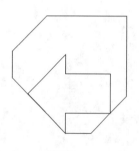

图1-33

11. 共5处。
12. 如图1-34所示，火柴棒的组成为：

图1-34

测试标准：80分以上为优秀，60～80分为良好，40～60分为合格，40分以下为不合格。

# 第二章 聚知识点 点点思考

### 内容描述

　　思维训练是一种头脑智能开发和训练技术，其核心理念是相信"人脑可以像肌肉一样通过后天的训练强化"。通过思维训练，可以让大脑"动起来"，拓展思维的广度、灵活度，培养创新思维的意识，提高运用思维方法的技巧和技能，使人在遭遇问题时不再感到无从下手，而是能够运用各种思维方法，通过思维的灵活转换，成功破解各种难题并全面开发自身的潜力，以适应时代的需要。

早在20世纪40年代,西方发达国家就开始对人的大脑思维进行深入研究,希望能够揭开人类智慧的本质。通过研究发现,那些具有创造型思维和复合型思维的人,比一般人更善于思考,更懂得如何提炼有用的信息,驾驭和运用知识去解决新问题。因此,他们也就比其他人知道更多的信息,拥有更多的知识,在社会上也就表现得更好。

世界著名的物理学家劳厄曾说过,"重要的不是获得知识,而是发展思维能力。教育无非是一切已学过的东西都遗忘掉的时候所剩下来的东西"。大量的事实也表明,个人的观察、分析、判断、理解、思考、决策、创意、策划、想象、洞察和战略规划等思维技能是否成熟,是否接受过系统的训练,将决定个人未来的职业发展前途。因此,一个人要想在激烈的脑力竞争中生存,就要学会更新自己僵化的头脑、简单的思维模式,让自己成为一个思维技能训练有素的人。

知识固然重要,但它并不一定能让人变得智慧,因为一个人智力的高低90%取决于拥有什么样的思维,知识只占10%。这也是为什么现代人虽然在知识的拥有量上已远远超过古人,但却还是达不到孔子和牛顿那种高度的智慧的原因。爱因斯坦曾说过这样一句话:"如果仅仅死记书本上可以翻到的东西,什么事件啦、人名啦、公式啦,等等,根本就不用上大学。这也就是说,一直以来学校教育教给我们的主要是知识的教育,而非思维的教育。所以,我们的思维也需要接受训练,一种可以让一个有许多知识的头脑变得更为灵活、更富创造力的训练。"

爱迪生说过:"天才,就是百分之一的灵感加百分之九十九的努力!"其实,每个人都有一座金矿,这座金矿不是别的,就是大脑。人有了大脑就能思维,就能在世界上创造出形形色色的奇迹。对于成功而言,可以说头脑中那百分之一的灵感才是最宝贵的,只要你能够像训练体能一样训练你的思维能力,那么你的思维就会变得更快、更高、更强,在激烈的智力竞争中,就能领先一步,更高一筹!

# 项目一 信息的收集与处理

在日常生活中，人们时刻都在与信息打交道。报纸、电视、网络、所见所闻……这些用文字、图像、声音、数字、现象、情景等所表示的内容，称为信息。这种信息进入大脑后，就会运行思维习惯对其进行加工处理，比如对比、判别、筛选、分类、排序、分析和再造，使之成为记忆、经验、判断标准等，并反映到语言、行为中去。

信息处理是在对信息传递的客观事物等进行感受、储存的基础上，结合主观的认识和情感进行识别（包括审美判断和科学判断等），并用一定的形式、手段和工具（包括语言、绘画、音乐及动作等）创造和描述事物及规律的一种基本的思维形式，是人们在认识世界的过程中，对事物进行表达、总结、传递和解决问题的思维方法。

人类对信息处理的思维因文明、民族、环境、习惯、发展等不同也有较大差异性。如《春江花月夜》《蓝色多瑙河》等中西方乐曲同样是把大自然或人类活动的故事情节通过跌宕起伏、抑扬顿挫的旋律进行表达，从而达到一种精神享受的目的。电视荧光屏上出现的山水和人物全是虚像，但它所起的效果与实像相差无几，看电视时，会随着荧光屏上形象的变化而兴奋、喜悦、愤怒、揪心、哭、笑、闹、喊，这也是思维进行信息处理的结果。同样人类对信息处理的思维具有差异性，如中华民族语言文字，古代人通过观察事物的形状、运动等状态，并将其信息通过相似的手法记录下来，这就是象形文字，用一个象形的符号代替实物，演化至今天，依然能通过文字依稀辨出其实物形态，如日、月、云、雨等。又如同样是读《红楼梦》著作，中国人总是悲叹有情人不能终成眷属，而西方人却质疑为什么贾宝玉与林黛玉不能学习莎士比亚《罗密欧与朱丽叶》中的"私奔"呢？

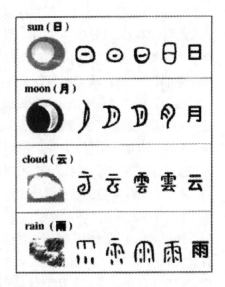

信息处理能力是人反映和认识世界的重要能力，在科学研究和工程技术应用中，许多科学家所得到信息可能只是间接的、抽象的甚至不明确的，但由于具有较强的信息处理能力，促使他们做出正确的决策，取得杰出成就。如爱因斯坦就是一个具有极其强大信息处理能力的大师，他十分善于抓住一些细小的灵感，做出大胆假设并去验证。著名的广义相对论的创立实际上就是起源于一个自由的想象。一天，爱因斯坦正坐在伯尔尼专利局的椅子上，突然想到，如果一个人自由下落，他是会感觉不到他的体重的。爱因斯坦说，"这个简单的理想实验对我影响至深，竟把我引向引力理论"。

**1. 信息收集的原则**

信息收集是指通过各种方式获取所需要的信息。信息收集是信息处理的第一步，也是关键的一步。当今世界由于各种科学技术的发展，信息的传递变得快捷方便，信息量也达到浩如烟海的程度。人们可以通过书籍、网络、电视、电话、调查、交流等多种手段得到所需信息。但为了保证信息收集的质量，应坚持以下几点。

（1）信息搜集要从真实可靠性角度观察，避免误听误信

为达到这样的要求，信息收集者就必须对收集到的信息反复核实，不断检验，力求把误差减少到最低限度。许多时候，由于缺乏对信息真实性的判断能力，常常会被信息的表面现象所骗，从而形成误解。如苏轼在《石钟山记》中所言："事不目见耳闻，而臆断其有无，可乎？"苏轼不轻易相信传言，通过自身亲自查证，证明了石钟山名字的来源传说的错误。实际生活中，误信有些不经查证的信息会给自己带来惨痛的教训。

赤壁之战中，曹操帐下幕宾蒋干，自告奋勇请命到东吴说降周瑜，没有机会说降周瑜却盗来假情报，即曹营水军都督蔡瑁、张允投降东吴的书信，蒋干如获至宝，急献曹操。可悲的是，曹操不分青红皂白，错杀蔡瑁、张允两位水军内行将领，为赤壁之战的失败埋下了伏笔。一个敌军的说客，孤身闯入敌营，如何能获得如此绝密的情报，难道不值得怀疑？即便万分的真切，也用不着这样急急忙忙杀之，也应弄个水落石出，也要分个来龙去脉，待事实查清问明后再公开处置，让蔡瑁、张允作为反面教材，这既可消除隐患，也可教育警戒官兵。如若查明此乃周瑜之计，蔡瑁张允无辜，还要重赏甚至提拔重用，不怕蔡张二人不死心塌地地为己卖命。当蔡瑁张允的人头落地，曹操才省悟了此乃周瑜的奸计，可已经晚矣！

在这个案例中能认识到识别虚假信息的重要性，同时在科学技术领域也有着诸多的虚假信息，如"永动机"，"水变油"等，只要具有一定科学的常识就不难识辨这种信息的真伪。

（2）信息搜集要从全面的角度去观察，避免自身经验的干扰

只有广泛、全面地搜集信息，才能完整地反映管理活动和决策对象发展的全貌，为决策的科学性提供保障。当然，实际所收集到的信息不可能做到绝对的全面完整，因此，如何在不完整、不完备的信息下做出科学的决策就是信息处理能力强弱的问题。在信息收集的过程中，要切忌受到以往的记忆信息的干扰，因为思维往往具有想象的能力，下意识地"帮助"人们进行预测，从而造成"视而不见"的自以为是现象。

有这样一个儿子，他是个大款，母亲老了，牙齿全坏掉了，于是他开车带着母亲去镶牙。一进牙科诊所，医生开始推销他们的假牙，可母亲却要了最便宜的那种。医生不甘就此罢休，他一边看着大款儿子，一边耐心地给他们比较好牙与差牙的本质不同。可是令医生非常失望的是，这个看是大款的儿子却无动于衷，只顾着自己打电话抽雪茄，根本就不理会他。医生拗不过母亲，同意了她的要求。这时，母亲颤颤悠悠地从口袋里掏出一个布包，一层一层打开，拿出钱交了押金，一周后再准备来镶牙。

两人走后，诊所里的人就开始大骂这个大款儿子，说他衣冠楚楚，吸的是上等的雪茄，可却不舍得花钱给母亲镶一副好牙。正当他们义愤填膺时，不想大款儿子又回来了，他说："医生，麻烦您给我母亲镶最好的烤瓷牙，费用我来出，多少钱都无所谓。不过您千万不要告诉她实情，我母亲是个非常节俭的人，我不想让她不高兴。"

人们不可能对所有的信息都做全面的了解，因而必须加以区别，选其要者。在从事某一学科方面的工作时，有训练的人总是有意识地根据自己的知识搜寻认为有价值的具体事物信息，但是，在进行科学研究时，常常只能凭借辨别能力，只能靠科学知识判断，以及有时靠自己设想的假设来指导自己的信息收集。据说法国伟大的科学家法拉第被邀请观察实验时，总是问要看的是什么东西，但同时他自己也还注意观察其他现象，搜寻每一个实验细节的信息。法拉第认为人们在观察实验时思想应该不受约束，以免由于先入之见只是搜寻预期的特征，而忽视了其他有价值的情况。他说，这是实验方法的一个最大障碍，因为看不到意料之外的东西，就可能导致给人错误印象的观察。他说："走进实验室时，摆脱掉你的想象力，就像脱掉你的大衣一样。"达尔文的儿子这样写达尔文的："他渴望从实验中得到尽量多的知识，所以不让自己的观察局限于实验所面对的问题，而且他察觉事物的能力是惊人的……他的头脑具有一种技能，对他获得新发现似乎是特殊的有利条件。"这就是从不放过例外情况的能力。做实验的时候，如果仅仅注意那些预期的事物，就很可能错过预料之外的现象。而这些现象，尽管开始时可能令人不解，却最可能导致意想不到的重要发现。有人说，正是例外的现象才可能用来解释常见的现象。每当发现不正常的现象时，就应搜寻与之可能有联系的情况。要做出创造性的观察，最好的态度不是只注意自己认为相关的现象，而应留神意外的现象，须知所谓观察不是消极地注视，而是一种积极的思维过程。

（3）信息搜集要从发展的角度去观察，注重信息的时效性

第一章提到的"刻舟求剑"这一故事中，船到目的地后停了下来，那个楚国人从他刻记号的地方跳到水里寻找剑。船已经行驶了，但是剑没有移动，像这样寻找剑，不是很愚蠢吗！这个人就犯了没有以发展的角度去收集信息的错误。

同时，信息只有及时、迅速地提供给它的使用者才能有效地发挥作用。特别是决策对信息的要求是"事前"的消息和情报，而不是"马后炮"。所以只有信息是"事前"的，对决策才是有效的。

**2. 利用所学知识处理信息**

处理信息可以体现出一个人的知识水平和对知识的应用水平。人们一般的思维是根据面临的问题联想起已经解决的类似的问题，将新问题的特征与旧问题的特征进行比较，抓住新旧问题的共同特征，将已有的知识和经验与当前问题情境建立联系，利用处理过类似的旧问题的知识和经验处理新问题，或把新问题转化成一个已解决的熟悉的问题，其思维过程如图2-1所示。

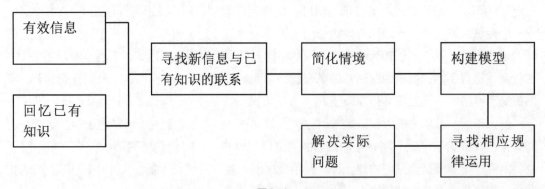

图2-1

下面信息处理的例子反映了这样的思维过程：

柯受良驾驶汽车飞越黄河壶口瀑布，汽车从最高点开始到着地为止这一过程的运动可以看成是平抛运动。记者从侧面用照相机通过多次曝光，拍摄到汽车在经过最高点以后的三幅运动照片如图2-2所示，相邻两次曝光时间间隔相等，均为$\Delta t$，则可以：

A. 从左边一幅照片可推算出汽车的水平分速度的大小和汽车曾经到达的最大高度。
B. 从左边一幅照片可推算出汽车曾经到达的最大高度。
C. 从中间一幅照片可推算出汽车的水平分速度的大小和汽车曾经到达的最大高度。
D. 从右边一幅照片可推算出汽车的水平分速度的大小。

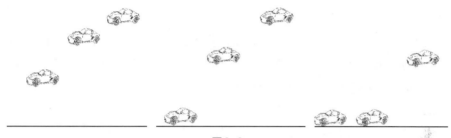

图2-2

分析过程：首先应动态地看照片，每幅照片中三个汽车的像是同一辆汽车在不同时刻的像，根据题目的描述，应是由高到低依次出现的，而且相邻两像对应的时间间隔是相等的，均为已知的$\Delta t$。根据生活常识，一般小轿车长度为4米左右，量出汽车在照片中的长度，就能得到照片与实际场景的比例，这样照片中各点间的真实距离也都能算出。

用物理知识分析，汽车在通过最高点后的运动，可抽象为质点的平抛运动，因此水平方向为匀速运动，竖直方向为自由落体运动。

关于水平速度，由于汽车在空中相邻的两个图像对应的真实距离能算出，这段运动对应的时间$\Delta t$已知，因此由左、中两幅照片中的任意一幅都能算出水平速度。至于右边的一幅，因为汽车在空中的像只有一个，而紧接着的在地上的像不一定是刚着地时的像（汽车刚着地时，可能是在两次拍摄之间），因此在这个$\Delta t$内，可能有一段时间做的已经不是平抛运动了，水平方向不是匀速的。所以用该照片无法计算出水平速度。

关于最大高度，应分析竖直方向，同时对不同照片进行比较。左边一幅，没拍到地面，肯定不能计算最大高度。右边一幅，空中只有一个像，无法分析其自由落体运动。中间一幅，相邻像的两个真实距离均能知道，因此能算出中间那个像对应的速度，进而由自由落体运动的公式算出最高点这个位置的高度，再加上这个位置的离地高度即可得到汽车离地的最大高度。因此该题选C。

许多时候，信息处理的结果带来的影响是巨大的。中国最著名的"照片泄密案"，就是1964年《中国画报》封面刊出的一张照片。大庆油田的"铁人"王进喜头戴大狗皮帽，身穿厚棉袄，

顶着鹅毛大雪,握着钻机手柄眺望远方,在他身后散布着星星点点的高大井架。日本情报专家据此解开了大庆油田的秘密,他们根据照片上王进喜的衣着判断,只有在北纬46°~48°的区域内,冬季才有可能穿这样的衣服,因此推断大庆油田位于齐齐哈尔与哈尔滨之间,并通过照片中王进喜所握手柄的架势,推断出油井的直径。从王进喜所站的钻井与背后油田间的距离和井架密度,推断出油田的大致储量和产量。有了如此多的准确情报,日本人迅速设计出适合大庆油田开采用的石油设备。当我国政府向世界各国征求开采大庆油田的设计方案时,日本人一举中标。庆幸的是,日本当时是出于经济动机,只是根据信息分析结果,向我国高价推销炼油设施,而不是用于军事战略意图。

## 【项目练习】

❶ 你能说出图2-3各图像代表的运动名称吗?

图2-3

❷ 见下图2-4,这是一份《中国质量万里行》对于小家电的调查报告,你从中发现了什么信息,对生产厂家有何建议?

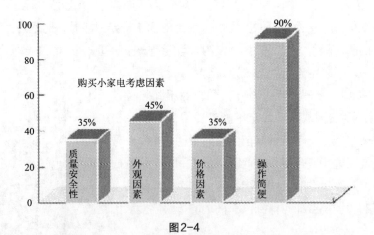

图2-4

❸ 下面是报纸中一篇新闻报道的一段话:"……失事车辆从斜坡顶一直滑下,由于车所受的惯性越来越大,因此车速越来越快,行人与设施受到越来越大的威胁,这时……"请你对这一段话做一评价,并重新解释车速越来越快的原因。

❹ 图2-5是某个城市规划的五岔路口示意图，你觉得有不合理之处吗？应该如何规划？

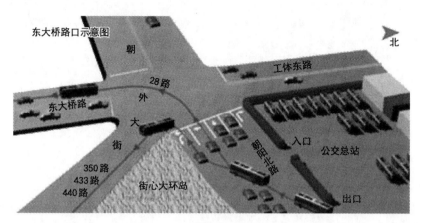

图2-5

❺ 我国经济快速发展，很多厂商一改过去"酒香不怕巷子深"的观点，纷纷为自己的产品做广告，但有些广告制作却忽视了其中的科学性。如图2-6所示的两幅广告中各有一处科学性的错误，请找出来，并简要说明它违背了什么物理原理或规律。

（a）某钢化玻璃容器广告

（b）某饮料广告

图2-6

❻ 如图2-7所示的小型变压器，要求判断哪一对线是220伏线圈的两个出线，哪一对是6伏线圈的两个出线。

图2-7

❼ 在图2-8中如何做出一个正方形？

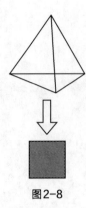

图2-8

❽ 若干桶方便面摆放在桌子上，如图2-9所示是它的三个视图，则这一堆方便面共有几桶？

主视图　　　　　左视图　　　　　　俯视图

图2-9

❾ 图2-10是用10个硬币组成的正三角形，如何用最短的距离移动3个硬币使三角形倒过来？

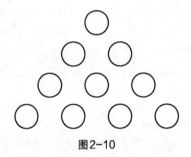

图2-10

❿ 如图2-11所示，两枚1元硬币，硬币B固定不动，硬币A的边缘紧贴B并围绕B旋转。当A围绕B旋转一周回到原来位置时，它围绕自己的中心转了几个360°？

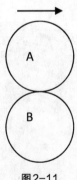

图2-11

❶❶ 图2-12是两块一样的不规则布，一个聪明的裁缝在每块布上剪了一刀，就把两块布拼成了一块正方形桌布，他是怎样做到的？

图2-12

❶❷ 阅读下列信息，并结合该信息解题：

（1）开普勒从1609～1619年发表了著名的开普勒定律，其中第一定律为：所有的行星分别在大小不同的椭圆轨道上围绕太阳运动，太阳在这个椭圆的一个焦点上。第二定律：在相等时间内，太阳和运动着的行星的连线所扫过的面积都是相等的。第三定律：所有行星的椭圆轨道的半长轴的三次方跟公转周期的平方的比值都相等。实践证明，开普勒三定律也适用于其他中心天体的卫星运动。

（2）从地球表面向火星发射火星探测器。设地球和火星都在同一平面上绕太阳做圆周运动，火星轨道半径为地球轨道半径的1.5倍，简单而又比较节省能量的发射过程可分为两步进行。第一步，在地球表面用火箭对探测器进行加速，使之获得足够动能，从而脱离地球引力作用成为一个沿地球轨道运动的人造行星。第二步是在适当时刻点燃与探测器连在一起的火箭发动机，在短时间内对探测器沿原方向加速，使其速度数值增加到适当值，从而使得探测器沿着一个与地球轨道及火星轨道分别在长轴两端相切的半个椭圆轨道正好射到火星上（图2-13），当探测器脱离地球并沿地球公转轨道稳定运行后，在某年3月1日零时测得探测器与火星之间的角距离为60°，如图2-13所示，问应在何年何月何日点燃探测器上的火箭发动机方能使探测器恰好落在火星表面？（时间计算仅需精确到日），已知地球半径 $R = 6.4 \times 10^6$ m。

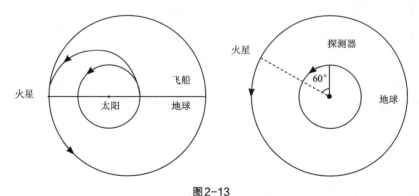

图2-13

# 项目二 思维的逻辑训练

逻辑思维，又称抽象思维，是人们在认识的过程中借助于概念、判断、推理反映现实的过程。它与形象思维不同，是用科学的抽象概念、范畴揭示事物的本质，表达认识现实的结果。逻辑思维是一种确定的，而不是模棱两可的，是前后一贯的，而不是自相矛盾的，是有条理、有根据的思维。

逻辑思维是人脑的一种理性活动，思维主体把感性认识阶段获得的对于事物认识的信息材料抽象成概念，运用概念进行判断，并按一定的逻辑关系进行推理，从而产生新的认识。逻辑思维具有规范、严密、确定和可重复的特点。逻辑思维要遵循逻辑规律，这主要是形式逻辑的同一律、矛盾律、排中律、辩证逻辑的对立统一、质量互变、否定之否定等规律，违背这些规律，思维就会发生偷换概念、偷换论题、自相矛盾、形而上学等逻辑错误，认识就是混乱和错误的。

逻辑思维的特点是以抽象的概念、判断和推理作为思维的基本形式，以分析、综合、比较、抽象、概括和具体化作为思维的基本过程，从而揭露事物的本质特征和规律性联系。它已摆脱了对感性材料的依赖，是人脑对客观事物间接概括的反映。它凭借科学的抽象揭示事物的本质，具有自觉性、过程性、间接性和必然性的特点。做逻辑思维时，每一步必须准确无误，否则无法得出正确的结论。

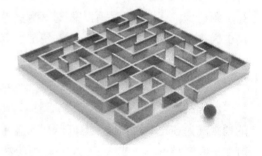

逻辑思维有助于人们正确认识客观事物，可以通过揭露逻辑错误来发现和纠正谬误，能帮助人们更好地去学习知识，准确地表达思想。现代各门独立科学的系统体系都是由逻辑概念、逻辑判断、逻辑推理、逻辑证明建立起来的。在学术交流、教学实践、认知原理中，在科学家的思考过程中，在阐述各个学科的系统理论中，不难看出逻辑思维在学习工作中的重要性和核心地位。

爱因斯坦说过：西方科学的发展是以两个伟大的成就为基础，那就是希腊哲学家发明的形式逻辑体系以及通过系统的实验判断出因果关系。理论物理学的完整体系是由概念、被认为对这些概念是有效的基本定律，以及用逻辑推理得到的结论这三者所构成的。

逻辑思维一般可分为形式逻辑思维、数理逻辑思维、辩证逻辑思维。

**1. 形式逻辑**

抛开具体的思维内容，仅从形式结构上研究概念、判断、推理及其联系的逻辑体系，就是形式逻辑（形式逻辑又叫普通逻辑，平常说的逻辑，一般也指的是形式逻辑）。形式逻辑以保持思维的确定性为核心，帮助人们正确地思考问题和表达思想，思维要保持确定性，就要符合形式逻辑的一般规律，即同一律、矛盾律、排他律、充足理由律等。

【例1】如果今夜星光灿烂，明天将很暖和。今夜果真星光灿烂，所以：

（1）明天天气不会暖和。（否）

（2）明晚将会星光灿烂。（否）

（3）明天将会很暖和。 （是）

【例2】有一个独裁者，逮捕了一个敌对国家的预言家，对他说了一段话："我反正要处死你，在你临死之前，我想再给你一次预言的机会。你可以预言一下，我如何处死你，如果你预言对了，我就枪毙你，否则，你就要上绞刑架。"但是，预言家聪明的回答，使这位独裁者无法执行死刑。请问，预言家怎么说的？

分析：预言家聪明的头脑帮助了他，他经过分析权衡后的回答是"上绞刑架被处死"。道理何在呢？独裁者说，如果他的预言不对，就要"上绞刑架"。若上绞刑架则反而与他的预言相吻合。相吻合时，又得"执行枪决"。但这样做又和他的预言相反了。所以反复矛盾解决不了。总之，不论哪一种方法都不能处死他。

【例3】罗西买了一块蛋糕，放在家里时不知道被哪个小淘气包给偷吃了。罗西很生气，就把自己的四个小淘气包都给叫了过来，一个个的审问，结果四个小淘气包的回答是：

A说：B吃了。

B说：D吃了。

C说：我没吃。

D说：B说谎。

这四个小淘气包中只有一个讲了真话，其他的都说了谎话，你能判断是谁偷吃了蛋糕吗？

分析：若假设A说真话，那C也是真话，假设不成立。若假设B说真话，那C也是真话，假设不成立。若假设C说真话，则一定是A吃了，那D也是真话，假设不成立。若假设D说真话，则一定是C吃了，A、B、C说假话，命题成立。

【例4】幼儿园老师带着7名小朋友，她让6个小朋友围成一圈坐在操场上，让另一名小朋友坐在中央，拿出7块头巾，其中4块是红色，3块是黑色。然后蒙住7个人的眼睛，把头巾包在每一个小朋友的头上。然后解开周围6个人的眼罩，由于中央的小朋友的阻挡，每个人只能看到5个人头上头巾的颜色。这时，老师说："你们现在猜一猜自己头上头巾的颜色。"大家思索好一会儿，最后，坐在中央的被蒙住双眼的小朋友说："我猜到了。"问：被蒙住双眼坐在中央的小朋友头上是什么颜色的头巾？他是如何猜到的？

分析：周围的6个人只能看到周围5个人头上的头巾的颜色，由于中间那个小朋友的阻挡，每个小朋友都无法看到与自己正对面的头巾颜色，他们无法判断自己头巾的颜色，证明他们所看到头巾的颜色是3红2黑。剩下1黑1红是他们和自己正对着的人的头巾颜色，这就说明处于正对面的两个人都包着颜色相反的头巾，那么中间的人就只能包红色。

**2. 数理逻辑**（定量的数理分析）

数理逻辑是在普通逻辑（形式逻辑）的基础上发展起来的新的逻辑分支学科。数理逻辑是在深度和广度上推进了传统逻辑，使它更加精确和严密。由于数理逻辑使用了数学的语言和符号,揭示了事物和事物之间的数量关系,不仅深化了传统自然科学学科的研究,而且对计算机科学、控制技术、信息科学、生物科学等学科的发展也有重要的意义。

【例1】在8个同样大小的杯子中有7杯盛的是凉开水,1杯盛的是白糖水。你能否只尝3次,就找出盛白糖水的杯子来?

分析:先要再准备4个空杯子,将8杯分为2组,一组4个,将每组的水都取出一部分倒入空杯子中,这样就有两杯水,都分别汇集了4个杯子的水的信息,注意到糖分这个信息是可以掩盖纯水的信息的。这两杯水只尝一次,如果是甜的,那么糖水一定在这一组中,不是甜的,那么一定是在另一组中,这样就可以知道糖水在哪一组。然后再将那4个杯子分为两组,一组两个,也是同上的步骤,就可以知道糖水在哪一组,最后只剩两个杯子,同上只用尝一次,就可以知道哪杯是甜的。其实逻辑说白了就是用是否判断来处理信息,本身不会增加原始信息。而且本身糖水这种信息是有覆盖特性的,如果换成其他的,方法就有不一样了,最好是可乐,这样不用尝一看就知道,因为可乐的信息是可见的。这里由于二的三次方就是八,因此正好是要用三次判断八杯水,16杯水就是尝4次,依次类推。

【例2】有一名探险家要挑战步行横穿约需6日的撒哈拉沙漠。而探险家和助手们每人所能携带的粮食和水以4日为上限。请问此位探险家在最少花费下,最少要雇用几个助手?且此时所进行的路程为如何?(注意助手可不能死在半路上。)

分析:探险家为了能在6日中平安地度过,所以雇了两个助手。日程是:首先3个人各带着4日的食物和水出发。等第一天过去,助手A各交给探险家和助手B一天的食物,返回出发点。等第二天过去,助手B交给探险家一天的粮食,拿着两人份的粮食返回出发点。探险家拿着剩下来的四人份粮食和水,独自前进。

【例3】在路上有一对男女并排走过来。初看时,他们正好都用右脚同时起步。而后则因男的跨步大,女的3步才能跟上男的2步。试问,从都用右脚起步开始到二人都用左脚踏出为止时,女的应走出多少步?

分析:这个问题是不是最小公倍数一类呢?很多人都会想到这一点,3和2的最小公倍数是6,是不是6步时两人同出左脚呢?不是的,需从实际出发去考虑,见图2-14。

| 男 | 右 |   |   | 左 |   |   | 右 |   |   | 左 |   |   | 右 |   |   | 左 |
| 女 | 右 |   | 左 |   | 右 |   | 左 |   | 右 |   | 左 |   | 右 |   | 左 |   |

**图2-14**

这样更一目了然,不可能有男女同时左脚踏出的情况。

【例4】图2-15有10个不同的字母,代表(0~9)10个不同的数码,已知D=5,求其余字母各代表什么数码?

分析:因为D=5,所以T=0。有一个很特殊的式子Q+E=Q,显然E=0才能满足,但T=0,E不能重复等于0,E+1=0有进位。E=9,A+A=E,A不能是分数,又有进位。A=4,所以2L+1-10=R=5+G+1,R是个位数,又是奇数,R>5,因为D=5,E=9,所以R只能等于7。N+R=B>10,还剩下2、3、6,N=6,B=3,Q=2。所以A=4,B=3,D=5,E=9,R=7,N=6,Q=2,L=8,T=0,G=1。

$$\frac{\text{DONALD} + \text{GERALD}}{\text{ROBERT}}$$

图 2-15

**3. 辩证逻辑**

辩证逻辑通过概念、判断、推理等发生于思维中的抽象形式对外部世界做出概括的、近似的然而却是本质的反映。它的基本特征是把对象看成是一个整体，从内在矛盾的运动、变化及其各个方面的相互联结中考察对象。

古希腊对辩证思维的认识，主要表现在论辩术中，一些哲学家通过揭露辩论中的矛盾以探求真理，从而提出了关于概念之中存在矛盾的思想。古希腊哲学家，从考察外部世界的辩证运动转向考察人类思维自身的概念运动，在亚里士多德那里达到了高峰，他把"理念"看作独立于感性事物的普遍的实体，并从对立统一的关系中考察了概念与范畴之间的区别、联系和转化的问题。

中国古代朴素的辩证法思想，不仅表现在对自然界的认识上，也表现在对思维本身的认识上。先秦时期的许多哲学家十分重视思维与现实的关系，已经在一定程度上意识到概念与现实相符合及其流动性和灵活性的问题。《老子》中关于"正言若反"的提法，就包含着对立概念相辅相成的思想。

客观世界中存在的对立统一关系，在辩证思维中被反映为思维在把握具体真理的过程中，从抽象同一走向具体同一的内在发展机制。辩证逻辑的基本规律贯穿于辩证思维过程的始终，表现为概念、判断、推理的矛盾运动。辩证逻辑的基本规律不仅要求辩证思维的逻辑进程必须以客观现实的矛盾运动为前提和出发点，而且要求辩证思维过程的每一步都用实践来检验。实践是逻辑思维的基础，也是检验思维正确与否的标准。逻辑思维本身随着实践的发展而发展。辩证思维遵循着逻辑的基本规律而展开，在反映客观现实矛盾的基础上不断前进。

从概念理论的角度看，客观世界虽然是不断运动变化的，从无机物到有机物，从最低级生物到最高级生物，体现为连续进化的过程。但是，在地球漫长的演化历史中，一些重大地质事件造成生物大繁衍和生物大灭绝交替出现，生物进化的链条常被打断，过渡环节的物种因灭绝而被掩盖。所以在历史的一定阶段，客观世界及其事物有其相对的稳定性，此一事物就是此一事物，彼一事物就是彼一事物，此一物种就是此一物种，彼一物种就是彼一物种。每一物种产生自己的类型：马生马，鸡生鸡，稻子生稻子，玉米生玉米。这个物生其类的遗传现象，使物种在一定条件下保持相对不变。事物相对的稳定性决定了事物区分的相对确定性。传统形式逻辑不以研究事物历史演化在思维中的反映为己任，而是以研究这一演化的现实结果在思维中的反映为己任。这种研究不是大尺度的历时性研究，而是小尺度的共时性研究，因此它的概念就具有相对的确定性，区分具有相对的明确性。虽然在事物或物种之间，也确实存在过渡性的种类，如文昌鱼、鸭嘴兽、阴阳人等。形式逻辑可以把它归入相邻种类或单独立类。这些都不影响概念的确定性。在这样的概念系统里，逻辑的同一律、矛盾律、排中律是现实思维中必须遵循的根本规律。离开了这些规律，人们就无法区分和认识现实事物，无法进行思维。这些逻辑规律有一个共同的前提，即"在同一思维过程中"。这个共时性前提条件，正是决定形式逻辑属于共时性逻辑的显著特征。

辩证逻辑研究世界及其事物的历时性演变发展在思维中的反映。它以世界的整个历史为时间尺度，探讨世界及其事物的历史，追踪各种事物之间的联系和关系，并最终探寻出它们的同一性本原。在辩证逻辑里，世界的万事万物都不是孤立的，而是相互联系的，它们或者是本原物质或者是本原精神的变化形态或历史阶段的暂时产物。辩证逻辑还力图追寻物质与精神的统一性，唯物主义者以物质来统一，唯心主义者以精神来统一。世界事物之间的绝对差异与对立消失了，形式逻辑区分事物及其概念的逻辑规律被击碎了，而代之以气魄更为宏伟的历史演化规律、对立统一规律。如进化论认为，地球上的一切生命都具有统一的起源。所有不同的生物种类，都是由一个共同种类渐变而形成的。因此，达尔文的进化论不承认有间断的、对立的生物种类。他认为，生物的一切物种概念都处于流动和发展中。各种对立的物种概念之间，都具有同一性。各种生物概念之间的界限，不再被看作绝对不变的。例如，进化论认为，鱼类是人类的祖先之一。因此，鱼类与人类这两个对立概念具有某种意义上的同一性。进化论还证明，有一些生物，它既是植物，同时又是动物。进化论的生物系统显然是生物演化发展的历时性系统，其基础是对事物作历时性反映的辩证逻辑。

## 项目练习

❶ 在100米竞赛中，你追上了第二名，那你现在是第几名？如果你追上了最后一名，那你现在是第几名？

❷ 小王、小张、小赵三个人是好朋友，他们中间其中一个人下海经商，一个人考上了重点大学，一个人参军了。此外还知道的条件有：小赵的年龄比士兵的大；大学生的年龄比小张小；小王的年龄和大学生的年龄不一样。请推出这三个人中谁是商人？谁是大学生？谁是士兵？

❸ 有3个人去旅店住宿，住3间房，每间房10元，于是他们付给了老板30元。第二天，老板觉得25元就够了，于是就让伙计退5元给这3位客人，谁知伙计贪心，只退回每人1元，自己偷偷拿了2元。这样一来便等于那3位客人各花了9元，于是3个人一共花了27元，再加上伙计独吞的2元，总共29元。可当初3个人一共付了30元，那么还有1元到哪里去了？

❹ 桌子上有12块木料，这12块木料是一模一样的，但是其中有一个和其他的重量不同，只有一个天平。请问：怎样称才能用三次就找到那块木料。

❺ A、B、C、D、E、F、G、H共8人参加了100米竞赛。比赛结果是：

（1）B、C、D中B最快，D最慢，但不是第8名；

（2）E的名次为A和C名次的平均数；

（3）F比E高4个名次；

（4）G第4名；

（5）A比C跑得快。

请排出他们的名次。

❻ 从前有个农夫，死时留下几头牛，在他的遗书中写道："妻子，分给全部牛的半数再加半头；长子，分给剩下的牛的半数再加半头；次子，分给还剩下的半数再加半头；长女，分给最后剩下的半数再加半头。"结果是一头牛也没有杀，也没有剩下，正好全部分完了。请问农夫死时留了几头牛？

❼ 现在有两个旧式的砂计时器（图2-16）。大的砂子漏光要15分钟，小的要8分钟。现在想要煮水饺，欲组合大小两个砂计时器计算22分钟，该怎么做才好呢？

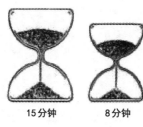

图2-16

❽ 他们分别是教什么的老师？

在一个办公室里有三个老师：王、李、赵。他们所授的课目为数学、物理、政治、英语、语文、历史，每人教两门课。他们之间有这样的规定：

（1）政治老师和数学老师住在一起；

（2）王老师是三位老师中最年轻的；

（3）数学老师和赵老师是一对优秀的象棋手；

（4）物理老师比英语老师年长，比李老师又年轻；

（5）三人中最年长的老师住家比其他两位老师远。

请问，他们分别是教什么的老师？

❾ 有一个人买葱，大葱1块钱一斤，这人便跟卖葱的商量，如果葱叶那段每斤两毛，葱白每斤8毛并且分开称的话他就全买了。卖葱的一想反正自己不会赔钱，便答应了，结果却发现赔了不少钱。你知道为什么卖葱人会赔钱吗？

❿ 曾经有这样一个故事，一名毕业于名牌大学数学系的学生，因为他是学校的佼佼者，所以十分傲慢。一位老者很看不惯就给他出了一道求容积的题，老者只是拿了一个灯泡，让他计算出灯泡的容积是多少。傲慢的学生拿着尺子算了好长时间，记了好多数据，也没有算出来，只是列出了一个复杂的算式来。而老者只是把灯泡中注满了水，然后用量筒量出了水的体积，很简单就算出了灯泡的容积。

现在如果你手中只有一把直尺和一只啤酒瓶子，而且这只啤酒瓶子的下面2/3是规则的圆柱体，只有上面1/3不是规则的圆锥体。以上面的事例做参考，你怎样才能求出它的容积呢？

⓫ 一个人晚上出去打了10斤酒，回家的路上碰到了一个朋友，恰巧这个朋友也是去打酒的。不过，酒家已经没有多余的酒了，且此时天色已晚，别的酒家也都已经打烊了，朋友看起

来十分着急。于是，这个人便决定将自己的酒分给他一半，可是朋友手中只有一个7斤和3斤的酒桶，两人又都没有带秤，如何才能将酒平均分开呢？

⑫ S先生、P先生、Q先生他们知道桌子的抽屉里有16张扑克牌：红桃A、Q、4，黑桃J、8、4、2、7、3，草花K、Q、5、4、6，方块A、5。约翰教授从这16张牌中挑出一张牌来，并把这张牌的点数告诉P先生，把这张牌的花色告诉Q先生。这时，约翰教授问P先生和Q先生：你们能从已知的点数或花色中推知这张牌是什么牌吗？ 于是，S先生听到如下的对话：

P先生：我不知道这张牌。

Q先生：我知道你不知道这张牌。

P先生：现在我知道这张牌了。

Q先生：我也知道了。

听罢以上的对话，S先生想了一想之后，就正确地推出这张牌是什么牌。

请问：这张牌是什么牌？

⑬ 如何将两种杯子分开？

小强的妈妈是学校里的化学老师。一天，小强来实验室等妈妈一起回家。等小强做完作业想出去玩时，妈妈马上将他喊住，给小强出了这样一道题目："你看看桌子上现在放了6个做实验用的玻璃杯，前面的3只盛满了水，而后面的3只却是空的。你只许移动其中的1只玻璃杯，就把盛满水的杯子和空杯子间隔起来吗？"小强在班上是出了名的"小机灵鬼"，他只想了一会儿，就做到了。

请您想一想：小强是怎样做到的？

⑭ 登山家A的尸体于2月23日下午17时30分被人在雪山上的一间小木屋里发现，赶到小木屋的警察，除了勘验尸体外，也开始搜查凶手的行踪。

根据尸体的解剖，其死亡时间在当日13时30分至14时30分。而山庄的老板B表示14时整曾和A通过电话，这样一来，其死亡时间范围更缩小了。

经过调查，涉嫌者有C、D、E三人。他们也都是登山好手，和A同在一家登山协会，听说最近为了远征喜马拉雅山人选的借款关系，分别和A发生过激烈的冲突。为了避免火爆场面，二人都换到山庄去住，只留A一人在木屋里。C服务于证券公司，他说自己正午时离开小屋，沿着山路下山，17时多到达山庄。走这段路花5小时20分算是脚程相当快的人，最快的纪录是4小时40分。另外，服务于杂志社的D和贸易公司的E于13时30分一同离开小屋子。30分钟后到一条分岔路时，D就用制动滑翔往下滑，16时整到达山庄。

E说自己本打算滑雪下去，但发现自己放在那里的滑雪工具不见了，只好走下山，到达山庄已经20时多了。他在上一次登山中，弄伤了腿，所以从滑雪处走到山庄行动不便，全程计算起来至少要花6小时。

遗失的滑板后来在山庄附近的树林中被警察发现。

他们都和死者一起来登山，所以这三个人中必定有一个是凶手，到底是谁呢？

⑮ 阅读材料，想一想苏格拉底的逻辑方法。

据史料记载，苏格拉底相貌丑陋，不修边幅，整日在市场上闲逛。古希腊的市场上不仅卖物品，也卖思想。经常有人站在市场中面对观众发表演讲。有一天苏格拉底遇到一位年轻人，正在宣讲美德。

苏格拉底装做无知的模样，向年轻人请教说，"请问，什么是美德呢？"那位年轻人不屑地答道："这么简单的问题你都不懂？告诉你吧，不偷盗、不欺骗之类的品行都是美德。"

苏格拉底仍然装作不解地问："不偷盗就是美德吗？"

年轻人肯定地答道："那当然啦，偷盗肯定是一种恶德。"

苏格拉底不紧不慢地说："我记得在军队当兵的时候，有一次接到指挥官的命令，让我深夜潜入敌人的营地，把他们的兵力部署图偷出来了。请问，我这种行为是美德呢，还是恶德呢？"

年轻人犹豫了一下，辩解道："偷盗敌人的东西当然是美德。我刚才说不偷盗，是指不偷盗朋友的东西，偷盗朋友的东西肯定是恶德。"

苏格拉底依然不紧不慢地说："还有一次，我的一位好朋友遭到天灾人祸的双重打击，他对生活绝望了，于是买来一把尖刀藏在枕头底下，准备夜深人静的时候用它结束自己的生命。我得知了这个消息，便在傍晚时分偷偷溜进了他的卧室，把那把尖刀偷了出来，使他免于一死。请问我这种行为究竟是美德呢，还是恶德？"

那位年轻人终于惶惶然，承认自己无知，拱手向苏格拉底请教什么是"美德"。

# 项目三 发散性思维的训练

发散性思维，又称扩散性思维、辐射性思维、求异思维。它是一种从不同的方向、途径和角度去设想，探求多种答案，最终使问题获得圆满解决的思维方法。不少心理学家认为，发散性思维是创造性思维最主要的特点，是测定创造力的主要标志之一。

发散性思维的特点是充分发挥人的想象力，突破原有的知识圈，从一点向四面八方想开去，并通过知识、观念的重新组合，寻找更新更多的设想、答案或方法。

一位已近暮年的商人，为了在四个儿子中挑选出自己基业的继承人而决定做一个测试：让他们在一天的时间内向寺庙里的和尚们推销梳子。早晨，四个儿子身背梳子分头而去。不一会儿的工夫老大便悻悻而归："这不是明摆着折腾人吗？和尚们根本就没有头发，谁买梳子？"中午老二沮丧而回："我到处跟和尚讲我的梳子是如何如何的好，对头发护理是多么多么的重要，结果那些和尚都骂我是神经病，笑话他们没有头发，赶我走甚至要打我。这时候我看到一个小和尚头上生了很多包，很痒，正在那里用手抓。我灵机一动，劝他买把梳子挠痒，还真管用，结果就卖出了一把。"下午老三得意地回来："我想了很多办法，后来我到了一座高山上的寺庙里，我问和尚，这里是不是有很多人拜佛？和尚说是的，我又问他，如果礼佛的人头发被山风吹乱了，或者叩头时头发散乱了，对佛尊敬不尊敬？和尚说当然不尊敬。我说你知道了又不提醒他，是不是一种罪过？他说当然是一种罪过。于是我建议他在每个佛像前摆一把梳子，香客来了梳完头再拜佛。一共12座佛像我便卖出去一打！"晚上老四才满身疲惫的归来，不仅所带梳子悉数卖光，还带回了与寺庙签署的厚厚订单，看到大家惊诧不已，老四解释说："我找到当地香火最旺的寺庙，直接跟方丈讲，你想不想给寺庙增加收入？方丈说当然想啦。于是我就给他出主意说，在寺庙最显眼的位置贴上告示：只要诚心礼佛并捐献功德钱，就可以得到一把高僧开光的功德梳，能梳去晦气梳来运气。这样所有的梳子都卖出去了还不够。"

发散思维能力取决于个人对于知识和技术的迁移类比能力，迁移类比能力越强，思维活跃度就越高。迁移类比能力和人本身在生活、学习中积聚的见识和认知相关，这种见识和认知积淀越深厚，迁移出来的深层认知就越正确，包含也就越广阔。美国朗讯公司的贝尔实验室培养了11位诺贝尔奖获得者，产生了许多改变世界的发明。很多理工科毕业生把进入贝尔实验室工作当作是一种无上的光荣。贝尔实验室作为世界一流的研发机构，在贝尔实验室创办人塑像下镌刻着下面一段话："有时需要离开正常走的大道，潜入森林，你就肯定会发现前所未有的东西。"

发散思维的主要形式有以下几种。

**1. 多向思维**

解决问题时不是一条路走到黑，而是从多角度、多方面思考，这是发散思维最一般的形式。

如：用8根火柴作2个正方形和4个三角形（火柴不能弯曲和折断）。

一般在正方形中作三角形都容易从对角线入手，但对角线的长度大于正方形的边长，所以反过来想，又组成三角形，又有相同的边长，那就要错开对角线，如图2-17所示。

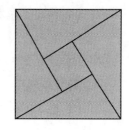

图2-17

多向思维强调思维的广度，厚度和立体感，所谓"条条大路通罗马"。现代教育认为多向思维在教育中也有很重要的作用。1983年，一位在美国学习的法学博士普洛罗夫在做毕业论文时发现：50年来，美国纽约布士满区一所穷人学校圣·贝纳特学院出来的学生犯罪记录最低。普洛罗夫在将近6年的时间里进行调查，问一个问题："圣·贝纳特学院教会了你什么？"共收到了3756份回函。在这些回函中有74%的人回答，他们在学校里知道了一支铅笔有多少种用途，入学的第一篇作文就是这个题目。

当初，学生都知道铅笔只有一种用途——写字。后来都知道了铅笔不仅能用来写字，必要时候还能用来替代尺子画线，还能作为礼品送朋友表示友爱，能当商品出售获得利润，铅笔的芯磨成粉后可以做润滑粉，削下的木屑可以做成装饰画，一支铅笔按照相等的比例锯成若干份，可以做成一副象棋，可以当作玩具的轮子，在野外缺水的时候，铅笔抽掉芯还能当作吸管喝石缝中的水，在遇到坏人时，削尖的铅笔还能作为自卫的武器等。贝纳特学校让这些穷人的孩子明白，有着眼睛、鼻子、耳朵、大脑和手脚的人更是有无数种用途，并且任何一种用途都足以使人们成功，没有必要采取违法的手段去冒险。

**2. 逆向思维**

逆向思维指从相反方向思考问题的方法，也叫反向思维。古时有个秀才第三次进京赶考，住在一个经常住的店里。考试前两天他做了两个梦：第一个梦是梦到自己在墙上种白菜；第二个梦是下雨天，他戴了斗笠还打伞。这两个梦似乎有些深意，秀才第二天就赶紧去找算命的解梦。算命的一听，连拍大腿说："你还是回家吧。你想想，高墙上种白菜不是白费劲吗？戴斗笠又打伞不是多此一举吗？"

秀才一听，心灰意冷，回店收拾包袱准备回家。店老板非常奇怪，问："不是明天才考试吗，今天你怎么就回乡了？"

秀才如此这般说了一番，店老板乐了："哟，我也会解梦的。我倒觉得，你这次一定要留下来。你想想，墙上种白菜不是高种（中）吗？戴斗笠又打伞不是说明你这次有备无患吗？"秀才一听，觉得更有道理，于是精神振奋地参加考试，结果居然中了个探花。

逆向思维在技术上也经常会用到，可以简单高效地解决一些实际中的难题。如我国生产抽油烟机的厂家都在如何能"不粘油"上下功夫，但绝对不粘油是做不到的，用户每隔半年左右还得清洗一次抽油烟机。美国有一位发明家却从相反方向去考虑问题，他发明了一种专门能吸附油污的纸，贴在抽油烟机的内壁上，油污就被纸吸收，用户只需定期更换吸油纸，就能保证抽油烟机干净如初。

**3. 组合思维**

组合思维是指把多项貌似不相关的事物通过想象加以连接，从而使之变成彼此不可分割的新的整体的一种思考方式。

江苏省常熟中学的庞颖超发明了一种能够让色盲识别的红绿灯，在现行的纯红绿颜色的灯中加入一些白色的有规则形状的图形。如红色圆形中间加入一条横着的白杠，绿色圆形中间加入一条竖着的白杠，以此来让色盲进行识别。"我们现在的交通灯都是红绿色，而那些有色盲的人不能分辨出这两种颜色，这就给他们的生活带来了极大的不便。"为了证明这种不便性有多大，庞颖超列举了一个数据：世界人口色盲占到了5.6%。"有一次，我看到交警抓了一个闯红灯的人，结果发现他是色盲，分辨不出红绿灯，于是我就有了做这个红绿灯的想法。"

许多科学家认为知识体系的不断重新组合是人类知识不断丰富发展的主要途径之一，现代科学的三次大创造是由三次大组合所带来的。第一次大组合是牛顿组合了开普勒天体运行三定律和伽利略的物体垂直运动与水平运动规律，从而创造了经典力学，引起了以蒸汽机为标志的技术革命；第二次大组合是麦克斯韦组合了法拉第的电磁感应理论和拉格朗日、哈密尔顿的数学方法，创造了更加完备的电磁理论，因此引发了以发电机、电动机为标志的技术革命；第三次大组合是狄拉克组合了爱因斯坦的相对论和薛定谔方程，创造了相对量子力学，引起了以原子能技术和电子计算机技术为标志的新技术革命。

**4. 独特思维**

独特性体现的是发散思维成果的新颖、独特、稀有的特点，是发散思维的灵魂，因而它更多地表征发散思维的本质，属于最高层次。

英国著名作家毛姆的小说有一段时间销售不畅，他便在报刊上刊登了一则征婚启事：本人年轻英俊，家有百万资产，希望获得和毛姆小说中主人公一样的爱情。结果毛姆的这一独特举动使他的小说在短时间内被抢购一空。毛姆在推销他的小说中，就运用了思维的独特性，收到了意想不到的效果。所谓思维的独特性，就是指超越固定的、习惯的认知方式，以前所未有的新角、新观点去认识事物，提出不为一般人所有的、超乎寻常的新观念。

# 项目练习

❶ 有一名非常善辩的律师，办理离婚案件一贯站在女方立场，且为女方进行免费辩护，使女方从男方那里多得赡养费。然而，有一次这个律师自己出现了离婚问题，而这个律师仍不改变立场，仍为女方免费辩护，结果又使女方多得了赡养费，而且该律师在钱财上又没有什么损失。这究竟是怎么回事？

❷ 两个父亲把钱给两个儿子。其中一个父亲给他的儿子4500元，另一个父亲给他的儿子3000元。但是，这两个儿子所得到的钱，加起来也不超过4500美元。请问，聪明的你知道是怎么一回事吗？

❸ 小李是个年轻力壮，对老人又有爱心的小伙子。这天他坐公车，才一起站不久，就已经座无虚席。这时，上来了一位头发花白的老婆婆，她在小李的座位旁摇摇撞撞，站得十分辛苦。眼看距离终站还有好长一段路，小李却不肯让座，这是为什么呢？

❹ 一个篮球和一个乒乓球同在一个空房间里。篮球总想独霸房间，于是就想把乒乓球压扁。篮球拼命地追赶乒乓球，乒乓球死命地逃，眼看篮球就要砸到乒乓球了，乒乓球急中生智，想了一个办法，叫篮球再怎么追再怎么砸都对乒乓球构不成威胁，乒乓球是用于什么方法呢？

❺ 24个人排成6列，要求每5个人为一列，请问该怎么排列好呢？

❻ 月球上的重力只有地球上的六分之一。有一种鸟在地球上飞20千米要用1小时，如果把它放到月球上，飞20千米要多少时间？

❼ 有一条宽为100米的大河，在河岸的两边有A、B两点，AB两点的垂直距离为300米（如图2-18所示），请问，在河的哪一部分架桥，才能够使从A到B走的距离最短？这里河的宽度是一定的，也不允许斜着架桥。怎样架桥最好呢？

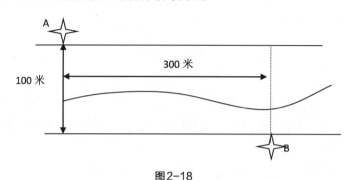

图2-18

❽ 小明每天要提着空桶由家里到河边去打水，然后提了满桶的水送到小房子里去，你能否帮他设计一条他打水送水的最佳路线，有人认为应该如图2-19那样，你觉得对吗？

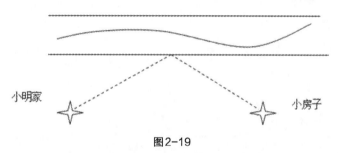

图2-19

❾ 如图2-20是西班牙一个旅游城市的喷泉，它是怎样保持这住种状态的？

图2-20

❿ 一长方形的升斗，它的容积是1升，有人也称之为立升或公升。现在要求你只使用这个升斗，准确地量出0.5升的水。请问应该怎样办才能做到这一点呢？

⓫ 用24根火柴棒可以摆成拥有9个大小相同的正方形阵，如图2-21所示。现请你拿走8

根火柴棒，使之只剩下2个正方形。如何拿？有几种拿法？请画出来。

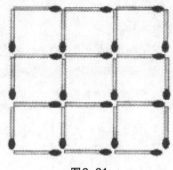

图2-21

❶❷ 在一次选"香港小姐"的决赛中，为了测试参赛小姐的思维速度和反应技巧，主持人提出了这样一个难题："假如必须在肖邦和希特勒两人之间，选择一个作为终身伴侣，你会选择哪个？"

这个问题难度很大，如果选择肖邦，则太过于一般，没有特色；如果选择希特勒，则很难给予合理的解释，请你为参赛小姐设计一个答案，并予以合理的解释。

## 项目四  解决问题的一般思维特征

**1. 确立开放思维，准备多种解决方案的思路**

由于思维定势，人们在碰到问题时，总习惯于以逻辑分析和专业思考的方式去寻求解答，甚至相信唯有这样才能"对症下药"。尽管这种求解问题的模式在许多"再现性"设计方面卓有成效，但在"创造性"构思中则可能碰壁。针对同一个问题，可以从不同的技术思路出发，在不同的技术水平上寻找问题的答案。这如同在一个直角三角形中，沿着两条直角边可以到达顶点，走斜边同样可以到达顶点，但走斜边要比走两直角边要快得多。在解决此类问题的过程中，许多人习惯于逻辑思考，结果不自觉地沿着三角形的两边搜索，同时也有人突破传统，采用非逻辑思考，结果找到了"三角形"的斜边，轻而易举地解决了问题。

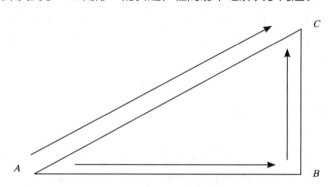

圆珠笔是一种使用方便的书写工具，用很小的圆珠作笔尖的设想，可追溯到1938年匈牙利人L.拜罗的发明。拜罗圆珠笔专利中采用的是活塞式笔芯，有油墨经常外漏而弄脏衣服的缺点，这使得曾一度风行世界的"拜罗笔"在20世纪40年代几乎被消费者所抛弃。1945年，美国企业家M.雷诺兹为回避拜罗的专利，发明出靠重力输送油墨的圆珠笔，并将其投入市场。但这种笔仍未解决油墨外漏的难题，所以一样没有得到消费者的青睐。人们考虑到圆珠笔的市场前景广阔，思考解决漏油的办法一直没有停止。

圆珠笔漏油的原因在哪儿呢？经过观察发现是圆珠磨损变小所致。针对这一原因，便顺理成章地想到要提高圆珠的耐磨能力。于是，人们便尝试用耐磨性能好的不锈钢、宝石等材料制作圆珠。然而这种办法并不令人满意，姑且不说采用不锈钢或宝石带来的工艺复杂性和产品价格上升的问题，就是漏油本身也没有可靠地得到解决。因为采用了耐磨性好的圆珠，笔芯头部内侧与笔珠接触的部分反而更容易磨损，间隙增大更快，油墨照样会外漏。

1950年，正当人们对从磨损方面解决漏油问题感到一筹莫展时，日本一位发明人变换了一下思路。他想：圆珠笔不是漏油吗？如果无油可漏，不就行了！顺着让圆珠笔无油可漏这种想法，开始了试验。他将圆珠笔在纸上拼命地写，发现写到大约2万个字就开始漏油，于是他

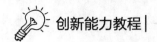

把还有油墨的那段剪去，便找到了解决漏油问题的办法，即控制圆珠笔的装油量，这真是再简单不过的好点子！

由于问题的复杂性及多样性，不可能有固定不变的思维方法。一般来说，首先要克服"华山自古一条路"的传统思维模式，变单向思维为多向思维，变封闭思维为开放思维，变求同思维为求异思维。其次，要从单纯的逻辑推理中解脱出来，学会非逻辑思考（联想、想象、直觉等）。当用自己的专业知识无法创造性求解时，则应异域走马，从别的学科中去寻找方法。

**2. 排除已知经验的干扰，从平面思考走向立体思考**

人们进行思维活动时总会受过去的生活经验和已有思维方法的影响。对于这些受试者来说，平面几何是他们比较熟悉的知识。于是，当他们碰到几何问题的时候，也往往先从平面几何而不是立体几何的角度来进行思考。这时，为他们所牢固掌握的平面几何也就成了思考问题时的框框，于是也就想不出正确的结果来。

一位心理学家曾经出过这样一个测验题：在一块土地上种植四棵树，使得每两棵树之间的距离都相等。受试的学生在纸上画了一个又一个的几何图形：正方形、菱形、梯形、平行四边形……然而，无论什么四边形都不行。这时，心理学家公布出了答案，其中一棵树可以种在山顶上！这样，只要其余三棵树与之构成正四面体的话，就能符合题意要求了。这些受试的学生考虑了那样长的时间却找不到答案，原因在于他们没有学会使用一种创造性的方法——立体思维。

立体思维要求人们跳出点、线、面的限制，有意识地从上下左右、四面八方各个方向去考虑问题，也就是要"立起来思考"。其实，有不少东西都是跃出平面、伸向空间的结果。科学家在研制飞机、导弹和卫星时需要运用非常复杂的电子设备，装配这些设备往往需要几十万甚至几百万个晶体管、电阻、电容等电子元件，这样的设备体积十分庞大，携带和使用也不方便。后来，他们将各种电子元件由平面式的接线方式改为立体式的连接，充分利用真空扩散、表面处理等方法，制成了平面型的晶体管、电阻、电容。这些很薄很薄的元件通过层层重叠的方式组装起来，就构成了微型组合电路，再在一个单晶硅片上做成集成电路。这样，一个5平方毫米的硅片上可集成27000个元件。正是由于有了这种集成电路才有了电子手表、电子计算器等袖珍电子产品。

**3. 坚持循序渐进的过程，完成成功的探索**

各人有各人的思维方法，不可能是沿着同一条"思维运河"前进的。但将科技创造思维全过程划分出若干阶段，认识各阶段的特点和应采取的对策，循序渐进，无疑是一种很好的入门方法。我国学者王国维在其传世佳作《人间词话》中说："古今之成大事业、大学问者，必经过三种之境界。"哪三种境界？他荟萃三句古代诗词佳句来加以描述：

（1）昨夜西风凋碧树。独上高楼，望尽天涯路。

（2）衣带渐宽终不悔，为伊消得人憔悴。

（3）众里寻他千百度，蓦然回首，那人却在灯火阑珊处。

上述的第一句即第一境界，意为"悬想"；第二句为第二境界，对应"苦索"；第三句乃"顿悟"境界之意。

从王国维的形象描绘中，好像能看到一位执著书生，夜以继日地埋首于浩繁书卷之后，独上高楼，放眼远望，脑海里逐渐形成自己理想中的恋人，于是在茫茫人海中苦苦追寻，如痴如狂，思念得身体消瘦、面容憔悴也不后悔。忽然一天，一瞬闪亮，原来朝思暮想的心上人就在那稀落灯影下蓦然出现。

其实，这种描述也是王国维本人创作过程中的忘我体验。尽管他说的是诗词创作中的"三种境界"，但是对发明创造活动的展开也具有积极的指导作用。即，沿着"悬想——苦索——顿悟"的思维境界一步步推进，是科技思维的一种方法模式。

所谓"悬想"阶段，也就是提出问题阶段。这个阶段的特点是要"独上高楼"，匠心独具地提出所需解决的问题。由于创造性思维的运用和社会需要的提示，开始时可能产生较多的创意或设想，只有通过选择，才能形成进入苦索阶段的课题。

"苦索"实际上是分析问题和寻找解答问题的过程。由于创造追求的是具有新颖性、创造性和实用性的技术方案，仅仅依靠过去的知识和经验进行逻辑推理是难以如愿的。这个阶段被称作"苦索"。

"苦索"意味着常常会出现苦思冥想仍无所获的痛苦阶段，思路中止了，解决问题的办法中断了，"上穷碧落下黄泉，两处茫茫皆不见"。但是，有作为的发明创造者，这时应树立信心，学会灵感思维、发散思维、想象思维和直觉思维，把各种思维方法综合运用、任意组合，就会在思考中促使思维突变，迎来"顿悟"时刻。

进入到"顿悟"阶段，也就是找到了问题求解的突破点。这种"蓦然回首"不仅接通中断了的逻辑思维，而且将创造过程转入具体的技术设计阶段。这时，发明创造者就可凭借自己的知识和能力，用新的技术方案去固化自己由顿悟引发的创造性思维成果。

20世纪70年代初期，周林在上海上学。每年冬天，他和许多同学一样手脚长满了冻疮，痒痛难忍，四处求医用药，都治标不治本。冻疮的痛苦折磨着他，也引发他的思考："难道世上就没有更好的办法对付冻疮吗？"带着这个问题，周林四处打听和查阅资料，结果都令人失望。在这种情况下，周林"独上高楼"，产生了求解冻疮治疗难题的"悬想"。

彻底治愈冻疮的新办法在哪里呢？周林进入"苦索"境界。他利用各种机会，收集民间偏方试验，分析打针、吃药、针灸方法，也无进展。在反复琢磨中，他逐渐感到再现前人的研究是没有出路的，只有走前人没有走过的路才有新的希望。但是，这条新路又在何方？几年过去了，周林仍举目茫茫。毕业后，他在工作岗位上仍念念不忘治疗冻疮的课题，苦苦寻找新的治疗方案。在那些日子里，他走路想，吃饭想，连做梦也都在思索。体重减轻了，面庞憔悴了，但顽强的周林对治疗冻疮的新方案"苦恋"不止。

终于有一天，周林步入"顿悟"境界，找到了攻克难关的新思路。那天，他在一台大型砂轮旁打磨铸件，沉重的铸件在砂轮的磨削下产生巨大的冲击振动。瞬间，一股强大的振荡冲击波从双手传遍全身，周林感到热血沸腾，此时，一个灿烂的创造火花在脑海突闪："谐振？谐振？发热？治冻疮？"这一顿悟，使周林中断了的思维变得通畅，他想到了用电谐振刺激人体血液循环的治冻疮原理。

从此以后，周林便潜心于从生物医学工程和现代频谱技术的结合方面进行研究，终于发明创造出一种治疗冻疮的仪器。这种仪器的核心部件是电热频谱管，它能产生特殊的谐振波。将长有冻疮的手脚放在管下，便可开始治疗。实践证明，效果明显。1985年10月，周林以其发明荣获首届世界青年发明家科技成果展览会金牌奖。

**4. 敢于突破禁区，坚持独立的思考**

科学无禁区，这是科学发现的规律。但是，由于历史的局限和人们思维的封闭性，在科学技术上却又形成一些禁区。然而，对科技工作者来说，尊重权威是必要的，但迷信权威则有悖于科技进步的宗旨。如果一味迷信权威们划定的禁区而不敢越雷池半步，是很难开拓新的领域和做出突破性的贡献的。

19世纪，一些有胆识的人开始认真探索怎样实现人类上天飞行的宿愿，可是有些蜚声当时科学界的名流却站出来横加阻挠。最早用三角方法测量月亮和地球之间距离的著名法国天文学家勒让德，就是最早的反对者之一。他认为，制造一种比空气重的装置去进行飞行是不可能的。稍后，德国大发明家西门子也发表了类似的看法。过后，能量守恒原理发现者之一、德国物理学家赫尔姆霍茨又对制造飞机的想法大泼冷水。他从物理学的角度论证，机械装置要飞上天纯属空想。然而，飞机还是上天了，首次把飞机送上天的是当时默默无闻的美国人莱特兄弟。他们虽然没有上过大学，但凭着刻苦精神掌握了丰富的知识，而更重要的是，他们不盲从权威，思想活跃，敢于打破禁区。

1879年，爱迪生发明了电灯，但输电网的建设却因直流电的局限而进展缓慢。与此同时，开发商乔治·威斯汀豪组织了一个科研组，潜心研究交流输电系统。爱迪生知道后大为恼火，发起了一场对交流电的进攻。他本人还为此发表了一篇题为《电击危险》的文章，阐述了自己反对研究和应用交流电的观点。处于被动地位的威斯汀豪不甘示弱，也竭尽全力为交流电的应用奔走努力，并且针锋相对地在同一杂志发表了《回驳爱迪生》的文章，双方就这样唇枪舌剑。

1893年，在芝加哥准备举办纪念哥伦布发现美洲大陆400周年的国际博览会。作为会上的精彩展品之一就是点燃25万只电灯。为此，很多企业竞相投标，以获取这名利双收的"光彩工程"。爱迪生的通用电气公司以每灯出价13美元98美分投标，并满怀希望能拿下这笔生意。威斯汀豪闻讯赶来，出人意外地以每灯5美元25美分的极低标价与通用电气公司竞争。主办博览会的负责人吃惊地问他："你投下如此低价，能获利吗？""获利对我并不重要，重要的是让人们看到交流电的实力。"威斯汀豪坦然地回答。对威斯汀豪的抱负，爱迪生将信将疑。

1893年5月1日这天，国际博览会隆重开幕了，25万盏电灯在夜幕下光彩夺目，蔚为壮观。威斯汀豪用交流电照亮了世界，也为交流电的发展铺平了道路。望着无比灿烂的灯光，爱迪生这才低头沉思，并对自己的错误深感遗憾。

# 项目练习

❶ 各取所需。如图2-22所示，混合在一起的铁屑、木屑、沙子和糖，怎样才能把它们分开？快想出最简单、最方便的步骤来。

图2-22　　　　　　　　　图2-23

❷ 如图2-23所示，模拟捞沉船。①大盆里盛半盆水，将铝箔捏成小船的样子。②小矿泉水瓶中装满水，放进大盆后，在瓶上扎几个孔。用线绳把"铝船"和小矿泉水瓶绑在一起。③把塑料管一端套在矿泉水瓶口上，另一端放在盆外，用嘴对着塑料管口吹气，可以看到矿泉水瓶中的水会从扎了小孔的地方冒出来。④瓶子慢慢被吹进去的气体充满，最后带着"铝船"浮出水面。请制作并解释。

❸ 湿手易触电。①先用导线串联起电池和小灯泡。②倒一杯纯净水。③把导线两端泡在水中，灯泡并不亮。④如果向水中加盐的话，灯泡会微微发出光来。请制作并解释。

❹ 如图2-24所示，针孔眼镜。①找两个直径30～40毫米的塑料瓶盖，用烧红的针在瓶盖中间扎一个直径约1毫米的小孔。②在瓶盖两侧各扎两个小孔，用线穿起来，就做成了一副眼镜。③戴上这副眼镜，便能看清楚周围的一切，不管是300度、500度的近视眼，还是远视眼，戴上它都能看清楚。请制作并解释。

图2-24

❺ 请按图2-25，制作电磁小秋千，并解释其工作原理。

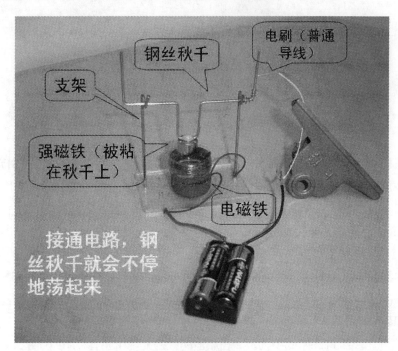

图2-25

注：线圈用ϕ0.2～0.3毫米漆包线在饮料瓶底绕100圈以上，若电刷火花明显，可在电路中串入10欧姆电阻。

电刷用的导线为多股细铜丝，在转动过程中不停地接触和断开，但不能阻碍转动。

## 益智游戏介绍

### 1. 七巧板

玩过七巧板吗？那简简单单的七块板，竟能拼出千变万化的图形。其实这种玩具是由一种古代家具演变而来的。见彩图。

宋朝有个叫黄伯思的人，对几何图形很有研究，他热情好客，发明了一种用6张小桌子组成的"宴几"——请客吃饭的小桌子。

后来有人把它改进为7张桌组成的宴几，可以根据吃饭人数的不同，把桌子拼成不同的形状，比如3人拼成三角形，4人拼成四方形，6人拼成六方形……这样用餐时人人方便，气氛更好。

后来，有人把宴几缩小，改变到只有七块板，用它拼图，演变成一种玩具。因为它十分巧妙好玩，所以人们叫它"七巧板"。见彩插。

到了明末清初，皇宫中的人经常用它来庆贺节日和娱乐，拼成各种吉祥图案和文字，故宫博物院至今还保存着当时的七巧板呢！

18世纪，七巧板传到国外，立刻引起极大的兴趣，有些外国人通宵达旦地玩它，并叫它"唐图"，意思是"来自中国的拼图"。

### 2. 九连环

九连环是中国传统的有代表性的智力玩具，凝结着中国传统文化，具有极强的趣味性。九连环既练脑又练手，对于开发人的逻辑思维能力及活动手指筋骨大有好处。同时它还可以培养学习工作的专注精神和耐心，实为老少咸宜。

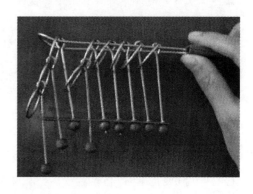

九连环历史非常悠久，据说发明于战国时代。它是人类所发明的最奥妙的玩具之一。宋朝以后，九连环开始广为流传。在明清时期，上至士大夫，下至贩夫走卒，大家都很喜欢它。很多著名文学作品都提到过九连环，《红楼梦》中就有林黛玉巧解九连环的记载。在国外，数学家卡尔达诺在公元1550年已经提到了九连环。后来，数学家华利斯对九连环做了精辟的分析。

九连环主要由九个圆环及框架组成。每一个圆环上都连有一个直杆，各直杆在后一个圆环内穿过，九个直杆的另一端用板或圆环相对固定住。圆环在框架上可以解下或套上。玩九连环就是要把这九个圆环全部从框架解下或套上。九连环的玩法比较复杂，无论解下还是套上，都要遵循一定的规则。19世纪的格罗斯经过运算，证明共需要341步，到目前为止还没有其他更为便捷的答案。

### 3. 华容道

华容道是古老的中国游戏，以其变化多端、百玩不厌的特点与七巧板、九连环等中国传统益智玩具并称为"中国的难题"。华容道游戏取自著名的三国故事，曹操在赤壁大战中被刘备和孙权的"苦肉计"、"火烧连营"打败，被迫退逃到华容道，又遇上诸葛亮的伏兵，关羽为了报答曹操对他的恩情，明逼实让，终于帮助曹操逃出了华容道。游戏就是依照"曹瞒兵败走华容，正与关公狭路逢，只为当初恩义重，放开金锁走蛟龙"这一故事情节，通过移动各个

棋子，帮助曹操从初始位置移到棋盘最下方中部，从出口逃走。不允许跨越棋子，还要设法用最少的步数把曹操移到出口。曹操逃出华容道的最大障碍是关羽，关羽立马华容道，一夫当关，万夫莫开。关羽与曹操当然是解开这一游戏的关键。四个刘备军兵是最灵活的，也最容易对付，如何发挥他们的作用也要充分考虑周全。"华容道"有一个带20个小方格的棋盘，代表华容道。棋盘下方有一个两方格边长的出口，是供曹操逃走的。棋盘上共摆有十个大小不一样的棋子，它们分别代表曹操、张飞、赵云、马超、黄忠和关羽，还有四个卒。"华容道"有几十种布阵方法，如"横刀立马"、"近在咫尺"、"过五关"、"水泄不通"、"小燕出巢"等等玩法。棋盘上仅有两个小方格空着，玩法就是通过这两个空格移动棋子，用最少的步数把曹操移出华容道。这个玩具引起过许多人的兴趣，大家都力图把移动的步数减到最少。

### 4. 鲁班锁

鲁班锁，也叫八卦锁、孔明锁，是中国古代传统的土木建筑固定结合器，它起源于中国古

代建筑中首创的榫卯结构。相传由春秋末期到战国初期的鲁班发明。这种三维的拼插器具内部的凹凸部分（即榫卯结构）啮合，十分巧妙。鲁班锁类玩具比较多，形状和内部的构造各不相同，一般都是易拆难装。拼装时需要仔细观察，认真思考，分析其内部结构。它有利于开发大脑，灵活手指，是一种很好的益智玩具。

### 5. 魔方

魔方是匈牙利布达佩斯建筑学院厄尔诺·鲁比克教授在1974年发明的，也称鲁比克方块，英文名字是Rubik's Cube。当初厄尔诺·鲁比克教授发明魔方，仅仅是作为一种帮助学生增强空间思维能力的教学工具。但要使那些小方块可以随意转动而不散开，不仅是个机械难题，这牵涉到木制的轴心、座和榫头等。直到魔方在手时，他将魔方转了几下后，才发现如何把混乱的颜色方块复原竟是个有趣而且困难的问题。鲁比克就决心大量生产这种玩具。魔方发明后不久就风靡世界，人们发现这个小方块组成的玩意实在是奥妙无穷。

三阶魔方是由富于弹性的硬塑料制成的6面正方体。核心是一个轴，并由26个小正方体组成。包括中心方块有6个，固定不动，只有一面有颜色。边角方块（角块）有8个(3面有色)可转动。边缘方块（棱块）12个(2面有色）亦可转动。此外除三阶魔方外还有二阶、四阶至十三阶，近代新发明的魔方越来越多，它们造型不尽相同，但都是趣味无穷。

初始状体时，小正方体的排列使大立方体的每一面都具有相同的颜色。当大立方体的某一面平动旋转时，其相邻的各面单一颜色便被破坏，而组成新图案立方体，再转再变化，形成的每一面都由不同颜色的小方块拼成。据专家估计三阶魔方所有可能的图案构成约为$4.3\times 10^{19}$。玩法是将打乱的立方体通过转动尽快恢复成六面成单一颜色。

### 6. 独立钻石棋

中国人发明的"华容道"、法国人发明的"独立钻石"和匈牙利人发明的"魔方"被称为智力游戏界的三大不可思议，都含有很深的数学原理。

在距今大约两百多年，法国大革命前夕，著名的巴士底狱关着一位叫让·诺的贵族，他独自一个人关在铁窗里，为了打发时间，就设计出一种能够自己玩的游戏，就是"独立钻石"（Solitaire，又称"单身贵族棋"），这位贵族囚犯，每日沉迷于自己发明的游戏，后来更是在整个巴士底狱盛行。公元1789年7月14日，巴黎人民武装起义，攻破巴士底狱，而使得这个游戏在社会各阶层流传开来。 这个游戏在18世纪末才传至英国，及后渐渐流行于世界各地。

独立钻石棋的棋盘有多种式样，不过最流行的式样，是一个圆形的板。板上有三行平行的小孔，和另外三行平行的小孔相交

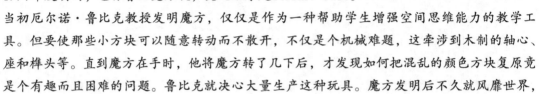

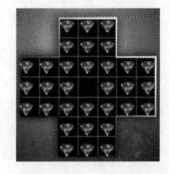

织成十字形。每行的孔数有7个，故此一共有33个小孔。而棋子一般是一些头略粗的木粒子或玻璃弹子。

玩法是在棋盘33孔中，每孔都放下一棋，但是取中心的一孔是空着的。玩的时候是像跳棋一样行子。一棋子依直线在平行或垂直（不能依斜线）的方向跳过一棋子，而放在此棋子之后的一个空格内。因此，棋子后必要有空的孔才可跳过。每次棋子跳去一个空孔，被跳过的棋便移离棋盘。这时棋盘上便少了一只棋子。如此一直玩下去，使剩下来的棋子越少越好。

最后剩下6只或以上棋子是"一般"；最后剩下5只棋子是"颇好"；剩下4只棋子是"很好"；剩下3只棋子是"聪明"；剩下2只棋子是"尖子"；剩下1只棋子是"大师"；最后剩下1只，而且在正中央是"天才"。此种局势称为"独立（粒）钻石"。

天才也分不同的等级。由于连跳的存在，达到天才的步数也是不一样的，1908年，游戏大师刁丹尼曾提出一个19步的走法，他的记录后来被布荷特发现的18步所取代了，他还自信地表示18步是最少的步骤了，后来果然由剑桥大学的比斯尼证明了这个问题最少需要18步。1986年，在上海举行的独立钻石征解赛中，中国女工万萍萍，找到另一种不同于布荷特的18步取得"天才"的方法。后来上海计算机研究所开动了大型的计算机，希望找出用18步取得"天才"的各种方法，结果得出令人惊异的答案：独立钻石以18步取得"天才"的方法只有两种，一种是布荷特的，另一种便是万萍萍的！

# 第三章 测一测你的潜力

**内容描述**

心灵手巧,这句古话很有道理,反过来,只有手巧才能心灵。学生的观察力、想象力、创造力和实际操作能力及良好的个性心理品质是创造潜力的综合表现,在日常学习中,可以设计一些手工制作项目,充分锻炼学生的动手能力,给大脑以积极有效的刺激,进而促进手眼协调能力、注意力、观察力、想象力、创造力等能力的提高,同时可以发展空间思维能力,活灵活现地表现千变万化的自然形态,随心所欲地表达内心世界的美感。

长期以来,人们对各领域中做出杰出贡献人的创造精神,常抱有一种神秘感,认为他们之所以做出不平凡的事迹,是因为他们天生具有创造能力。随着心理科学的发展,研究的不断深入,人们逐渐认识到:人的各种能力,包括创造力在内,既不是先天就有的,也不是后天才有的,而是先天与后天两者之间相互作用的结果。个体创造能力的发展,起决定性作用的是环境与教育。

培养学生的动手能力是素质教育的一个重要课题。心理学的研究表明,学生喜欢活动,喜欢动手,也希望自己学到的知识、技能得到表现,自己的才华得到展示。我国现代著名教育家黄炎培,他毕生倡导职业教育,主张手脑并用,反对劳心劳力分离,只有手脑联合才能产生智慧。前苏联教育家赞科夫也认为,学生的所谓"发展"应该包括观察力、思维力和实际操作能力三个内容,现代社会需要"手脑并用"的人,所以实际操作能力是学生"发展"的主要因素。

为了培养学生的动手能力,应采取适合学生特色的方式方法去展开活动,这些动手动脑的活动过程,既是学生活动欲望得到满足的过程,也是对知识进行体验、探索、应用的过程,同时,也是学生发展智力的过程。经历了这些活动,学生的动手能力就自然得到了提高。

# 项目一 神奇的简笔画

　　简笔画是运用简洁明快的线条、笔画高度概括出物体的主要造型特征，简明扼要表情达意的绘画形式。简笔画不仅是一种实用性很强的通俗艺术形式，而且通过精练概括、简中求美、以少胜多的艺术思维和造型理念，广泛运用多种艺术造型形式，给人以物质和精神的美感。在绘制简笔画过程中，必须通过目识、心记、手写等活动，提取客观形象最典型、最突出的主要特点，以平面化、程式化的形式和简洁大方的笔法，表现出既有概括性又有可识性和示意性的画面。

　　下图为鱼的简笔画的一种画法，虽然寥寥几笔，但把鱼的神韵表现得非常突出。

## 项目练习

请你完成下列简笔画。

1—骆驼　　　　　2—老鼠　　　　　3—飞鸟

第三章 测一测你的潜力

4—愤怒的小鸟　　5—机器人　　6—荷花

7—姐妹　　8—快餐店

项目一

# 项目二　神奇的折纸艺术

　　折纸不仅是种艺术，还是一种创造力锻炼方法。折纸对任何人都有好处，无论是儿童、青年人还是老年人，折纸能锻炼人的综合协调能力，包括手、眼和大脑。比如学习折纸需要用眼睛看折叠的过程，并在看的同时思考，记住过程。在折的时候，你要亲自动手，其间遇到问题，还要仔细去想刚才别人是怎么叠的。这样就可以起到开动脑筋、活跃思维的作用，从而达到手、眼、脑三位一体的综合协调。折纸还能增进人们的感情，加深彼此间的了解，使人们和睦、和谐相处。此外，用纸折成实际生活中可以用的果盘、笔筒等，不仅耐用、美观，还非常环保，不会对环境造成污染。

　　折纸不是儿时玩意，而是一门博大精深的艺术。比如折一只船，折之前要考虑在哪个位置折出船篷，还要考虑怎样不影响船头船尾的构造，事前要进行非常精确的计算。又如折一只恐龙，看到整只恐龙的重心好像全都集中在上半身，但站着时却稳如泰山，那是因为在折前，折纸者就已计算好纸的分布和重心位置了。因此，折纸充满了探索与发现，也有很多困难和考验。经过努力，会有新的发现，并由此产生强烈的成就感。

　　学生通过折纸，可以培养动手能力，而且"十指连心"，通过动手，使大脑得到了开发和锻炼，同时也促进了对其他知识的学习。折纸需要耐心，可以锻炼学生的耐心。折纸需要有一定的空间感，就可以培养学生的立体感。折纸可以折出许多物品来，举一反三，会折飞机，就会折飞船，可以培养学生的创造性。

## 项目练习

**1. 折纸任务　骆驼**

第三章　测一测你的潜力

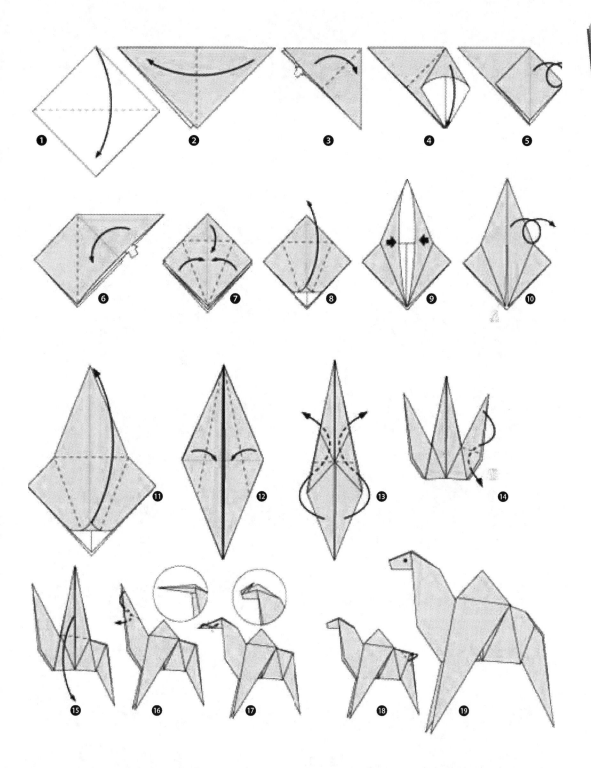

## 2.折纸任务 鳄鱼

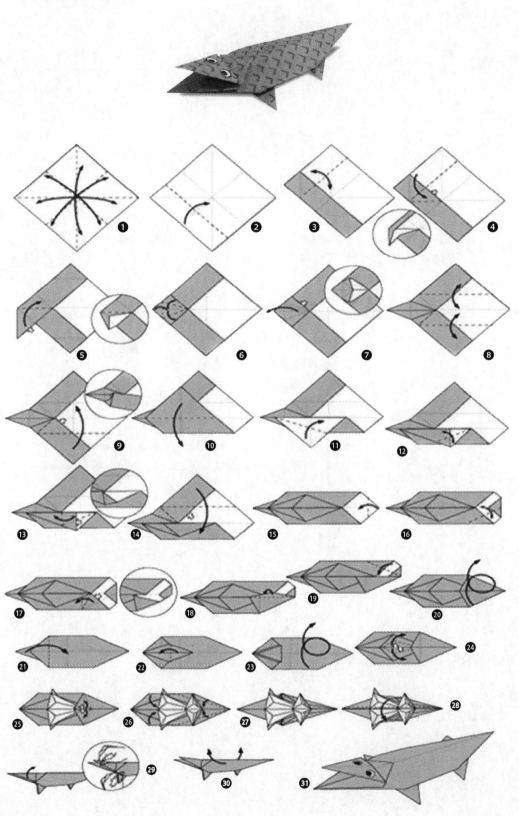

## 3. 折纸任务　百合花

❶ 用正方形纸叠成三角形

❷ 将其中的一个角拿起来

❸ 按图示进行折叠，挤压

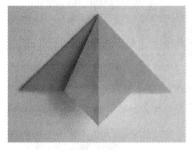

❹ 即得如此图

❺ 将剩下的3个角都做同样的处理

❻ 将下面的两个角按照图中所示向中线进行靠拢折叠

❼ 然后再将其展开

❽ 将顶角朝下对着底角进行点对点重合的折叠

❾ 然后再将其复原，这一系列步骤是帮助下面的操作做好辅助线准备

⑩ 按照图示将一个下角提起

⑪ 然后将低角向顶角对去，这时就可以顺着刚才制作好的折痕轻松地折出如图的样式

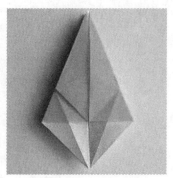
⑫ 这就是完成后的效果

⑬ 将剩下的3个角也按照相同的方式进行处理

⑭ 此时在顶角处有8个角，将其中的4个分别拉下来

⑮ 这就是拉下来的效果

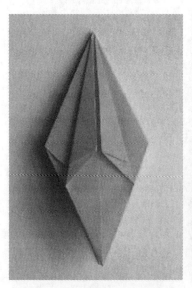
⑯ 将上部的两个边缘朝内中线进行对折

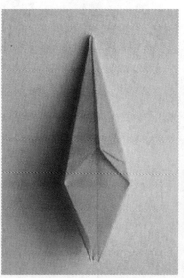
⑰ 将剩下的3个面也做同样的处理

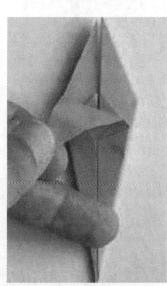
⑱ 此时就可以将一个角朝外折出了

⓳ 剩下的3个角也做同样的处理

⓴ 完成

### 4. 折纸任务　纸星之花

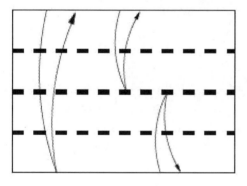

❶ 准备一张A4纸，按照图中制作折痕，展开

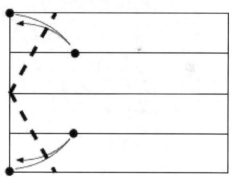

❷ 按图中黑点所示进行折叠后展开

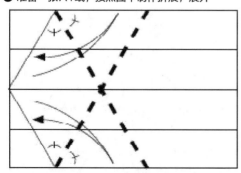

❸ 将长边与第2步中的折痕对折，展开

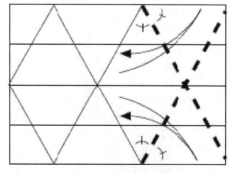

❹ 再将长边与第3步中折痕对折，展开

创新能力教程

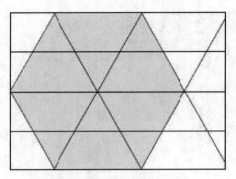

❺ 图中阴影的部分就是六边形

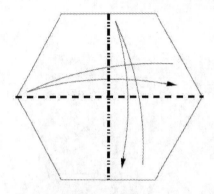

❻ 剪下六边形的纸,按照图中进行折叠,注意山痕和谷痕,展开

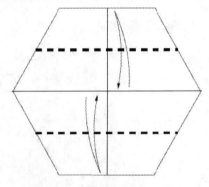

❼ 将上下两部分分别对折

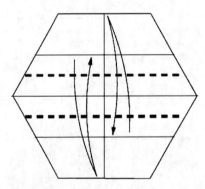

❽ 按照图中的示意,将边与另一部分的中线对折,展开

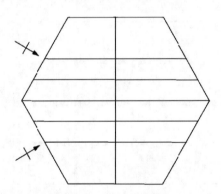

❾ 将箭头所指的两个方向做同样的 1～3 步的操作

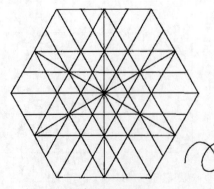

❿ 完成之后折痕的示意图

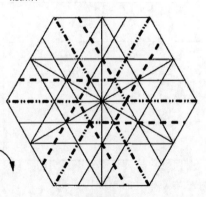

⓫ 翻过来

第三章 测一测你的潜力

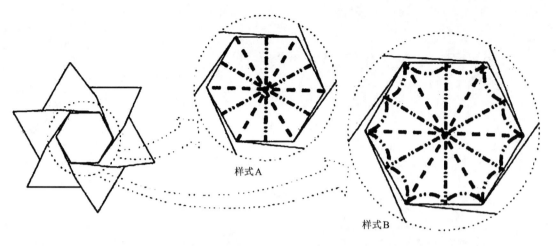

样式A

样式B

❶❷ 按照第六步标示出的折痕进行折叠，放大图显示的是中间的示意图，会有两个不同样式

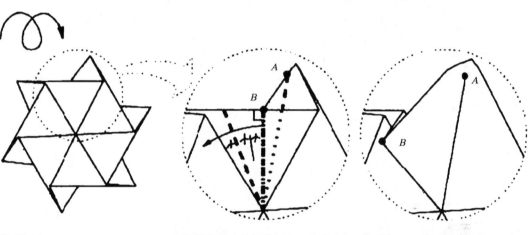

❶❸ 翻过来

❶❹ 按照图中的折痕折叠，注意A点并不是顶点

❶❺ 折叠后，花瓣的顶部并不是一个平整的角，对其余的5个花瓣同样进行折叠

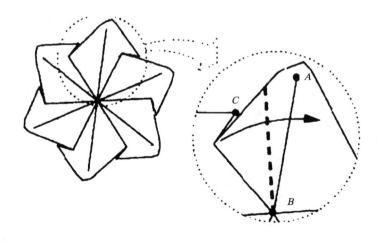

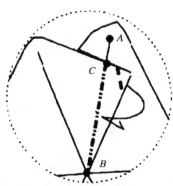

❶❻ 折叠后的示意图

❶❼ 将左边折向右边，保证C点落在AB连线上

❶❽ 把折过去的摆边折进里面，角的部分会露出来，所以需要把它折进去

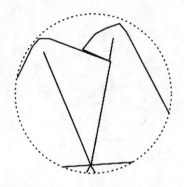

❶⓽ 对其他的5个花瓣重复12～14步

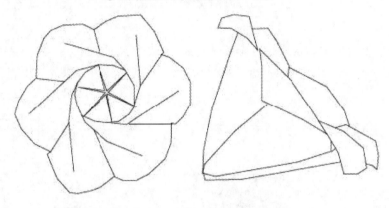

❷⓪ 把花瓣的整理好，同时检查一下花蕊部分是不是六边形

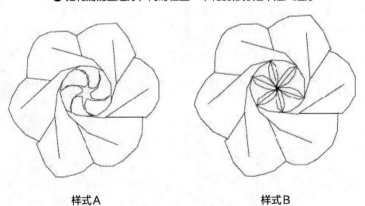

样式A　　　　　　　　样式B

❷⓵ 样式A　把每一个小边都顺时针转，中间的星星就会自然形成了。

样式B　把边从上部用手指捏一捏，捏紧就可以了。

## 项目三 神奇的金属艺术

　　铁丝和铜丝是最常见的金属材料，便于弯曲成型，在民间庙会上也时常能看到金属丝弯折成的一些车辆模型商品，中国民间的传统技艺确实吸引了不少人的眼球，更不用说那些充满好奇的中学生了。其实，只要善于开动脑筋，设计构思完善，通过自己的双手多练，就能制作出各种新颖精美的，既有观赏性、趣味性，又非常有价值的各种车辆模型作品。

## 项目练习

### 一、材料与工具准备

1. 圆规、尺等学习用品
2. 钢丝钳或尖嘴钳
3. 小铁锤
4. 一英寸❶长铁钉十几根
5. 木板一块
6. 1~2毫米直径铁丝或铜丝导线两米长
7. 502胶水一小瓶

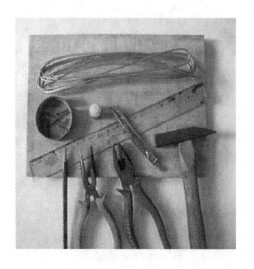

---

❶ 1英寸=0.0254米。

## 二、制作方法与过程

❶ 先设计一辆自行车模型（这里以男式平车为例），模型大小约为原车的十二分之一，在纸上画出平面侧视图

❷ 将自行车模型分三部件分别制作

（1）车把与前叉

（2）车架、坐垫与书包架

（3）车轮、踏脚板等

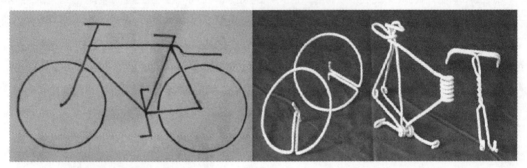

❸ 先设计制作前叉与车把模具

前叉与车把的制作尺寸，根据实物的十二分之一，大约车把的平直宽度在4厘米，高度在7厘米，先制作简易的模具。

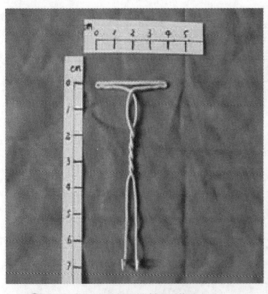
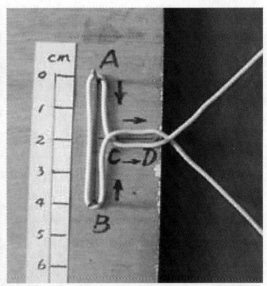

❹ 制作车把与前叉的简易模具

所谓模具，即在木板边用铁钉依车把尺寸钉出A、B、C、D四个定位点，将钉尾钳断后，铁丝可在定位钉帮助下绕制（靠木板边，绞动铁丝更方便一些）。

❺ 在模具上弯制车把

车把用30厘米长的铁丝制作，取中间一段套住A、B两个铁钉，向里弯制，再分别饶过C、D两个铁钉后交叉。

第三章　测一测你的潜力

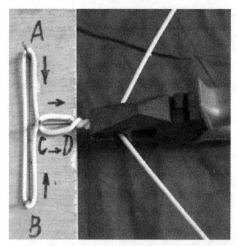

❻ 车把的转动轴是两边铁丝铰接而成，绞动前，调整两个铁丝互成90°夹角，并且要求两余角要尽量相等，否则极易使得一边铁丝围绕另一边铁丝，造成不均匀，影响车把的转动。

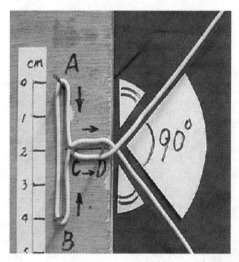

❼ 顺时针铰紧铁丝5～6圈约1厘米宽度，只要铰成螺旋状整齐就可。铁丝较粗时，也可借助钢丝钳夹住绕制

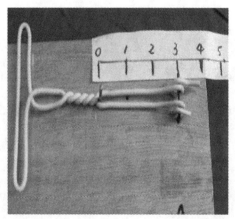

❽ 前叉车轴孔的模具制作

要求高低整齐，孔径一致。也可以制作一个简易模具，一根铁钉钉在前叉部位"E"处，另外一根距离3厘米"F"点钉上铁钉后，再向下折弯90°，模具即成。

❾ 做前叉车轴孔

只要在模具上扳动铁丝，绕过铁钉180°后，把前叉反过来套上，再绕过铁钉180°，钳紧即可。

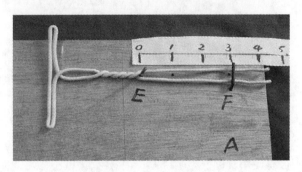

❿ 车架模具制作

先将画好的自行车设计图放在一块木板上用铁钉钉出G、H、I、J、K、L六个定位点。L点是为坐垫留出的铁丝长度。

⓫ 继续下一步，将钉尾钳去，图纸可以向上移出来，木板与钉就成了车架模具了。用笔将几个定位点连成车架，看上去清晰些，也可标上箭头和定位点。有了定位钉，铁丝在上面绕起来准确方便多了

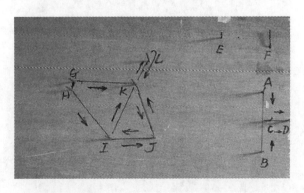

⓬ 车架的制作

必须先与前叉轴连接，难度比较大，需要细心对待，以免车把不灵活。将车把与前叉放置于原模具上，截取80厘米长的铁丝一根，平整后在铁丝15厘米处开始，由左向右，顺时针密绕5～6圈，宽为1厘米左右，绕2圈用钢丝钳平整压紧一下，只要车把能转动即可。

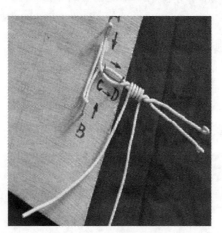

⓭ 继续下一步，将车把与前叉和车架连接处套放于"G"、"H"定位钉上。长的一端开始往"I"定位钉顺时针绕2圈（绕2圈，是为了以后固定踏脚稳妥一些），再往"J"钉逆时针绕一圈，每次绕钉转动可借助钳子，并压紧。

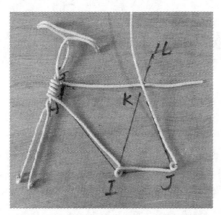

⓮ 继续向坐垫下的"K"钉绕，绕过"L"钉向下返回（绕过L点是为了做坐垫预留的铁丝长度），再往"J"钉顺时针转一圈，再往"I"点逆时针转2圈后，与另一端交于"K"钉

⓯ 将车架上横档那根铁丝，在坐垫"K"钉处绕一圈，将三根铁丝夹紧，滴几滴502胶水固定与另一根弯折后一起做书包架和撑脚架

❶❻ 整形后脱模，再做踏脚板，座垫用尖嘴钳修整，整个车型就显现出来。现在差车轮了

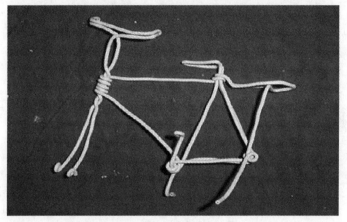

❶❼ 车轮模具制作

可利用瓶盖做模具，既准确又容易些。找一只合适大小的瓶盖，在中间用尖物钻一个小孔，在瓶盖边上锯出一个狭缝。

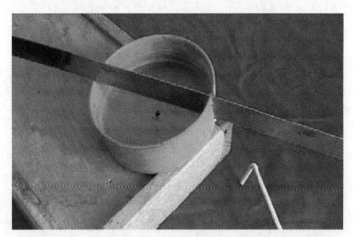

❶❽ 车轮制作

取一段30厘米长的铁丝，在开头1厘米处折弯90°后，插入瓶盖中心孔，嵌入瓶盖边的狭缝内，折弯后沿着瓶盖外围绕一圈，再由狭缝进入瓶盖中心，最后用钳子折弯90°。

第三章　测一测你的潜力

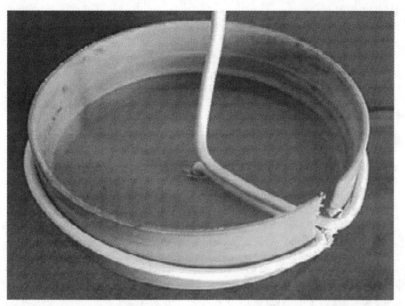

⑲ 轮子脱模后，还需用钳子修整几个弯角，使弯角坚挺一些，并排两车条用502胶水上胶，车轮制作完成

⑳ 将车轮装上，整车整形后自行车模型制作完成

请你按照这种方法，制作下列作品。

# 神奇的丝网花艺术

丝网花源于日本手工艺，以五彩铁丝及丝袜纯手工制作而成，具有极强的质感，花形逼真犹如鲜花一般，欣赏及装饰效果颇佳。而且色泽多样可根据个人要求进行选择搭配。不易褪色，历久如新，清洁起来亦相当方便。

丝网花主要以色彩鲜艳的尼龙丝网为主要材料，辅以金属丝再配以其他材料手工扎制而成。花的颜色丰富，造型生动逼真，形式多样，丝网花用的丝网近似于丝袜，但比丝袜有弹性，且不易抽丝。它的主要特点是可塑性强，扎好基本形状后，可以任意变换成各种形态。

丝网花色彩艳丽，造型丰富。由于具有半透明的特性，因而富有独特的艺术表现力和感染力，是仿真花卉中的一朵奇葩。第一眼看到丝网花的人，都被丝网花独特的魅力所折服，并发出由衷的赞叹。

丝网花的制作材料和工具如图3-1所示。

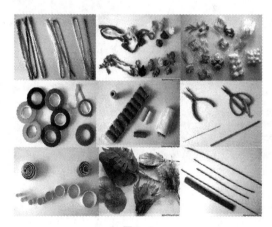

图3-1

（1）彩色金属丝，有多种颜色和型号。

（2）弹性丝网，有各种单色及双色。

（3）花芯，有各种形状和颜色。

（4）自粘胶带，有多种颜色。

（5）缝纫用合成纤维线。

（6）尖钳和剪刀。

（7）绕圈套筒，直径从1～8厘米。也可用瓶子、笔芯等其他圆柱物品代用。

（8）花叶、花托。

（9）花梗。

## 项目练习

### 1. 蝴蝶的制作

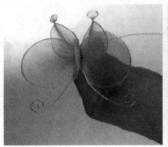
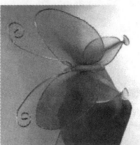

整体效果

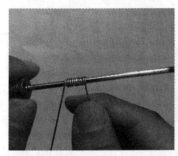

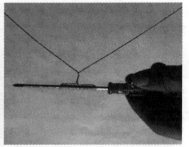

❶ 按图示要求将金属丝缠于螺丝刀上,当缠绕长度合适后,将两头金属丝交叉缠绕数圈到适合长度后成交叉大于90°向两侧拉直

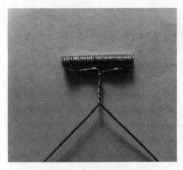

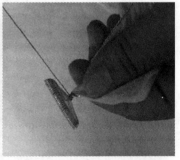

❷ 蝴蝶身体彩色金属丝骨架完成　　❸ 用弹性丝网包络于制作完成的蝴蝶身体上,并用缝纫用合成纤维线将其扎紧

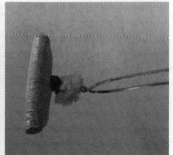

❹ 在第3步的基础上,以相同的方法再将其包络一层,并扎紧

第三章 测一测你的潜力

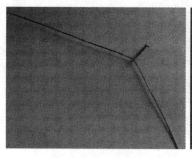
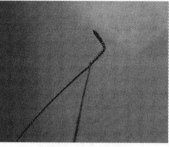
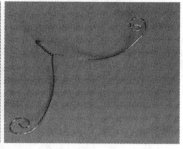

❺ 将彩色金属丝绕成如图形状，在将单头向上弯折90°如图所示

❻ 将彩色金属丝用尖钳弯曲成如图所示形状

❼ 按图示将彩色金属丝绕圈于绕圈套筒上，用尖钳绕成图示形状

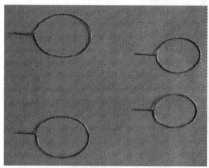
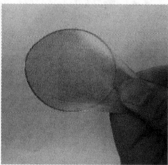
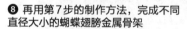

❽ 再用第7步的制作方法，完成不同直径大小的蝴蝶翅膀金属骨架

❾ 将第4步制作好的翅膀彩色金属丝上用弹性丝网沿金属边进行包络，并用合成纤维线将其扎紧

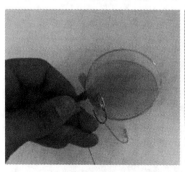

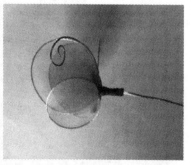

❿ 将第9步制作好的蝴蝶翅膀按照小上大下的布局方法用自粘胶带包紧在蝴蝶中间主杆上

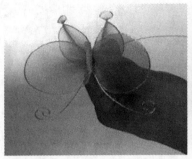 

⓫ 完善工作：将翅膀翻折到合适的位置，并把两片小翅膀尾部金属丝旋转180°

### 2. 玫瑰花的制作

整体效果

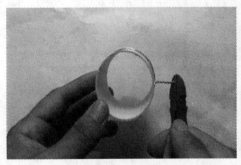 

❶ 按图示将彩色金属丝绕于绕圈套筒上，用尖钳绕成图示形状

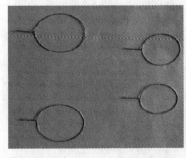 

❷ 用第1步的制作方法，完成不同直径大小的玫瑰花瓣及叶柄的边缘金属框

❸ 在第2步制作好的玫瑰花瓣金属丝上用彩色弹性丝网沿金属边进行包络，注意叶柄上也包裹上丝网，并用绿色合成纤维线将其扎紧

第三章 测一测你的潜力

项目四

❹ 将花瓣叶柄处多余的部分用剪刀剪除

❺ 用1~4步骤的方法同样制成9~11片玫瑰花瓣

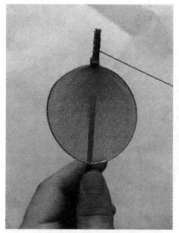
❻ 将做好的花瓣叶柄朝上,用绿色纤维线依次将叶柄与花枝缠绕在一起,花瓣要求均匀环绕花枝。再用红色丝网包裹枝头并用纤维线固定

❼ 用尖钳将花瓣从花芯处向外依次向上翻转,并缠绕扭曲成玫瑰花的形状

❽ 这样一朵美丽的玫瑰花就做好啦

会做了吗?

## 3. 荷花的制作

整体效果

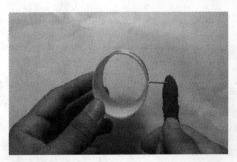

❶ 按图示将彩色金属丝绕于绕圈套筒上，用尖钳将多余的金属丝绕紧、取下，这样荷花花瓣的金属丝环就做好啦

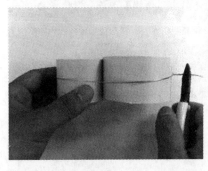

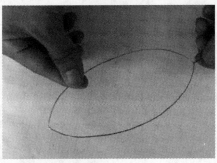

❷ 准备一个小的绕圈筒，按照上述第1步做一个椭圆形花瓣的金属丝环

❸ 按照这种方法，一共做三种不同大小的金属丝环各5~6个

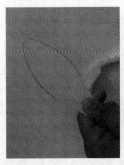

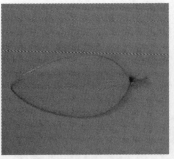

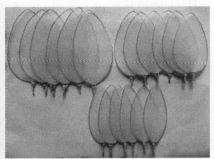

❹ 在第3步制作好的玫瑰花瓣金属丝上用彩色弹性丝网沿金属边进行包络，注意叶柄上也包裹上丝网，并用绿色合成纤维线将其扎紧

第三章 测一测你的潜力

项目四

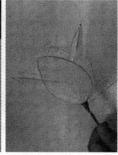

❺ 将做好的花瓣用绿色纤维线、自粘胶带依次将叶柄与花枝缠绕固定在一起，花瓣要求均匀环绕花枝。用尖钳将花瓣的金属边调整角度，使其具有荷花的形态

❻ 这样一朵美丽的荷花就做好啦

4．请你在下列图片中自行选择制作。

# 项目五 秀出神奇的自己

本项目是一个开放性项目,经过前面两个项目的训练,想必已有了一双灵巧的手,请自学制作下列工艺品的制作方式,相信你一定会制作出满意的作品。

**1. 一次性筷子作品**

**2. 布料拼图**

**3. 十字绣**

4. 沙画艺术

5. 剪纸

## 综合测试

美国普林斯顿创造才能研究公司总经理、心理学家尤金·劳德塞，根据几年来对善于思考、富有创造力的男女科学家、工程师和企业经理的个性和品质的研究，设计了下面这套简单的试题，试验者只要10分钟的时间，就可知道自己是否具有创造才能。当然，如果需要慎重考虑一下，适当延长试验时间也不会影响测试效果。

注意：试验时，只要在每一句话后面，用一个字母表示你同意或不同意。同意的用A，不同意的用C，吃不准或不知道的用B，回答必须准确、忠实，不要猜测。

1．我不做盲目的事，也就是我总是有的放矢，用正确的步骤来解决每一个具体问题。

2．我认为，只提出问题而不想获得答案，无疑是浪费时间。

3．无论什么事情，要我发生兴趣，总比别人困难。

4．我认为，合乎逻辑的、循序渐进的方法，是解决问题的最好方法。

5．有时，我在小组里发表的意见，似乎使一些人感到厌烦。

6．我花费大量时间来考虑别人是怎样看待我的。

7．做自认为是正确的事情，比力求博得别人的赞同要重要得多。

8．我不尊重那些做事似乎没有把握的人。

9．我需要的刺激和兴趣比别人多。

10．我知道如何在考验面前，保持自己的内心镇静。

11．我能坚持很长一段时间解决难题。

12．有时我对事情过于热心。

13．在无事可做时，我倒常常想出好主意。

14．在解决问题时，我常常单凭直觉来判断"正确"或"错误"。

15．在解决问题时，我分析问题较快，而综合所收集的资料较慢。

16．有时我打破常规去做我原来并未想到要做的事。
17．我有收藏癖。
18．幻想促进了我许多重要计划的提出。
19．我喜欢客观而又理性的人。
20．如果要我在本职工作之外的两种职业中选择一种，我宁愿当一个实际工作者而不当探索者。
21．我能与自己的同事或同行们很好地相处。
22．我有较高的审美感。
23．在我的一生中，我一直在追求着名利和地位。
24．我喜欢坚信自己的结论的人。
25．灵感与获得成功无关。
26．争论时，使我感到最高兴的是，原来与我观点不一样的人变成了我的朋友。
27．我更大的兴趣在于提出新的建议，而不在于设法说服别人接受这些建议。
28．我乐意独自一人整天"深思熟虑"。
29．我往往避免做那种使我感到低下的工作。
30．在评价资料时，我觉得资料的来源比其内容更为重要。
31．我不满意那些不确定和不可预言的事。
32．我喜欢一门心思苦干的人。
33．一个人的自尊比得到他人敬慕更为重要。
34．我觉得那些力求完美的人是不明智的。
35．我宁愿和大家一起努力工作，而不愿意单独工作。
36．我喜欢那种对别人产生影响的工作。
37．在生活中，我经常碰到不能用"正确"或"错误"来加以判断的问题。
38．对我来说，"各得其所"、"各在其位"是很重要的。
39．那些使用古怪和不常用的词语的作家，纯粹是为了炫耀自己。
40．许多人之所以感到苦恼，是因为他们把事情看得太认真了。
41．即使遭到不幸、挫折和反对，我仍然能对工作保持原来的精神状态和热情。
42．想入非非的人是不切实际的。
43．我对"我不知道的事"比"我知道的事"印象更深刻。
44．我对"这可能是什么"比"这是什么"更感兴趣。
45．我经常为自己在无意之中说话伤人而闷闷不乐。
46．纵使没有报答，我也乐意为新颖的想法而花费大量时间。
47．我认为，"出主意没什么了不起"这种说法是中肯的。
48．我不喜欢提出那种显得无知的问题。
49．一旦任务在肩，即使受到挫折，我也要坚决完成。
50．从下面描述人物性格的形容词中，挑选出10个你认为最能说明你性格的词：

| | | | | |
|---|---|---|---|---|
| 精神饱满的 | 有说服力的 | 实事求是的 | 虚心的 | 讲实惠的 |
| 观察力敏锐的 | 谨慎的 | 束手束脚的 | 足智多谋的 | 一丝不苟的 |
| 自高自大的 | 有主见的 | 有献身精神的 | 有独创性的 | 柔顺的 |
| 性急的 | 高效的 | 乐意助人的 | 坚强的 | 渴求知识的 |
| 老练的 | 有克制力的 | 热情的 | 时髦的 | 不满足的 |
| 自信的 | 不屈不挠的 | 有远见的 | 机灵的 | 嗅觉灵敏的 |
| 好奇的 | 有组织力的 | 铁石心肠的 | 思路清晰的 | 谦逊的 |
| 脾气温顺的 | 可预言的 | 拘泥形式的 | 不拘礼节的 | 创新的 |
| 有理解力的 | 有朝气的 | 严于律己的 | 精干的 | 好交际的 |
| 复杂的 | 漫不经心的 | 无畏的 | 严格的 | 易动感情的 |
| 实干的 | 泰然自若的 | 善良的 | 孤独的 | |

### 创造潜力测试评分标准

| 序号 | A | B | C | 序号 | A | B | C |
|---|---|---|---|---|---|---|---|
| 1 | 0 | 1 | 2 | 22 | 3 | 0 | -1 |
| 2 | 0 | 1 | 2 | 23 | 0 | 1 | 2 |
| 3 | 4 | 1 | 0 | 24 | -1 | 0 | 2 |
| 4 | -2 | 0 | 3 | 25 | 0 | 1 | 3 |
| 5 | 2 | 1 | 0 | 26 | -1 | 0 | 2 |
| 6 | -1 | 0 | 3 | 27 | 2 | 1 | 0 |
| 7 | 3 | 0 | -1 | 28 | 2 | 0 | -1 |
| 8 | 0 | 1 | 2 | 29 | 0 | 1 | 2 |
| 9 | 3 | 0 | -1 | 30 | -2 | 0 | 3 |
| 10 | 1 | 0 | 3 | 31 | 0 | 1 | 2 |
| 11 | 4 | 1 | 0 | 32 | 0 | 1 | 2 |
| 12 | 3 | 0 | -1 | 33 | 3 | 0 | -1 |
| 13 | 2 | 1 | 0 | 34 | -1 | 0 | 2 |
| 14 | 4 | 0 | -2 | 35 | 0 | 1 | 2 |
| 15 | -1 | 0 | 2 | 36 | 1 | 2 | 3 |
| 16 | 2 | 1 | 2 | 37 | 2 | 1 | 0 |
| 17 | 0 | 1 | 2 | 38 | 0 | 1 | 2 |
| 18 | 3 | 0 | -1 | 39 | -1 | 0 | 2 |
| 19 | 0 | 1 | 2 | 40 | 2 | 1 | 0 |
| 20 | 0 | 1 | 2 | 41 | 3 | 1 | 0 |
| 21 | 0 | 1 | 2 | 42 | -1 | 0 | 2 |

续表

| 序号 | A | B | C | 序号 | A | B | C |
|---|---|---|---|---|---|---|---|
| 43 | 2 | 1 | 0 | 47 | 0 | 1 | 2 |
| 44 | 2 | 1 | 0 | 48 | 0 | 1 | 3 |
| 45 | -1 | 0 | 2 | 49 | 3 | 1 | 0 |
| 46 | 3 | 2 | 0 | | | | |

50. 下列每个形容词得2分

| | | | | |
|---|---|---|---|---|
| 精神饱满的 | 观察力敏锐的 | 柔顺的 | 足智多谋的 | 不屈不挠的 |
| 有主见的 | 有献身精神的 | 有朝气的 | 感觉灵敏的 | 创新的 |
| 热情的 | 有独创性的 | 无畏的 | 严于律己的 | 好奇的 |

下列形容词每个得1分

| | | | |
|---|---|---|---|
| 自信的 | 虚心的 | 有远见的 | 不拘礼节的 |
| 机灵的 | 不满足的 | 坚强的 | 一丝不苟的 |

其余的得0分

| | |
|---|---|
| 110～140 | 创造性非凡 |
| 85～109 | 创造性很强 |
| 56～84 | 创造性强 |
| 30～55 | 创造性一般 |
| 15～29 | 创造性弱 |
| -21～14 | 无创造性 |

说明：

你可以根据这些答案，测试一下自己有没有创造能力。是创造能力很强，还是创造能力较弱。善于思考的读者也许能从这些答案中联想到一个新问题：为什么美国的心理学家尤金·劳德塞对这50道题要这样打分？

有些题目初看起来，答案似乎是显而易见的。如第1题"我不做盲目的事，也就是我总是有的放矢，用正确的步骤来解决每一个具体问题"，对于一般人来说，这好像是天经地义、无可非议的。但是，倘若你这样回答，那么就只能得0分。这是因为这里测试的是，一个人是否有创造能力。创造能力是一种高级的能力，它不是采用现成的方法和步骤去解决问题的能力。

从答案中，可以看到，有些答案对了只得2分，可能有些答案对了却能得4分。这是什么道理呢？因为这些对于每个具有创造能力的人来说，都是必不可少的。例如，第3题"无论什么事情，要我发生兴趣，总比别人困难"。成功圣殿的大门是向着所有人敞开的，然而，培养兴趣是登堂入室的第一步，当一个人被某一研究或某一种新的思想完全吸引住的时候，他的注意力便高度集中在这一个目标上，其余的东西都不感兴趣了。这时，需要探索的问题，深深地印入他的脑海，挥之不去，驱之不散，才下眉头，又上心头。正因为如此，他才能发挥他的创造能力。

创造性劳动需要有持之以恒、滴水穿石的精神。巴斯德曾说过，"告诉你使我达到目标的奥秘吧。我唯一的力量就是我的坚持精神。"因此，第11题答对了也可得到4分。

在这50道题中，又有3道题一旦答错了就要倒扣2分。其中的原因何在呢？因为这三个问题对创造力的影响颇大。例如，第4题"我认为，合乎逻辑的、循序渐进的方法，是解决问题的最好方法"，第14题"在解决问题时，我常常单凭直觉来判断正确或错误"。重大的科学发现往往都不是按旧的思维方式获得的，需要另创新格，出奇制胜，物理学家福克说过，伟大的，以及不仅是伟大的发现，都不是按逻辑的法则发现的，而大多是凭创造性的直觉得来的。

在这些试题中竟有3／5回答吃不准或不知道，竟然也能得分。这又是为什么呢？科学是在继承和发展中前进的，一个严谨的科学家总是既不相信原有的科学结论，也不过于迷信自己创立的新假说。因而，有人说，正确的思维应当处于绝对信任和绝对不信任之间，这样可以使思维保持明智、灵活和清醒。这是很有道理的。

从这50道题的答案中，可以引出很多值得思索和研究的问题。一旦找到这些答案，那么就能在了解自己是否具有创造能力的同时，找到提高创造力的方法和途径。

你对自己创造潜力的评价是：

# 第四章 试一试你的装备

**内容描述**

工具的使用和发展是推动人类科技进步的动力,培养学生使用如锯、钻、锉、钉、刻、削、粘、磨、漆、焊等工具,熟悉常用的带传动、链传动、齿轮传动等传动系统,了解常用的小电机等动力机构,在此基础上进行综合应用训练,培养学生简单的应用和制作能力,培养对于生活制作的基本操作兴趣和实际操作能力。

第四章 试一试你的装备

　　工具是指能够方便人们完成工作的器具。哲学家曾经认为只有人类才会运用工具，因此将人定义为懂得运用工具的动物。可是通过观察发现黑猩猩及其他动物，特别是灵长类动物，和某些鸟类（如渡鸦）及海獭等都能使用工具。之后，哲学家认为只有人类才有制造工具的能力，直到动物学家观察到某些鸟类和猴子也会制造工具为止。大部分人类学家相信工具的使用是人类进化史上重要的一步。有了工具，就意味着对自然的改造，意味着生产的开始。因此，人类的文明史，首先就是制造和使用工具的历史。

　　人类最早创造的工具是石器。据推测，人类形成的过程中，在长期使用天然木棒和石块来获取食物和防卫时，偶尔发现用砾石摔破后产生的锐缘来砍砸和切割东西比较省力，从而受到启示，便开始打击石头，使之破碎，以制造出适用的工具。从世界范围看，人类开始制造工具大约是在300万年前。最早的工具大概没有什么标准的形式，一物可以多用。坦桑尼亚奥杜韦峡谷发现的最早的石制工具，大约距今200万年左右，其典型的石器是用砾石打制的砍砸器。在旧石器时代制作石器最原始的办法，是把一块石头加以敲击或碰击使之形成刃口，即成石器。打制切割用的带有薄刃的石器，则有一定的方法和步骤：先从石块上打下所需要的石片，再把打下的石片加以修整而成石器。初期，石器是用石锤敲击修整的，边缘不太平齐。到了中期，使用木棒或骨棒修整，边缘比较平整了。及至后期，修整技术进一步提高，创造了压制法。压制的工具主要是骨、角或硬木，用压制法修整出来的石器已经比较精细。到新石器时代，石器制造技术有了很大进步。首先，对石料的选择、切割、磨制、钻孔、雕刻等工序已有一定要求。石料选定后，先打制成石器的雏形，然后把刃部或整个表面放在砺石上加水和沙子磨光。这就成了磨制石器。磨制石器与打制的石器相比，已具备了上下左右部分更加准确合理的形制，令用途趋向专一，增强了石器刃部的锋度，减少了使用时的阻力，使工具能发挥更大的作用。

　　在旧石器时代（公元前170万年至公元前1万年）晚期，人们已会用兽皮缝制衣服，不再赤身露体了。缝制衣服，针是不可缺少的工具。我国目前所知最早的针，是在距今约18000年前山顶洞人的遗址中发现的骨针。21世纪30年代，考古工作者在北京西南周口店龙骨山的山顶洞人遗址中，发现了一枚骨针。这枚骨针长82毫米，针身最粗处直径3.3毫米，针身圆滑而略弯，针尖圆而锐利，针的尾端直径3.1毫米处有微小的针眼。制作这样的骨针，必须经过切割兽骨，精细地刮削、磨制，以及挖穿针眼等多道工序，需要较高的制作工艺才能完成。这枚骨针，也是世界上目前所知最早的缝纫工具。骨针在我国使用的时间非常久远。直到春秋（公元前770年至公元前476年）末期，我国才开始用铁针缝制衣服。至于制造钢针，则是铁针出现1000多年后北宋时期的事情了。

把谷、麦等的壳皮去掉并磨成粉，本是一项很繁琐的劳动。据《世本》记载，春秋战国之际的公输般（即鲁班）发明了石磨，使粮食加工变得容易多了。1968年，在河北满城汉墓中出土了一架距今约2100年的石磨，这是我国迄今所发现的最早的石磨。这架石磨是由两块厚重的圆形石盘组成，称为"磨扇"。两块磨扇上下对合，其中央部位凿有磨腔。上扇还凿有添加粮食的孔道，孔道与磨腔相连。在两片磨扇的对合面上，分别凿成凹凸不平的锯齿状，称为"磨齿"。下片磨扇的中心，安置一根向上突出的铁制立轴，上片磨扇的中心，则凿有能套在下扇立轴上的套孔。使用时，推动上扇的手柄使其旋转即可。石磨的上扇在作旋转运动时，由于其磨齿与下扇的磨齿相互间咬合以及相错，而形成很微小的升降运动，于是上下扇之间便出现了瞬息的齿隙，使加工的粮食通过上扇的孔道不断进入磨齿。石磨在使用时，将杵臼的上下冲击力改变为齿面摩擦力，将杵臼的间歇工作改变为连续工作。这样大大减轻了劳动强度，提高了生产效率。石磨的发明，是古代粮食加工工具的一大进步。在长期的生产实践中，我国古代劳动人民对石磨不断加以改进。晋代，发明了水磨，以水力代替人力；同时又发明了连磨，这些发明，在当时的世界上均处于领先地位。

在距今约2.8万年前的峙峪（今山西朔县峙峪村）人活动的旧石器晚期遗址中，发现过一些加工比较精细的小石镞。它们是用坚硬而容易劈裂出刃口的薄燧石石片制成的，镞的一端具有锋利的尖头，与尖端相对的底端两侧经过加工，形成镞座，呈凹形，用以安装箭杆。由于原始社会的弓和箭杆是易于腐烂的竹、木制作的，难以保存下来，所以这些小石镞便是中国和世界上已知的最早的弓箭实物。弓箭是人类在原始社会的一项伟大发明，它已具有机器的三个要素，即动力、传动、工具。动力，人做的功（拉弦）转化为势能（拉开的弦），起了动力和发动机的作用。传动，拉开的弦收回，势能转化为动能，将箭射出，起了传动的作用。工具，箭镞起了工具的作用，射到动物身上，等于人用石制工具打击动物。弓箭发明之后，人类既可以从较远的距离猎获陆地野兽，又能上射空中飞鸟，下取水中游鱼，从而大大增强了同自然界做斗争的能力。在火器发明之前，弓箭一直是人类得力的狩猎工具和作战武器，正如恩格斯在《家庭、私有制和国家的起源》中所说："弓箭对于蒙昧时代，正如铁器对于野蛮时代和火器对于文明时代一样，乃是决定性的武器。"

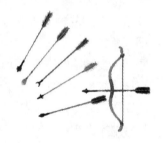

动物使用工具的例子很多，如秃鹫常利用一块石头把厚壳的鸵鸟蛋砸碎；加拉帕戈斯群岛的啄木地雀能使用一根小棍或仙人掌刺把藏在树皮下或树洞里的昆虫取出来；缝叶莺在筑巢时能把长在树上的一个大树叶折叠起来，再用植物纤维把叶的边缘缝合在一起，建成一个舒适的巢；射水鱼看到停落在水面植物上的昆虫时，便准确地射出一股强大的水流，把昆虫击落在水面上并将其擒获。哺乳动物使用工具的事例更是数不胜数，如海獭利用石块砸碎软体动物的贝壳；黑猩猩既会用棍挖取地下可食的植物和白蚁，也会用棍撬开纸箱拿取香蕉，还会把几只箱子叠在一起拿取悬挂在天花板上的食物。动物使用工具既有先天的本能因素，又有后天的学习因素，但在大多数情况下是通过学习获得的。

现代工具的发展进入一个高速发展期，如计算机、网络、航天飞机等，成为人们生活、生产、科研的重要助手。

## 常用的工具

制作作品需要使用各种工具。常用的工具和材料有锯、钻、锉、钉、刻、削、粘、磨、漆、焊等。利用好这些工具，能顺利加工材料，按需要制作出成果，是提高制作能力的保证。但常用的工具并不绝对，根据使用者的需要，制作作品的材料不同，使用的工具种类和用量也不同。如图4-1所示。

图4-1

刀：有电工刀、美工刀，刻、削用。剪刀是双刃的刀。

钳：种类很多，钢丝钳、台虎钳、手虎钳、斜口钳、尖嘴钳、剥线钳。

钻：台钻、手电钻、微型手钻。进行各种材料的打孔，做电路板等。

锉：粗锉、中粗锉、细锉、什锦锉进行不同材料表面加工。

钉：铁钉、水泥钉、木螺钉、自攻钉、螺丝钉、平口钉、十字钉。

磨：有木工砂纸、帆布砂布、水磨砂纸、砂轮机，进行加工打磨。

刨：木工推刨、电推刨。进行表面刨平、拉直用。

锯：有手锯、板锯、丝锯，有钢锯、木工锯、直机锯、圆盘锯、曲线锯。有锯条、锯弓、圆盘锯片、曲线锯片等。对木质、塑料、金属的不同大小、厚薄、材料截取用。

焊：电烙铁、锡焊、点焊、塑料焊接等。安装电路，连接导线，对材料的拼合连接时用。

粘：乳白胶、502胶、三氯甲烷、氯丁胶、AB胶、热塑胶等。

漆：有各种颜色的调和漆、喷漆。最好用的是自动喷漆，有各种颜色，有速干、方便的好处。

这些工具在使用时有许多需要注意的地方和使用技巧。

### 1.刀

美工刀，对软材料是极好的切削工具。它的刀口很薄，十分锋利也很容易断，一不小心容易伤着使用者。不适合削厚木，经常断掉。但是对极软的泡沫块，美工刀却表现出奇怪的情况。直接用力切，怎么也弄不光，切面粗糙，为什么这样利的刀切泡沫却不能光滑呢？这是手锋问题，只要把刀片推出来长一点，切时不用压力而用来回拉力来切，就能得到极光滑的表面了。

美工刀很尖，适合刻槽、刻字，是刻的好工具，尖部磨损了可以沿刀片的压纹折去，新尖又能刻了，这是美工刀的主要用途之一。

美工刀的前部有一个小钩，每一块新刀片都有，是用来切割塑料板的。一旦折去，就失去了一块钩刀，在塑料片上划好线用钢尺对准，用钩刀一刀一刀地钩刮。达到一定的深度后，就可以把钩槽置于桌边，一折就分开。电工刀可以用来削厚一点的木材，或者削电线外皮用而得名。根据锯条的厚宽，常常有人用折断的机锯条截断做成刀，斜口刀，是十分好用的刀具。做模型很是方便，但是学生使用时需要注意安全。剪刀是双刃的刀，有时对薄材料、塑料瓶、塑料片用剪刀能十分方便剪切。

**2. 钳**

钳种类很多。钢丝钳可以用来剪断铁丝钢丝，与尖嘴钳一起常常用来夹取和花费力气的加工，拧紧螺丝等。台虎钳比较大，用于加工金属件，或重叠加工时用。手虎钳用于夹紧需要拿在手上加工的材料。斜口钳用于剪断导线或拔起钉子之类的工作。剥线钳、压线钳等是专用工具。

**3. 钻**

电钻是制作中常用的工具，没有它实在不方便，可以在一些不好加工的地方用它开路，比如挖大孔，用电钻钻一圈，挖去。手电钻，方便灵活，能使用0.7～6毫米的钻头。但是难以钻很垂直的孔，很容易钻偏。需要钻垂直孔就要用台钻。台钻又叫钻床，比较大，可以使用1～15毫米的钻头，用开孔器就能钻直径20～35毫米以上的孔。微型手钻是用低压的电源，使用2毫米以下的钻头，是专门为电路板打孔用。在一般电子元件商店可以买到。

**4. 锉**

锉是制作中不可缺少的工具，在木材料、塑料、金属等的加工中都需要用到锉。锉有粗锉、中粗锉、细锉、什锦锉之分（是以齿的粗细来分号的），进行不同材料表面加工。用得最多的是中粗锉，它对塑料和木片的加工，十分方便。细锉在最后精加工时用得多。使用时，锉金属的锉与锉木和塑料的锉要分开使用和摆放。因为锉一旦用于铁铜加工，锉的锋利程度就很快下降到不能锉木了。使用锉时，在泡沫加工中有一点需注意，不能心急，只能轻轻地锉，用力大了，不但不能锉光滑，反而会更粗糙。

**5. 磨**

用木工砂纸、帆布砂布、水磨砂纸对作品表面进行打磨，一般木工砂纸、帆布砂布用于粗打磨，水磨砂纸用于细打磨。而且可以用于沾水磨光作品。材料磨去得多的可以用砂轮机加工，只是砂轮机有一定危险，使用时需要格外细心。尤其是砂轮不可受到撞击，受撞击有爆炸的危险，一般不能让学生使用。

**6. 刨**

木工推刨有大小不同规格，视加工工件大小而选择。制作木模型，塑料材料的表面刨平、拉直可以用木工刨。刨刀磨损需要磨锋利，使用时需要注意安全。电推刨能减轻加工者的劳动强度，短时间加工较多的材料表面，但由于电动工具安全性差，不宜让学生使用，老师使用也要小心。

**7. 锯**

有手锯、板锯、丝锯、圆盘锯、曲线锯。手锯又叫钢锯，是用来锯各种板材、片材的。锯条的锯齿密，钢性好，但容易断，锯的时候不能心急，要顺着锯线来回拉动，也不能将锯条扭着拉，这样易拉断锯条。另外，锯木和塑料薄膜的锯条，不要用于锯钢铁，锯了钢铁后，再锯木就十分吃力。锯木时就得换一根锯条了。木工锯的锯齿稀，齿大，只能用于锯大块木头。直机锯用于工厂切割金属棒用，圆盘锯用于改木料用，曲线锯用于切割4厘米内的木板材片，由于能转弯换曲线，所以是一个十分灵活的工具，使用时需要十分小心，不要伤着使用者，也不要锯着板材下面的桌子或凳子。

**8. 焊**

焊接有电烙铁、锡焊、点焊、塑料焊接等。安装电路，连接导线，对材料的拼合连接时用。

科技作品使用电子技术已经普遍，焊接技术也就比较普及。在铜线上、印刷电路板上进行锡焊时，要注意先将焊接面用小刀乔或砂纸砂打磨干净，然后用松香焊锡镀一层锡，再将两个焊接面焊在一起。焊点是需要讲究的，不能只有半边，或与电路板不紧密。一般以半圆球状光滑均匀为好。

点焊是用电流点击使焊接处产生高温，焊点相连的一种新式焊接法，它需要专用的设备，较大的电源变压器、点焊机等。

塑料焊接用一种高温电吹风，有焊接头，焊接时用与被焊物相同的材料作焊条，用高温电吹风把被焊物和焊条同时熔融，再连接在一起，等冷却，便焊接好了。

**9. 漆**

有各种颜色的调和漆、喷漆。最好用的是自动喷漆，有各种颜色，有速干、方便的好处。

喷漆时要把被喷漆的物体刮灰，打磨光滑，有不光处需要补灰，再抽打磨得光滑后喷漆，然后再补灰再喷漆，直至光洁。一般要这样反复进行四遍。

**10. 粘**

粘接是将两个或两个同种或不同种材料，用粘接方式连接在一起的技术，它通常有以下四种形式。

① 用一种溶剂将同种材料或两种材料熔融在一起，使之连接，溶剂挥发后粘固。如三氯甲烷、502胶等。三氯甲烷用于粘接塑料片、有机玻璃等。

② 用一种粘剂将两个被粘物粘在一起，等挥发剂干后粘固。如氯丁胶，可粘木片、橡胶等较软材料，太硬材料干后易分离。502可粘金属、橡胶、木材、玻璃、塑料等之间的互相粘接，有轻微的填充作用，是一种较强力的粘接剂。一般只要数秒时间至数分钟即可粘牢的粘剂。使用时要小心将手指与手指，手指与材料，和材料与材料粘在一起，尤其不能溅入眼睛，如粘剂溅入眼睛需要及时到医院处理。

③ 用对被粘物都有黏性的填充剂材料填充，待填充剂固化后粘固。如AB胶，AB胶分为A份B份两种材料，A为主料、B为固化剂，多用软管盛装。当两份材料按比例调和后，涂于被粘物表面，压合后经数小时至24小时固化。密封胶又叫玻璃胶，因常用于粘玻璃而得名，带醋酸味。将玻璃或相粘的物体两面清理干净后，用密封胶挤入填充，经24小时固化后粘固。

密封胶是软性胶可削可刮。黏合物体可盛水，不可受较大的拉力。

④ 将一种遇高温熔化的材料在高温熔化时将被黏物压在一起，待冷却后便粘接。如热塑胶等，粘接时，均需要将被粘物两面清理干净，粘点密实。

# 项目练习

## 制作易拉罐飞机模型

### 一、材料准备

十个易拉罐、若干钢丝、胶布、小螺钉、白纸、废弃玻璃胶瓶等。

### 二、工具准备

美工刀、剪刀、老虎钳、电烙铁、焊锡丝、502胶水、三角板、透明胶带、铅笔等。

### 三、实施步骤

❶ 材料和工具准备如图4-2和图4-3所示。

图4-2 主材料

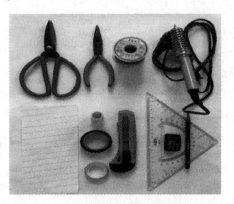

图4-3 所需工具

❷ 机翼的制作

（1）用铅笔在一张白纸上等分画好机翼所需宽度的间隔大小。如图4-4所示。

图4-4

图4-5

（2）用剪刀剪出一个没有底盖的易拉罐。如图4-5所示。
（3）用透明胶带将白纸贴在已经制作好的易拉罐上并用剪刀沿着斜线进行裁剪。如图4-6所示。

图4-6

❸ 机身的制作

将裁剪平整的易拉罐贴合在玻璃胶瓶（自己用易拉罐制作）上，并用透明胶带进行加固保证贴合平整，外观清洁。如图4-7所示。

图4-7

❹ 机架的制作

用老虎钳和焊接技术将钢丝做成两个对称的机架，保证圆弧弯折处光滑平整，并将易拉罐整齐地包布在机架上。如图4-8所示。

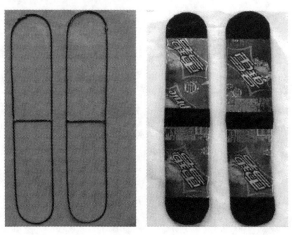

图4-8

❺ 轮子的制作

（1）将易拉罐进行裁剪。

（2）进行两个预拼接。

（3）用黑色的胶布将两个裁剪好的底座胶合在一起保证胶布表面平整没有松动，制作个数为3个。如图4-9所示。

图4-9

❻ 轮子架子的制作

拼接好配合轮子的架子，并固定在机翼上，保证配合良好。如图4-10所示。

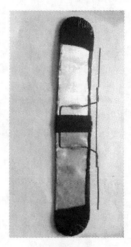

图4-10

❼ 下机翼架制作

将制作好的轮子安装并用小螺钉进行焊接配合并进行适当修饰。如图4-11所示。

图4-11

❽ 飞机机身尾轮的制作

用钢丝将轮子固定后装在机身尾座的后面。如图4-12所示。

图 4-12

❾ 飞机机翼的装配

用钢丝将两片制作好的机翼固定在合适的机身位置上,使两片机翼平行,用尖钳把钢丝弯折得更加平整并使相对机身牢固。如图 4-13 所示。

图 4-13

❿ 整体进行组装完善飞机模型,如图 4-14 所示(当然可以有不同的创意)。

图 4-14

## 制作竹桥

### 一、材料准备

毛竹、铜丝。

### 二、工具准备

美工刀、各类锉刀、小台钻、剪刀、老虎钳、502 胶水、钢尺、铅笔、白纸、圆规等。

## 三、实施步骤

❶ 主材料和各种所需工具（图4-15）

图4-15

❷ 桥身桥面的零件制作

实施图4-16如下，要求25个。

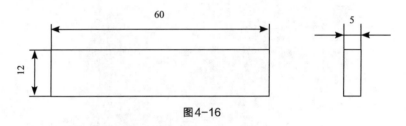

图4-16

制作推荐步骤。

（1）先备料，一次性备足长度较长的毛竹，如图4-17所示（保证上图尺寸，该图纸没有精度要求）。

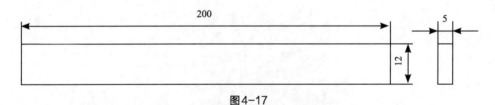

图4-17

（2）逐一进行锯断，保证表面光滑并可适当在锐角处进行倒角。如图4-18所示。

图4-18

❸ 桥身的零件制作

实施图4-19如下，要求2个。

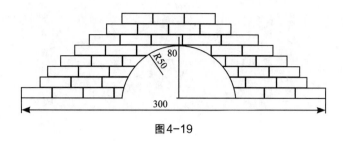

图4-19

制作推荐步骤：

（1）在一张白纸上用制图工具画出如图纸尺寸1：1的图形。

（2）制作足够多的单个小矩形，为拼接进行准备（制作方法类似竹桥的桥面零件制作）如图4-20所示。

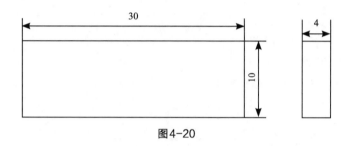

图4-20

（3）制作拼接用的竹销子，如图4-21所示。

备料：

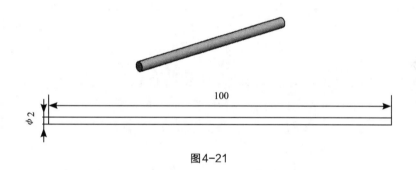

图4-21

在拼接时根据需要的长度对竹销子剪短在局部装配，并用502胶水进行加固。如图4-22所示。

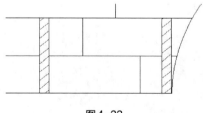

图4-22

（4）按照上述的方法逐一根据图纸进行组装，并完成两个桥身的制作保证两面对称，外形光滑美观。整体效果如图4-23所示。

图4-23

❹ 桥面支撑杆的制作

实施图纸如图4-24所示,要求8根。

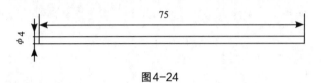

图4-24

❺ 两桥身重合进行打支撑杆孔

实施图纸如图4-25所示,设计要求：保证两孔同心。

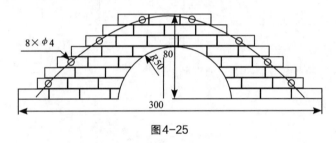

图4-25

❻ 竹桥整体组装

（1）将两片桥身放在工作台上,用竹销子进行拼接固定,保证两面在水平工作台上同一平面。最后用502胶水进行加固,胶水痕迹不能明显。

（2）学生自己劈制两片很薄的竹皮将其固定在8根竹销子上,固定的方法可以选择用细铜丝缠绕也可以用打孔穿竹销子固定。

（3）将桥面零件整齐地搭建在两根薄竹皮上,并用胶水进行加固,尽可能保证无空隙。

❼ 竹桥整体完善

对完成的竹桥用小锉刀进行细节加工,保证各个表面光滑平整没有竹毛刺。整体效果如图4-26所示（学生可以有不同的创意）。

图4-26

## 项目二  常用小制作的传动

在制作一些运动机构时常常需要进行动力传递,一般小制作常用的传动是指机械之间的动力传递,也可以说将机械动力通过中间媒介传递给终端设备,这种传动方式包括皮带式传动、链条传动、齿轮传、杠杆类传动等。

### 一、皮带传动

带传动一般是由主动轮、从动轮、紧套在两轮上的传动带及机架组成,如图4-27所示。当原动机驱动主动带轮转动时,由于带与带轮之间摩擦力的作用,使从动带轮一起转动,从而实现运动和动力的传递。带传动按传动原理分,可分为摩擦带传动,靠传动带与带轮间的摩擦力实现传动,如V带传动、平带传动等;啮合带传动,靠带内侧凸齿与带轮外缘上的齿槽相啮合实现传动,如同步带传动。

图4-27

带传动的特点:适用于距离较大的传动;带具有良好的挠性,可缓和冲击、吸收振动;过载时带与带轮之间会出现打滑,避免了其他零件的损坏;由于带的滑动,不能保证固定不变的传动速度;传动效率较低。

### 二、链传动

链传动是由两个具有特殊齿形的链轮和一条挠性的闭合链条所组成的,它依靠链和链轮轮齿的啮合而传动。如图4-28所示。

图4-28

在链传动中，主动链轮齿数为$Z_1$，从动链轮齿数为$Z_2$。当主动链轮转过$N_1$周，即转过个$N_1 \times Z_1$齿时，从动链轮就被带动转过$N_2$周，即转过个$N_2 \times Z_2$齿。显然，主动轮与从动轮所转过的齿数相等，即$N_1 \times Z_1 = N_2 \times Z_2$，因此链传动中的两轮转速和链轮齿数成反比。

链传动的主要特点是：能保证准确的平均速比；可以在两轴中心相距较远的情况下传递运动和动力；铰链易磨损，使链条的节距变大，会造成脱链现象。

## 三、齿轮传动

齿轮传动是指用主、从动齿轮直接传递运动和动力的装置，在所有的机械传动中，齿轮传动应用最广，可用来传递相对位置不远的两轴之间的运动和动力。如图4-29和图4-30所示。

齿轮在小制作中应用时最重要的参数是模数、压力角和齿数。模数的单位是毫米，模数好比衣服的号码，模数愈大，齿轮各部分的尺寸都随着增大。当齿数一定时，模数愈大，齿轮直径愈大，齿形就愈大，从而轮齿的承载力也愈大。压力角是反映齿轮齿廓间传力性质的重要参数，我国规定标准压力角为20°和15°。齿数的选择取决所需要的速度传动比，若主动齿轮的转速为$n_1$，齿数为$Z_1$，从动齿轮的转速为$n_2$，齿数为$Z_2$，则$n_1 \times Z_1 = n_2 \times Z_2$，传动比$i = n_1/n_2 = Z_2/Z_1$，齿数越大，速度越小。

图4-29

为了能正确啮合和连续传动，必须满足以下几个条件。

（1）正确啮合的条件：两齿轮的模数、压力角必须相等。

（2）连续传动的条件：在一对轮齿即将脱离啮合时，后一对轮齿必须进入啮合。

齿轮传动的特点：速度传动比准确；速度适用范围大；能改变传动方向；传动效率和功率高；不宜大距离传动；制造和安装精度高，制造工艺较复杂，故成本高。

图4-30

## 四、杠杆类传动

杠杆类传动是一种主要用于往复运动的传动机构,有曲柄连杆、曲柄滑块、凸轮等各种形式,用于将线性位移转换成角位移,可以将主动件细小的位移放大为从动件所需的位移,广泛应用于汽车发动机机构、压力表测量机构等。如图4-31所示。

杠杆类传动的特点:安装调整容易,可靠性较高,容易产生对设备的冲击。

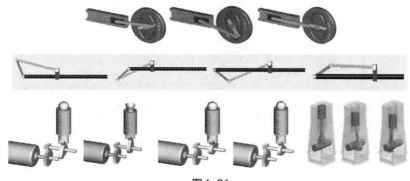

图4-31

# 项目练习

## 制作手摇式摩天轮

### 一、材料准备

毛竹

### 二、工具准备

美工刀、各类锉刀、小台钻、剪刀、502胶水、钢尺、铅笔、白纸、圆规等。

### 三、实施步骤

❶ 主材料和各种所需工具如图4-32所示。

图4-32

❷ 轮毂的制作

实施图图4-33，要求2个。

（1）备料：劈制两块直径大于30毫米，厚度大于5毫米的毛竹。

（2）用圆规在备料上清晰地画出直径为30毫米的轮廓线。

（3）采用类锉刀成型外表面光滑两个轮毂。

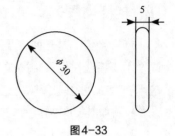

图4-33

❸ 手摇式摩天轮架子的制作，实物图如图4-34所示

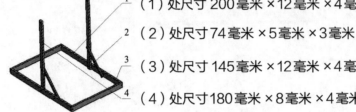

（1）处尺寸200毫米×12毫米×4毫米

（2）处尺寸74毫米×5毫米×3毫米

（3）处尺寸145毫米×12毫米×4毫米

（4）处尺寸180毫米×8毫米×4毫米

图4-34

（1）处实施图纸如图4-35所示，要求2个。

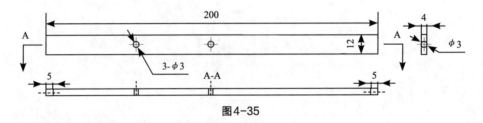

图4-35

（2）处实施图纸如图4-36所示，要求2个。

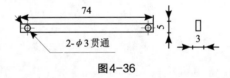

图4-36

（3）处实施图纸如图4-37所示，要求2个。

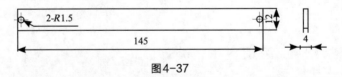

图4-37

（4）处实施图纸如图4-38所示，要求2个。

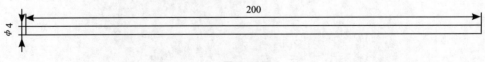

图4-38

注：以上零件都需保证毛竹表面光滑无毛刺；竹销子长度尺寸随合适定。

❹ 轮毂支撑杆的制作

实施图纸如图4-39所示，要求1个。

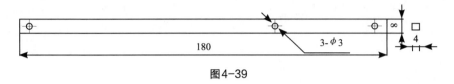

图4-39

❺ 轮毂杆的制作

实施图纸如图4-40所示，要求16个。

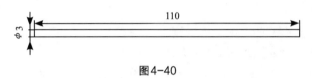

图4-40

❻ 凳子支撑杆的制作

实施图纸如图4-41所示，要求8个。

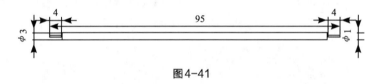

图4-41

❼ 摩天轮凳子的制作

实物图如图4-42所示。

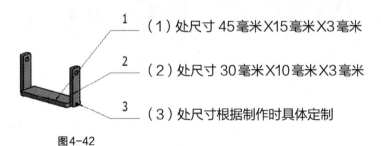

图4-42

（1）处实施图纸如图4-43所示，要求8个。

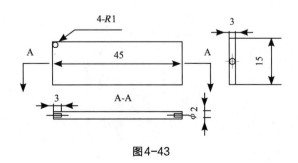

图4-43

（2）处实施图纸如图4-44所示，要求个数：16。

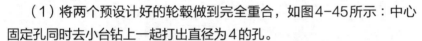

图4-44

❽ 轮毂打孔制作

这个步骤在整个手摇式摩天轮的制作中是最关键之处，因为它的制作好坏、准确与否决定着该制作的外观精良。

图4-45

推荐制作方法：

（1）将两个预设计好的轮毂做到完全重合，如图4-45所示：中心固定孔同时去小台钻上一起打出直径为4的孔。

（2）仍旧完全重合两轮毂，用圆规在重合轮毂边缘处等分地画好8个预打孔的中心位置，该位置必须保证之后打出的两轮毂上的孔在同一位置。

❾ 整体进行组装完善手摇式摩天轮制作

对完成的摩天轮小细节用小锉刀加工，保证各个表面光滑平整没有竹毛刺。整体效果如图4-46、图4-47所示（可以有不同的创意也可以结合该节设计要求进行创意制作）。

图4-46　　　　　　　　　图4-47

## 制作小鸡吃米玩具

这是一款经典的"小鸡吃米"玩具，如图4-48所示，请以有机玻璃为主要原材料进行制作，当然也可以有自己不同的创意。

图4-48

# 常用小制作的能源

动力是小制作中一切力量的来源，主要分为机械类、电力电机类。机械类主要有机械发条、机械振动、流水冲击力、风吹力等。电力电机类主要指利用电能（交流电、蓄电池、太阳能电池）驱动小型直流电机作为动力。

## 一、机械发条类

机械发条主要是利用发条弹簧来存储能量驱动转轴旋转，机械式钟表就是利用发条和齿轮配合实现精确计时，许多玩具小车也是采用发条机构作为动力源。在使用发条时必须将发条封闭在发条盒中，上紧发条的轴就是输出动力轴，上紧发条后，撤去外力，发条进行弹性恢复，中心轴开始旋转，当发条弹性恢复到松弛状态，能量释放完毕，需重新上紧发条才能继续工作。发条是一种纯机械的动力，结构简单，但由于弹性变形很难控制，所以要做到精密传动比较困难。如图4-49所示。

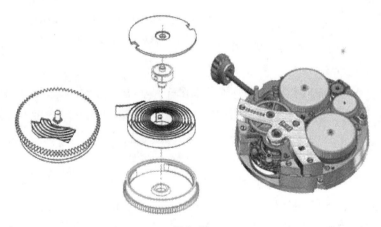

图4-49

## 二、电力电机类

### 1. 小型直流电机

常用的小型直流电机的电压等级有12伏、+6伏、+5伏、+3伏等，功率从几瓦到十几瓦不等，额定转速从几百转/分钟到几千转/分钟不等，一些航模上用的高速小电机转速可达到一万转/分钟左右。在实际使用时必须根据所需的电压等级、功率、转速等参数来进行选择。如图4-50所示。

图4-50

**2. 直流电源**（图4-51）

（1）普通电池

普通电池一般为碱性的一次性电池，电量用完后不能再次使用，一般分为1、2、3、5、7号，其中5号（AA）和7号（AAA）尤为常用，每一节电池的电压等级为1.5伏。

（2）充电电池

充电电池，是充电次数有限的可充电的电池，配合充电器使用，其容量单位为安培·时或毫安培·时(1200毫安培·时表示该电池在额定电压的情况下以1200毫安电流输出能维持1小时）。市场上一般卖5号、7号，但是也有1号。充电电池的好处是经济、环保、电量足、适合大功率、长时间使用的电器(如随身听、电动玩具等)。充电电池的电压比型号相同的一次性电池低，5号充电电池是1.2伏，9伏充电电池实际上是8.4伏。现在一般充电次数能在1000次左右。

（3）蓄电池

蓄电池是一种存储较多能量的充电电池包，往往由许多小容量充电电池串联或并联在一起，其额定电压常用有12伏、24伏、48伏等，常用于汽车、电动车等。

（4）纽扣电池

纽扣电池，也称扣式电池，是指外形尺寸像一颗小纽扣的电池，一般来说直径较大，厚度较薄（相对于柱状电池如市场上的5号等电池）。纽扣电池是从外形上对电池分类，常见典型的型号有：6F22（9伏）、F22（6伏）、15F20（22.5伏）、10A（9伏）、11A（6伏）、23A（12伏）、25A（9伏）、26A（6伏）、27A（12伏）、476A（6伏）、120H7D（8.4伏）、2X625A（3伏）等。纽扣电池因体形较小，故在各种微型电子产品中得到了广泛的应用，直径从4.8毫米至30毫米，厚度从1.0毫米至7.7毫米不等。一般用于各类电子产品的后备电源，如电脑主板、电子表、电子词典、电子秤、记忆卡、遥控器、电动玩具、心脏起搏器、电子助听器、计数器、照相机等。

图4-51　　　　　　　　　　图4-52

### 3. 太阳能电池（图4-52）

太阳能电池是一种由于光生伏特效应而将太阳光能直接转化为电能的器件，是一个半导体光电元件，当太阳光照到光电元件上时，光电元件就会把太阳的光能变成电能，产生电流。当许多个电池串联或并联起来就可以成为有比较大的输出功率的太阳能电池方阵了。太阳能电池是一种大有前途的新型电源，具有永久性、清洁性和灵活性三大优点。太阳能电池寿命长，只要太阳存在，太阳能电池就可以一次投资而长期使用，与火力发电、核能发电相比，太阳能电池不会引起环境污染。太阳能电池的主要参数是额定电压和额定电流，目前市场上有2.5伏、5伏、12伏、24伏等常用的小型太阳能电池可供小制作使用，额定输出从100毫安到500毫安不等。

### 4. 电子直流稳压电源（图4-53）

当今社会人们极大地享受着电子设备带来的便利，但是任何电子设备都有一个共同的电路——电源电路。大到超级计算机、小到袖珍计算器，所有的电子设备都必须在电源电路的支持下才能正常工作，可以说电源电路是一切电子设备的基础，没有电源电路就不会有如此种类繁多的电子设备。

直流稳压电源由电源变压器、整流电路、滤波电路和稳压电路等组成，将生活中220伏50赫兹的交流电转换为所需的直流电压和电流输出，并且在负载正常变动的情况下保持输出稳定。

（1）电源变压器

电源变压器将电网电压变为所需的交流电压大小，并将直流电源与交流电网隔离。变压器电网电压输入端称为原边，输出端称为副边，变压器名牌上的一个重要参数是变比，如220伏/12伏就表示原边输入220伏，副边输出交流电压12伏。在选择变压器时必须注意所需的变比值和功率大小。

（2）整流电路

整流电路将变压器输出的交流电压转换脉动直流电压。一般常用的整流电路由4个整流二极管组成，也称为桥式整流。

（3）滤波电路

滤波电路将整流电路输出的脉动直流电压进行平滑，使之成为含交变成分很小的直流电压。滤波通常是采用电容或电感的能量存储作用来实现的，在小功率滤波电路中，电容滤波是最常用的一种，其特点是结构简单，效果较好。

（4）稳压电路

经过滤波电路后的电压带负载的稳定性比较差，电压受温度、负载、电网电压波动等因素的影响较大，稳压电路的作用是维持输出直流电压的基本稳定，其基本形式有简单并联型、串联反馈型、集成电路型。

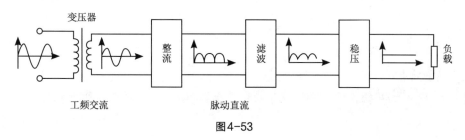

图4-53

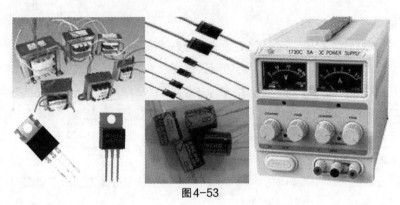

图4-53

# 项目练习

## 制作小功率直流电源

### 一、材料准备

万能板、变压器、二极管1N4007×5、电容2200微法×1、0.1微法电容×1、LM317×1、精调电阻5K×1、200欧电阻×1、10微法×1、100微法×1。

### 二、工具准备

电烙铁、焊锡、松香、尖嘴钳、斜口钳、剥线钳、镊子、示波器。

电路原理如图4-54所示，实物如图4-55所示。

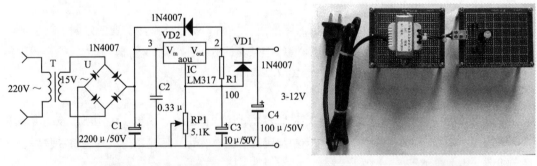

图4-54 电路原理图　　　　　　　　　图4-55 实物图

### 三、实施步骤

❶ 元器件测试

用万用表和示波器确定元器件是否损坏，测出其实际值，然后与标称值对比，如果误差太大则更换。

❷ 制作与调试

（1）整流电路的焊接与调试

按照原理图进行元器件的焊接，值得注意的是，电烙铁与元器件的接触时间不能太长，一般以3秒左右为宜，时间太长容易损坏元件，时间太短焊接效果不好。同时注意元器件在万能板上的布局要合理，为后续的焊接做好准备，应该尽量避免跳线的现象。如图4-56所示。实物图可以作为参考。

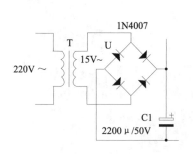

图4-56

整流电路焊接完成后，接下来的工作就是调试。在给整流电路上电前，应该先用万用表测量电路是否存在短路现象，确认无误后按照正确的方法将被测电路和示波器连接好给整流电路上电，并且将示波器打到合适的挡位，观察被测电路的波形。若输入波形和输出波形分别与下图相符，则证明焊接无误，可以进行后续电路的焊接。如图4-57所示。

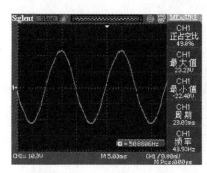
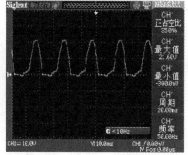

图4-57

（2）滤波电路焊接调试

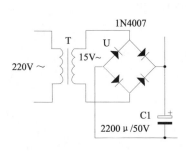

图4-58

从图4-58可以发现滤波电路的实现只是用了一个2200微法的电解电容,它的作用就是把前级整流电路的脉动直流电拉平。在焊接时要注意,电解电容是有极性区分的,不能将其接反。在整流电路后加上滤波电路会发现,以前的脉动直流电变的平滑许多。滤波前和滤波后的波形比较如图4-59所示。

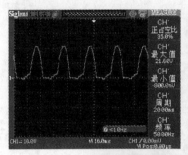
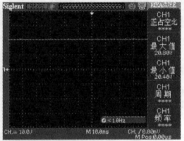
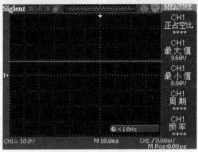

图4-59

(3)稳压电路的焊接与调试(图4-60)

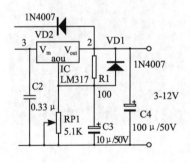

图4-60

稳压电路有升压型的降压型的,而本电路属于降压型的,它是将一个高的直流电压转换成所需要的电压。并且本电路的输出电压是可调节的。调节精调电阻RP1可以改变输出电压,调压范围是3伏到12伏。结果显示输出的直流电压比稳压前更加平滑了,而且低于输入电压。

至此这款电子小功率直流电源的制作已经完成,接下来就可以用它来为小用电设备供电了。再也不用买干电池了,赶快试试吧!(要注意功率和电压问题噢!)

❸ 总结与思考

(1)制作过程中你遇到了什么问题和困难?

(2)你的电源能够正常工作吗?能带动多大的负载?

（3）你有更好的电源解决方案吗？

拓展制作

万用电路板是一种按照标准间距（2.54毫米）布满焊盘，可按自己的意愿插装元器件及连线的印制电路板，俗称"万用板"。相比专业的PCB制版，万用板具有以下优势：使用门槛低、成本低廉、使用方便、扩展灵活。

**1. 万用板的选择**

目前市场上出售的万用板主要有两种，一种是焊盘各自独立（简称单孔板），另一种是多个焊盘连在一起（简称连孔板）。单孔板又分为单面板和双面板两种。单孔板较适合数字电路和单片机电路，连孔板则更适合模拟电路和分立电路。因为数字电路和单片机电路以芯片为主，电路较规则。而模拟电路和分立电路往往较不规则，分立元件的引脚常常需要连接多根线，这时如果有多个焊盘连在一起就要方便一些。当然这并不绝对，每个人的喜好不一样，选择自己用起来比较顺手的就可以了，如图4-61所示。

万用板分为两种不同材质：铜板和锡板。铜板的焊盘是裸露的铜，呈现金黄色，平时应该用报纸包好保存以防止焊盘氧化，万一焊盘氧化了（焊盘失去光泽、不好上锡），可以用棉棒蘸酒精清洗或用橡皮擦拭。焊盘表面镀了一层锡的是锡板，焊盘呈现银白色，锡板的基板材质要比铜板坚硬，不易变形。两者的价格也有区别，以大小为100 平方厘米（10厘米×10厘米）的单面板为例：铜板价格3到4元，锡板7到8元，一般每平方厘米不超过8分钱。

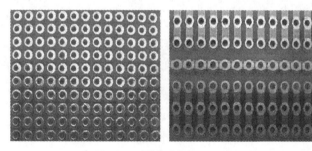

图4-61

**2. 焊接前的准备**

在焊接万用板之前需要准备足够的细导线用于走线。细导线分为单股的和多股的：单股硬导线可将其弯折成固定形状，剥皮之后还可以当作跳线使用；多股细导线质地柔软，焊接后显得较为杂乱。如图4-62所示。

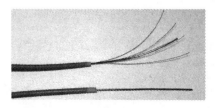

图4-62

万用板具有焊盘紧密等特点，这就要求烙铁头有较高的精度，建议使用功率30瓦左右的尖头电烙铁。同样，焊锡丝也不能太粗，建议选择线径为0.5~0.6毫米的焊锡丝。

### 3.万用板的焊接方法

对于元器件在万用板上的布局，大多数人习惯"顺藤摸瓜"，就是以芯片等关键器件为中心，其他元器件见缝插针的方法。这种方法是边焊接边规划，无序中体现着有序，效率较高。但由于初学者缺乏经验，所以不太适合用这种方法，初学者可以先在纸上做好初步的布局，然后用铅笔画到万用板正面（元件面），继而也可以将走线也规划出来，方便焊接。如图4-63。

对于万用板的焊接方法，一般是利用前面提到的细导线进行飞线连接，飞线连接没有太大的技巧，但尽量做到水平和竖直走线，整洁清晰，现在流行一种方法叫锡接走线法，工艺不错，性能也稳定，但比较浪费锡。纯粹的锡接走线难度较高，受到锡丝、个人焊接工艺等各方面的影响。如果先拉一根细铜丝，再随着细铜丝进行拖焊，则简单许多。万用板的焊接方法是很灵活的，因人而异，找到适合自己的方法即可。

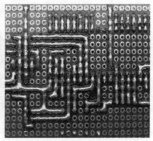

图4-63

### 4.万用板的焊接技巧

很多初学者焊的板子很不稳定，容易短路或断路。除了布局不够合理和焊工不良等因素外，缺乏技巧是造成这些问题的重要原因之一。掌握一些技巧可以使电路反映到实物硬件的复杂程度大大降低，减少飞线的数量，让电路更加稳定。

（1）初步确定电源、地线的布局

电源贯穿电路始终，合理的电源布局对简化电路起到十分关键的作用。某些万用板布置有贯穿整块板子的铜箔，应将其用作电源线和地线。如果无此类铜箔，也需要对电源线、地线的布局有个初步的规划。

（2）善于利用元器件的引脚

万用板的焊接需要大量的跨接、跳线等，不要急于剪断元器件多余的引脚，有时候直接跨接到周围待连接的元器件引脚上会事半功倍。另外，本着节约材料的目的，可以把剪断的元器件引脚收集起来作为跳线用材料。

（3）善于设置跳线

特别要强调这一点，多设置跳线不仅可以简化连线，而且要美观得多。

（4）在需要的时候隔断铜箔

在使用连孔板的时候，为了充分利用空间，必要时可用小刀割断某处铜箔，这样就可以在有限的空间放置更多的元器件。

（5）充分利用双面板

双面板比较昂贵，既然选择它就应该充分利用它。双面板的每一个焊盘都可以当作过孔，灵活实现正反面电气连接。

## 5. 使用举例（图4-64）

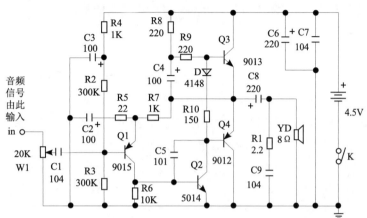

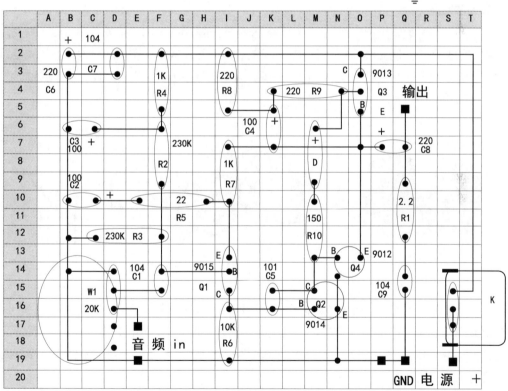

图4-64

# 项目四 常用小制作的传感器

人在生活中应对外界各种不同的情况有着不同的行为反应，如看见前面障碍物进行主动避让，手碰到火焰感觉到高温迅速缩回等，而这些外界情况的获取必须借助于感觉器官，如眼睛、耳朵、鼻子、皮肤触觉等，这些人们自身的感觉器官，就是人体的传感器。同样，在制作一些自动化控制的小制作时也需要传感器来检测外部信息。

## 一、障碍物的检测

### 1. 碰触检测

在许多控制系统中需要检测是否碰到障碍物，一般常用的是微动开关，又叫灵敏开关。这是一种施压促动的快速转换开关，因为其开关的触点间距比较小，所以轻轻地碰触就能使其开关动作。电脑鼠标的左右键就采用了微动开关，当手轻轻按下时，开关动作，信号就输入到电脑中。如图4-65所示。

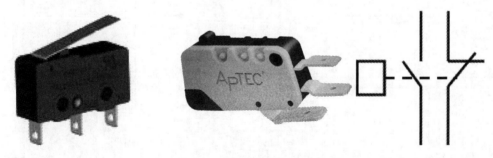

图4-65

微动开关的种类繁多，内部结构有成百上千种，按体积分有普通型、小型、超小型；按安防性能分有防水型、防尘型、防爆型；按使用环境分有普通型、耐高温型（250℃）、超耐高温陶瓷型（400℃）；根据加入的不同的按压辅件开关可分为按钮式、簧片滚轮式、杠杆滚轮式、短动臂式、长动臂式等各种形式。

微动开关在需频繁换接电路的设备中进行自动控制及安全保护等，广泛应用在电子设备、仪器仪表、矿山、电力系统、家用电器、电气设备，以及航天、航空、舰船、导弹、坦克等军事领域，已经广泛应用于以上领域，开关虽小，但起着不可替代的作用。

目前国内市面上的微动开关根据使用要求的不同，开关的机械寿命有3万次至1000万次不等，国内一般使用铍青铜、锡青铜、不锈钢丝做碰触材料，国外的最高可以做到1000万次，其材料是用稀有金属钛做成的。

**2. 接近检测**

在各类开关中，有一种对接近的物件有"感知"能力的元件——接近开关。当有物体移向接近开关，并接近到一定距离时，接近开关就有"感知"，开关就会动作，通常把这个距离叫"检测距离"。不同的接近开关检测距离也不同。接近开关在日常生活中，如宾馆、饭店、车库的自动门，洗手间自动热风机上都有应用。在安全防盗方面，如资料档案、财会、金融、博物馆、金库等重地，通常都装有由各种接近开关组成的防盗装置。

（1）光电式接近开关

利用光电效应做成的开关叫光电开关。反射式光电式接近开关将发光器件与光电器件按一定方向装在同一个检测头内。当有反光面（被检测物体）接近时，光电器件接收到反射光后便有信号输出，由此便可"感知"有物体接近。对射式光电式接近开关将发光器件与光电器件装在两个检测头内。当发射光源被物体挡住不能被光电器件接收到后便有信号输出，"感知"有物体接近。如图4-66所示。

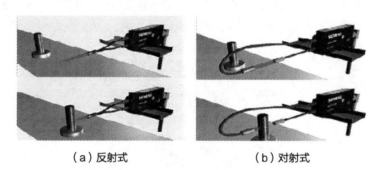

（a）反射式　　　　　　（b）对射式

图4-66

（2）霍尔接近开关

霍尔元件是一种磁敏元件如图4-67所示。利用霍尔元件做成的接近开关，叫作霍尔开关。当磁性物件移近霍尔开关时，开关检测面上的霍尔元件因产生霍尔效应而使开关内部电路状态发生变化，由此识别附近有磁性物体存在，进而控制开关的通或断。需要注意的是这种接近开关的检测对象必须是磁性物体。

图4-67

（3）热释电式接近开关

用能感知温度变化的元件做成的开关叫热释电式接近开关，也称为红外接近开关。这种开关是将热释电器件安装在开关的检测面上，当有与环境温度不同的物体接近时，热释电器件的输出便变化，由此便可检测出有物体接近。如图4-68所示。

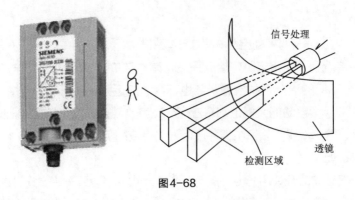

图4-68

（4）电容式接近开关

这种开关的测量通常是构成电容器的一个极板，而另一个极板是开关的外壳，如图4-69所示。这个外壳在测量过程中通常是接地或与设备的机壳相连接。当有物体移向接近开关时，不论它是否为导体，由于它的接近，总要使电容的介电常数发生变化，从而使电容量发生变化，使得和测量头相连的电路状态也随之发生变化，由此便可控制开关的接通或断开。这种接近开关检测的对象，不限于导体，可以绝缘的液体或粉状物等。

图4-69

（5）电感式接近开关

这种开关有时也叫涡流式接近开关。它是利用导电物体在接近这个能产生电磁场接近开关时，使物体内部产生涡流。这个涡流反作用到接近开关，使开关内部电路参数发生变化，由此识别出有无导电物体移近，进而控制开关的通或断。这种接近开关所能检测的物体必须是导电体。如图4-70所示。

图4-70

对于不同的材质的检测体和不同的检测距离，应选用不同类型的接近开关，以使其在系统中具有高的性能价格比，为此在选型中应遵循以下原则。

① 当检测体为金属材料时，应选用电感型接近开关，该类型接近开关对铁镍、A3钢类检测体检测最灵敏。

② 当检测体为非金属材料时，如木材、纸张、塑料、玻璃和水等，应选用电容型接近开关。
③ 金属体和非金属要进行远距离检测和控制时，应选用光电型接近开关。
④ 对于检测体为金属时，若检测灵敏度要求不高，可选用价格低廉的霍尔式接近开关。
⑤ 当检测人体或有体温的大型动物经过时，应选用热释电式接近开关。

## 二、温度的检测

在日常生活中，人们常用温度表来检测环境温度，在自动控制系统中常用的是温度传感器。

### 1. 热电阻

热电阻是中低温区最常用的一种温度检测器，如图4-71所示。它的主要特点是测量精度高、性能稳定。热电阻的测温原理是基于导体或半导体的电阻值随着温度的变化而变化的特性。热电阻大都由纯金属材料制成，目前应用最多的是铂和铜，其中铂热电阻的测量精确度是最高的，它不仅广泛应用于工业测温，而且被制成标准的基准仪。热电阻通常需要把电阻信号通过引线传递到计算机控制装置或者其他电子电路进行处理。

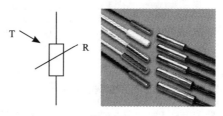

图4-71

PT100铂热电阻是一种以铂金(Pt)做成的电阻式温度检测器，属于正电阻系数热电阻，其具有稳定性好、测量精度高、输出温度与电阻变化线性度都好等优点。

### 2. 热电偶

热电偶是温度测量仪表中常用的测温元件，图4-72是由两种不同成分的导体两端接合成回路，当两接合点温度不同时，就会在回路内产生热电流，产生温差电势。如果热电偶的工作端与参比端存有温差时，显示仪表将会指示出热电偶产生的热电势所对应的温度值。热电偶的热电动势将随着测量端温度升高而增长，它的大小只与热电偶材料和两端的温度有关，与热电极的长度、直径无关。各种热电偶的外形常因需要而极不相同，但是它们的基本结构却大致相同，通常由热电极、绝缘套保护管和接线盒等主要部分组成，通常和显示仪表、记录仪表和电子调节器配套使用，测量的温度范围可达-200～1300℃。

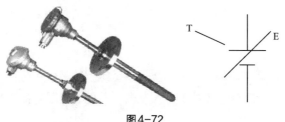

图4-72

## 三、照度的检测

照度指的是光线的强度，一般常用的是光敏电阻器，如图4-73所示。它是利用半导体的光电效应制成的一种电阻值随入射光的强弱而改变的电阻器。入射光强，电阻减小，入射光弱，电阻增大。光敏电阻器一般用于光的测量、光的控制和光电转换（将光的变化转换为电的变化）。光敏电阻器的阻值随入射光线（可见光）的强弱变化而变化，在黑暗条件下，它的阻值（暗阻）可达1～10兆欧，在强光条件（100勒克斯）下，其阻值（亮阻）仅有几百至数千欧姆。光敏电阻器对光的敏感性（即光谱特性）与人眼对可见光400～760纳米的响应很接近，只要人眼可感受的光，都会引起它的阻值变化。一般用在光控照明电路，照相机的闪光控制电路等，需要配合电子线路进行功能实现。

图4-73

## 四、声音的检测

一般小制作中的声音检测用于声控产品，用声音来开通或关闭某项功能。常用的声控传感器是驻极体话筒。驻极体话筒具有体积小、结构简单、电声性能好、价格低的特点，广泛用于盒式录音机、无线话筒及声控等电路中，属于最常用的电容话筒。由于输入和输出阻抗很高，所以要在这种话筒外壳内设置一个场效应管作为阻抗转换器，为此驻极体电容式话筒在工作时需要直流工作电压。驻极体话筒有3引脚与2引脚两种，2引脚就是将3引脚中的S端和接地端接在一起。如图4-74所示。

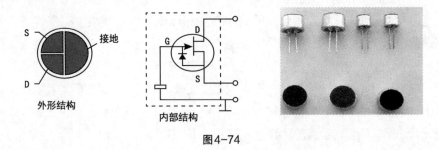

图4-74

## 五、湿度的检测

湿度传感器主要有电阻式、电容式两大类。湿敏电阻的特点是在基片上覆盖一层用感湿材料制成的膜，当空气中的水蒸气吸附在感湿膜上时，元件的电阻率和电阻值都发生变化，利用这一特性即可测量湿度。如图4-75。

湿敏电容一般是用高分子薄膜电容制成的，常用的高分子材料有聚苯乙烯、聚酰亚胺、酪酸醋酸纤维等。当环境湿度发生改变时，湿敏电容的介电常数发生变化，使其电容量也发生变化，其电容变化量与相对湿度成正比。

图4-75

# 项目练习

## 路灯夜间自动照明控制电路

### 一、材料准备

光敏电阻×1、色环电阻10K×2、色环电阻470×2、精调电阻10K×1、精调电阻1K×1、集成块LM741×1、电解电容220微法×1、12伏继电器×1、220伏小灯泡×1。

### 二、工具准备

万用表、电烙铁、焊锡、松香、尖嘴钳、斜口钳、剥线钳、镊子。

### 三、实验原理

城市道路的路灯照明采用自动控制，在光线充足时灯不会点亮，当夜间或光线不足时，路灯自动点亮。设计采用光敏电阻检测光线强弱，并根据参考电子线路来实现。如图4-76所示。

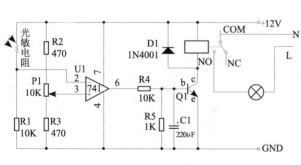

（a）电路原理图　　　　　　　　（b）实物图

图4-76

### 四、实施步骤

❶ 元器件检测

光敏电阻检测时用万用表连接光敏电阻的两个引脚，然后用手遮住光敏电阻的光敏感器件，发现电阻值有明显的变化则证明光敏电阻无损坏。其他元器件的检测方法在此不再赘述。

❷ 制作与调试

（1）采光电路焊接与调试

采光电路的作用是将光照信号的变化转化成电路中电压信号的变化，实现了光信号到电压信号的转变，为后续电路提供电压输入。采光电路的原理图和实物图如图4-76所示。

根据原理图焊接采光电路，焊接完成后接通电源，用万用表测量输出端的电压，是否随光照的变化发生变化。如图4-77所示。

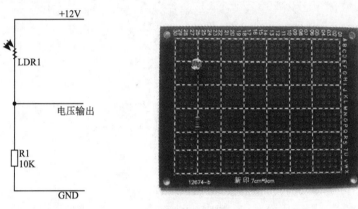

图4-77

（2）信号比较电路焊接与调试

信号比较电路的作用是把采光电路送来的电压信号同自己设置的基准电压进行比较，输出路灯的控制信号，如果采光电路送来的电压信号高于基准电压，则输出灭灯信号，反之则输出开灯信号。如图4-78调节精调电阻的阻值可以改变比较电路的基准电压。原理图与实物图如图4-79所示。

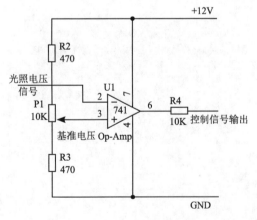
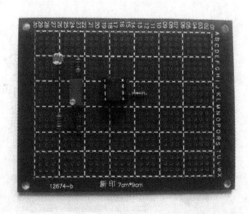

图4-78

焊接完成后，接通电源，调整P1使比较电路有一个合理的基准电压（一般取4～6伏，可因实际情况进行调整），改变光照情况，测试输入信号和输出信号的变化是满足要求。

（3）驱动电路焊接与调试

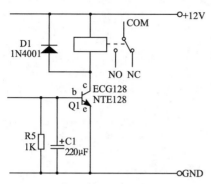 

图4-79

由于信号比较电路的输出信号无法直接驱动控制路灯的继电器动作，所以需要加入一级驱动电路，它的作用实际就是信号的功率放大在焊接完驱动电路后，路灯夜间自动照明控制电路焊接工作也宣布完成。接下来就是驱动电路调试工作了。

电路检测无误，无短路现象后，接通电源（在光照比较强的情况下），观察灯是否被点亮，如果没有点亮则用一个小盒子盖住光敏电阻，看灯是否被点亮，如果仍没有点亮，调节P1的阻值，灯就被点亮了。如果仍然没有点亮，那么所做的电路一定焊错了。

❸ 总结与思考

（1）制作过程中你遇到了什么问题和困难？

（2）你的电路能够正常工作吗？你想把它用在什么地方？

（3）你有更好的照明控制方案吗？

## 声光控制及人体触摸控制的延时照明灯电路

### 一、材料准备

万能板、变压器：AC220伏—DC15伏×1。二极管：1N4007×5、1N4148×2。三极管：8050×1。电解电容：470微法×1、220微法×2。瓷片电容：103×1，104×1。电阻：10K×1，2M×1，300K×1，5.6K×2，RP20K×1，560K×1，1K×1，1M×1。驻极体话筒：1个。集成电路：74LS04×1，LM7805×1。

### 二、工具准备

万用表、示波器、电烙铁、焊锡、松香、尖嘴钳、斜口钳、剥线钳、镊子。

### 三、实验原理

将该装置安装在楼道、走廊或卫生间等场所，在夜间，有人走动或发声时，灯会自动点亮延时数秒后自动熄灭。在白天，若触摸电极片，则自动灯会受触发而点亮。请根据参考电子线路来实现。

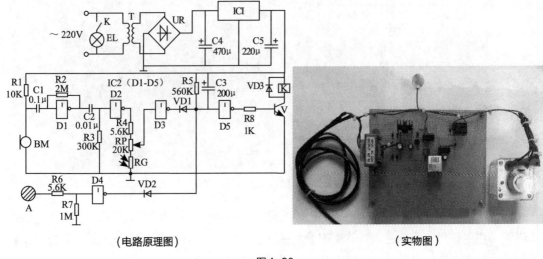

（电路原理图）　　　　　　　　（实物图）

图4-80

**❶ 电路原理分析**

该声、光、触摸三控延时照明灯电路由电源电路、声控电路、光控电路、触摸控制电路、延时电路、继电器驱动电路等组成。如图4-80所示。

电路中，电源电路由电源变压器T（220∶6）、整流桥堆UR、三端集成稳压器IC1(7805)及滤波电容器C4、C5等组成。照明灯EL与继电器的常开触头K串联后，并接在电源变压器的一次绕组两端。

声控电路由传声器BM、数字集成电路IC2内部的非门电路D1、D2及电阻器R1～R4、电容器C1、C2等组成。

光控电路由光敏电阻器RG、电位器RP、电阻器R4、IC2内部的非门电路D3、二极管VD1等组成。

触摸控制电路由电极片A、电阻器R6、R7、集成电路IC2内部的非门电路D4、二极管VD2等组成。

延时电路由电阻器R5、电容器C3、IC2内部的非门电路D5等组成。继电器驱动电路由继电器K、二极管VD3、晶体管V及电阻器R8等组成。

交流220伏电压经电源变压器T降压、UR整流、C4滤波及IC1稳压后，在C5两端产生5伏电压，供给继电器和整个控制电路。接通电源后，整个控制电路工作在守候状态，非门电路D5输出低电平(0伏)，使晶体管V截止，继电器K的常开触头不吸合，照明灯EL不亮。

当有人走近该自动灯或有声响发出时，传声器BM将声音信号变换成电信号，此电信号经非门电路D1构成的交流线性放大器放大后，经非门电路D2反相后输出高电平，使非门电路D3的输出端变为低电平，二极管VD1导通，非门电路D5的输出端变为高电平，使晶体管V饱和导通，继电器K的常开触头闭合，照明灯EL发光。

在白天输入端由于光敏电阻器RG阻值很小，非门电路D3的输入端始终为0，二极管VD1和晶体管V均处于截止状态，即使有人脚步声响，非门电路D3输出端也保持高电平灯EL不亮。

夜晚，光敏电阻器RG因无光照射而阻值变大，此时若传声器BM拾取到声音信号，则会有高电平加至非门电路D3的输入端，使二极管VD3和晶体管V导通，继电器的常开触头闭合，照明灯EL点亮。

不管白天和夜间，只要用手触摸电极片A后，人体感应信号将使非门电路D4的输入端变为高电平，其输出端变为低电平，又使二极管VD2导通，非门电路D5的输入端变为低电平，输出端变为高电平，晶体管V饱和导通，继电器K通电吸合，照明灯EL点亮。

在二极管VD1或VD2导通瞬间，电容器C3通过VD1或VD2被迅速充电，非门电路D5的输入端立即变为低电平。当非门电路D3或D4的输出端由低电平变为高电平（随后又同时变为低电平）使VD1或VD2截止时，电容器C3通过电阻器R5缓慢放电，使非门电路D5的输入端仍维持一点时间的低电平，照明灯EL不会马上熄灭，直到C3放电结束，D5输入端变为高电平，输出端变为低电平，晶体管V截止，继电器K释放，照明灯EL才熄灭。

❷ 元器件的选择（图4-81）

R1～R7均选用1/4W的金属膜电阻器或碳膜电阻器系列的光敏电阻器。
RG选用MG45t系列的光敏电阻器。
RP选用合成膜微调电位器。
C1和C2均选用涤纶电容器；C3～C5均选用耐压值为16伏以上的铝电解电容器。
VD1～VD3均选用1N4148型开关二极管。
UR选用2安、50伏整流桥堆，或用四只1N5401硅整流二极管桥式连接后代替。
V选用S9013或C8050型硅NPN型晶体管。
T选用10VA、二次电压为6伏的降压变压器。
BM选用驻极体传声器。
K选用4098型5伏直流继电器。
触摸电极片可用金属片自制，剪1～2平方厘米的圆形或方形。
IC1选用LM7805型三端集成稳压器。
IC2选用CD4069型六非门数字集成电路。

 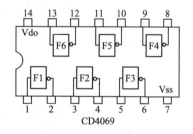

图4-81

❸ 调节方法

在白天，调节电位器RP的电阻值，使非门电路D3输入端电压低于$V_{cc/3}$(1.65伏)以下，使其输出端保持高电平，同时，还可以调节光控的灵敏度。

R5、C3为时间常数元件，改变R5的电阻值和C3的电容量，可改变灯亮至灯灭的延时时间。电阻值、电容量越大，延时时间越长。调节R2的电阻值，可以调节声控的灵敏度。

## 四、实施步骤

**❶ 检测元器件**

用万用表和示波器确定元器件是否损坏,测出其实际值,然后与标称值对比,如果误差太大则更换。

**❷ 焊接与调试**

(1)电源电路的焊接与调试

在焊接电源电路的时候可以发现这个电路非常像项目1的电源电路,它也是由整流电路、滤波电路、稳压电路组成,唯一不同的是项目一是输出可调的,而这个电路是输出固定的电压,稳压芯片不同。焊接完成后检查有无短路现象,上电测量输出端电压是否为直流的12伏电压。如图4-82所示。

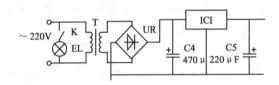

图4-82

(2)声、光、触摸控制电路的焊接与调试

按照下面左图的原理图进行电路焊接,注意元件的布局合理性,避免烙铁对元件的损坏。元件布局可以参考图4-83右图。

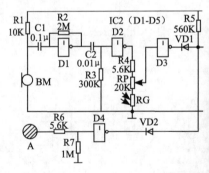

图4-83

焊接完成检查电路无短路现象,分别对各个控制量的输入进行测试,声控输入信号测量,当外界送入声音信号时看转换电路的输出电压是否随声音的变化而变化,手触控制、和光照控制采用同样测试方法。最后综合测量分别改变三种输入量,看总电路的输出电压是否有变化。如果无变化,则调节RP的阻值,一直到有变化为止。

(3)继电器驱动电路的焊接与调试

按照图4-84进行继电器驱动电路的焊接,焊接完成后检测电路无短路现象,上电,并在控制信号端接一个低电平,看继电器是否动作,若无动作,请检测电路焊接是否错误,注意三极管的极性是否正确。

图 4-84

电路如果要实现定时非常简单,在信号控制端和 12 伏电源之间并接一个电容和一个放电电阻,定时时间与容量和电阻成反比。如图 4-85 所示。

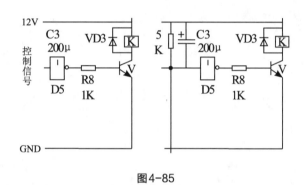

图 4-85

❸ 总装

电路总共分为三大部分,电源电路、信号采集与控制电路、驱动电路。其中信号采集与控制电路在调试时候比较复杂,其余电路均很简单,只要按上述调试步骤一般不会出现问题,当三块电路都调试完成后,进行总装。如下图所示,调试时改变三种输入量中的任意一个,看灯的状态变化。如果变化不理想,可以对可调电阻 RP 进行微调。

至此声光控制及人体触摸控制的延时照明灯电路制作完成。你可以把它用在自己的家中为你的生活带来方便。

❹ 总结与思考

(1) 制作过程中你遇到了什么问题和困难?如何解决的?
(2) 你的电路能够正常工作吗?你打算把它用在什么地方?
(3) 你还有更好的采集光照和声音的方法吗?

"工欲善其事,必先利其器",小制作是需要做成作品的,制作作品需要使用各种工具,而工具的使用是提高制作能力的保证。但常用的工具并不绝对,根据使用者的需要,制作作品的材料不同,使用的工具种类和用量也不同。

## 一、紧固类（图4-86）

紧固类工具主要具有松紧连接件的作用，常用的有螺丝刀、扳手等。

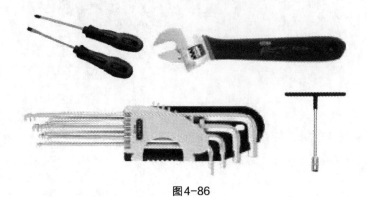

图4-86

## 二、刀类（图4-87）

刀在小制作中主要具有削、刻、切、剪等用途，常用的有美工刀、电工刀、剪刀、金刚石刀等。

图4-87

## 三、钳类（图4-88）

钳在小制作中具要有夹、切、弯、剥等作用，主要有台虎钳、尖嘴钳、斜口钳、剥线钳、镊子等。

图4-88

## 四、钻类（图4-89）

钻在小制作中用于打孔，主要有台式钻床、手枪钻、冲击钻、微型手钻等。

图4-89

## 五、锉类（图4-90）

锉在小制作中用于表面细微切屑和修理，主要有板锉、什锦锉、金刚砂锉、特制修理锉等。

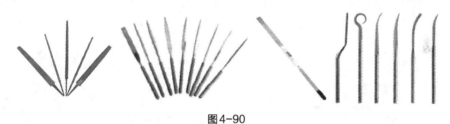

图4-90

## 六、钉类（图4-91）

钉在小制作中用于连接，主要有铁钉、自攻钉、水泥钉、螺钉等。

图4-91

## 七、磨类（图4-92）

磨在小制作中用于表面光洁处理，主要有粗砂纸、细砂纸、砂轮、油石等。

图4-92

## 八、刨类（图4-93）

刨在小制作中用于进行表面刨平、拉直。主要有木工推刨、电推刨等。

图4-93

## 九、焊类（图4-94）

焊在小制作中用于安装电路，连接导线、对金属材料的拼合连接时用，主要有电烙铁、电焊等。

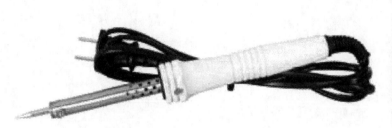 

图4-94

## 十、锯类（图4-95）

锯在小制作中用于对木质，塑料，金属的不同大小、厚薄材料截取用，主要有弓锯、手锯、丝锯、圆盘锯等。

图4-95

## 十一、尺类（图4-96）

尺在小制作中用于测量长短，主要有直尺、三角尺、游标卡尺、卷尺等。

图 4-96

## 十二、粘类（图 4-97）

粘在小制作中用于不同材料的拼合连接时用，主要用胶水、胶带、胶棒等。

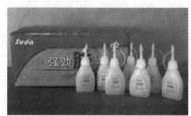

图 4-97

# 第五章 解决问题的策略

### 内容描述

问题是标准（预期）与实际结果之间的差异。人们生活的世界处处时时都存在着各种各样的问题，发现和解决问题对学习、生活、发展都十分重要。解决问题是按照一定的目标，应用各种认知活动、技能等，经过一系列的思维操作，使问题得以解决的过程。培养学生发现和解决问题的思维方式，了解解决问题的程序与方法，实现解决问题能力的提升，对于学生的心理发展和技术发展具有重要意义。

# 第五章 解决问题的策略

什么是问题？问题是目标与实际结果之间的差异。该定义明确给出了问题的三个要素：现实、目标与差距。一切问题无非就是这样一个数学公式：问题＝差距＝现实－目标。所以问题的产生与否在于实际结果是否达到目标，问题的解决在于如何缩小现实与目标之间的差距。

**一般产生问题的类型可分为三种**

（1）目标定的太高所产生的问题

有位老师傅抓药，一抓一个准，每次误差都在1克以内。如果用这个标准去要求其他师傅或学徒，他们都做不到，这里就出现了问题。

（2）实际条件限制所产生的问题

一个机械加工企业承接了一个产品订单，但产品要求的精度很高，误差小于1丝（0.01毫米）。该厂只有能加工到最小误差10丝（0.1毫米）的设备，如果用这些设备去加工是不可能做出质量合格的产品的，问题就出现了。

（3）采取的方法不当导致的问题

餐厅规定洗碗时用抹布洗八圈，才能保证每只碗都被洗干净。有人尝试用抹布洗6圈，还是洗得很干净，有人尝试用抹布洗4圈，还是洗得很干净……结果问题出现了。

心理学家们认为，提出问题是解决问题的先决条件，但仅仅满足于提出问题是不够的，提出问题的目的是为了有效解决问题。纵观历史上和当今社会的所有名人，不管是自然科学家还是社会科学家，是政治家还是外交家，是哲学家还是数学家，无一不是善于思考、观察、发现和提出问题，或是找到别人的（含前人）发现、提出问题的解决方法而获得成功的。4000多年前人类的祖先发现了"磁石"可指南的现象，因而提出设计了"指南车"，由此用于战争的设想成为现实；哥白尼发现了"地心说"的谬误而提出了"日心论"的科学假设；爱因斯坦12岁时就提出"假如我以光速追随一条光线的运动，那会看到什么现象呢？"这成为他一生与之奋斗的目标并获得了巨大的成功。

# 项目一 怎样发现问题

## 一、发现问题的重要性

生活中不是缺乏问题，而是缺乏发现问题的眼睛。爱因斯坦曾经说过："提出一个问题比解决一个问题更重要。"一个人要善于发现问题，只有不断地发现问题，解决问题，缩短与目标的差距，并不断实现新的目标，才能实现可持续发展。许多事实证明，在发展过程中发现不了问题才是最大的问题。

《汉书·霍光传》有曲突徙薪的典故。有位客人到某人家里做客，看见主人家的灶上烟囱是直的，旁边又有很多木材。客人告诉主人说，烟囱要改曲，木材必须移去，否则将来可能会有火灾，主人听了没有做任何表示。不久主人家里果然失火，四周的邻居赶紧跑来救火，最后火被扑灭了，于是主人烹羊宰牛，宴请四邻，以酬谢他们救火的功劳，但是并没有请当初建议他将木材移走，烟囱改曲的人。

有人对主人说："如果当初听了那位先生的话，今天也不用准备宴席，而且没有火灾的损失，现在论功行赏，原先给你建议的人没有被感恩，而救火的人却是座上客，真是很奇怪的事呢！"主人顿时醒悟，赶紧去邀请当初给予建议的那个客人来喝酒。

一般人认为，足以摆平或解决各种棘手问题的人，就是优秀的专家，其实这是有待商榷的。俗话说："预防重于治疗"，能防患于未然之前，更胜于治乱于已成之后，由此观之，问题的发现者，其实是优于问题的解决者。

美国福特汽车公司的一台巨型发电机出现了故障，很多人都修不好，福特公司的老总只得请来了德国的电机专家来修理。这位德国专家来了以后，用了两天两夜的时间待在发电机旁，这看看那听听。最后，他在发电机的顶上划了一条线，告诉修理工，将顶盖打开，将划线处的线圈减少16圈，故障果然被排除了。福特公司向这位德国专家支付了1万美元的酬金。很多人认为不值，因为知道故障后排除很容易，并没有技术困难。福特公司的老总说了这么一句话："的确，划一条线只需要1美元，但要知道这条线划在哪里？需要9999美元。"

在人类认识史、发明史、发现史上，善于发现并提出一个新鲜而深刻的问题，对认识的发展，对社会的进步具有重要的意义！因为解决问题也许仅是技能而已，而提出新的问题、新的可能性，从新角度去看旧问题，却需要有创造性的想象力。巴尔扎克说："打开一切科学的钥匙都毫无疑问的是问号。"

## 二、问题的分类

**1. 社会发展中人类生活和生产必然要遇到的问题**

这类问题往往具有普遍性,是一种社会发展过程中人们生活、生产都会遇到的问题。如在人类进步的过程中,为了解决吃东西的问题,中国人设计了筷子,而西方人发明了刀叉。当社会发展到一定程度时,人们对于计算的快速性和准确性的要求越来越高,于是出现了算盘和计算机。在漫长的远古时代,人类没有镜子,但人类还是用"土"办法看到了自己的身形,那就是在平静而清澈的水面上观看自己的倒影,随着科技的进步,逐渐出现了青铜镜和现代玻璃镜。

**2. 由他人提出设想,实践者寻求解决方案的问题**

这是在生活和生产中一些人发现和提出的问题,往往当时的科技水平无法解决或没有条件解决,一段时间后才有人提出解决的办法,给出完善的答案。

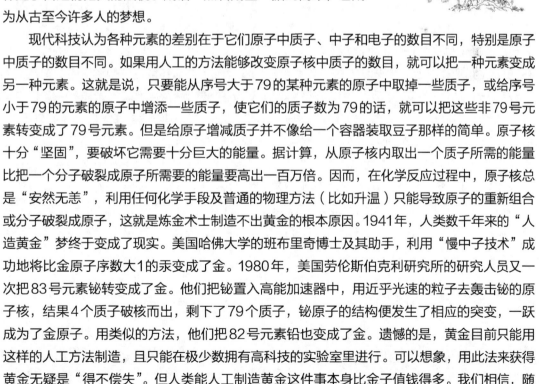

黄金以它美丽的光泽、优异的性能和稀缺的资源被人类视为"尊贵"之物,特别是几千年来用它作为货币(现今仍是国际上公认的硬通货)和饰品,备受人们的青睐。从古代开始,人类就梦想着用人工方法制造黄金。中国古代晋朝的旌阳县曾有过一个道术高深的县令,叫许逊。他能施符作法,替人驱鬼治病,百姓们见他像仙人一样神,就称他为"许真君"。一次,由于年成不好,农民缴不起赋税,许逊便叫大家把石头挑来,然后施展法术,用手指一点,使石头都变成了金子。这些金子补足了百姓们拖欠的赋税。成语"点石成金"据此而来,也成为从古至今许多人的梦想。

现代科技认为各种元素的差别在于它们原子中质子、中子和电子的数目不同,特别是原子中质子的数目不同。如果用人工的方法能够改变原子核中质子的数目,就可以把一种元素变成另一种元素。这就是说,只要能从序号大于79的某种元素的原子中取掉一些质子,或给序号小于79的元素的原子中增添一些质子,使它们的质子数为79的话,就可以把这些非79号元素转变成了79号元素。但是给原子增减质子并不像给一个容器装取豆子那样的简单。原子核十分"坚固",要破坏它需要十分巨大的能量。据计算,从原子核内取出一个质子所需的能量比把一个分子破裂成原子所需要的能量要高出一百万倍。因而,在化学反应过程中,原子核总是"安然无恙",利用任何化学手段及普通的物理方法(比如升温)只能导致原子的重新组合或分子破裂成原子,这就是炼金术士制造不出黄金的根本原因。1941年,人类数千年来的"人造黄金"梦终于变成了现实。美国哈佛大学的班布里奇博士及其助手,利用"慢中子技术"成功地将比金原子序数大1的汞变成了金。1980年,美国劳伦斯伯克利研究所的研究人员又一次把83号元素铋转变成了金。他们把铋置入高能加速器中,用近乎光速的粒子去轰击铋的原子核,结果4个质子破核而出,剩下了79个质子,铋原子的结构便发生了相应的突变,一跃成为了金原子。用类似的方法,他们把82号元素铅也变成了金。遗憾的是,黄金目前只能用这样的人工方法制造,且只能在极少数拥有高科技的实验室里进行。可以想象,用此法来获得黄金无疑是"得不偿失"。但人类能人工制造黄金这件事本身比金子值钱得多。我们相信,随着高科技的发展，总有一天人们能够建立一个经济上高度可行的系统，使黄金能由廉价金属方便地制造出来，可是到那时，或许黄金会由"贵族"沦为"庶民"了。

同样，在疾病治疗中，有些药剂并不像口服类那样具有药效，所以会通过直接注射到人体才能发挥药效。打针就是将药剂通过针注射进入人体。许多初次打针的人由于缺乏体验，面对针刺注射器产生恐惧、畏痛、心情紧张等情绪，病人突然发生头晕、目眩、心慌、恶心，甚至晕厥的现象。于是有人提出能不能设计一种无痛的注射器来解决这个问题。科学家经过努力研究后发明了无针注射器。无针注射器是一种通过压力注射的设备，它的原理是通过高压使液体药品通过一个极细的孔后，产生一个液体柱，穿透皮肤喷射到皮下。它的优点是消除了被注射者对针头的恐惧，消除了疼痛。现在它的体积被制造得很小，而且注射效果也大大提高。

### 3. 当确认一定的目的后，在达到目的过程中发现并解决的问题

这类问题是人们在生活中经常碰到的问题，在学习技术时常有困惑的问题，企业有怎样提高生产取得最大效益的问题，方案设计后实际效果不理想的问题……这类问题需要人们积极主动地思考、发现，推进技术的发展和创新。

电话的发明就是这样的问题。亚历山大·贝尔在为聋哑人设计助听器的过程中发现，电流导通和停止的瞬间，螺旋线圈发出了噪声，就这一发现使贝尔突发奇想——用电流的强弱来模拟声音大小的变化，从而用电流传送声音。

从这时开始，贝尔和他的助手沃森特就开始了设计电话的艰辛历程，1875年6月2日，贝尔和沃森特正在进行模型的最后设计和改进，最后测试的时刻到了，沃森特在紧闭了门窗的另一个房间把耳朵贴在音箱上准备接听，贝尔在最后操作时不小心把硫酸溅到自己的腿上，他疼痛地叫了起来："沃森特先生，快来帮我啊！"没有想到，这句话通过他实验中的电话传到了在另一个房间工作的沃森特先生的耳朵里。这句极普通的话，也就成为人类第一句通过电话传送的话音而记入史册。1875年6月2日，也被人们作为发明电话的伟大日子而加以纪念，而这个地方——美国波士顿法院路109号也因此载入史册，至今它的门口仍钉着块铜牌，上面镌有"1875年6月2日电话诞生在此"。1876年3月7日，贝尔获得发明电话专利，专利证号码NO:174655。1877年，也就是贝尔发明电话后的第二年，在波士顿和纽约架设的第一条电话线路开通了，两地相距300千米。也就在这一年，有人第一次用电话给《波士顿环球报》发送了新闻消息，从此开始了公众使用电话的时代。一年之内，贝尔共安装了230部电话，建立了贝尔电话公司，这是美国电报电话公司的前身。

## 三、发现问题的方法

在实际工作和生活中，有的人善于发现有价值的问题，有的人却"视而不见"，这不仅是问题意识的强弱所致，也牵涉到是否掌握发现问题的方法。那么，发现问题有什么途径与方法呢？

**1. 查询法**

通过不断地问"为什么"来查找问题的根本原因，每一个为什么是前一个为什么的回答，这被称为因果链，因为这些原因都有关联。继续问为什么直到无法再往下问，这时便能找到问题的根源，顺着这个因果链也可以往回走到问题的直接原因，如图5-1所示。

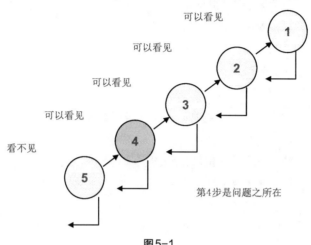

图5-1

工段长马丽在总装车间巡视时看到一些螺母散落在地上，这是一个安全隐患。张三是她手下的班组长，这时正朝她走过来。

马丽：你好，张三，你知不知道为什么这些螺母在地上？

张三：哦，那一定是送料工摔落盒子时散落的。

马丽：他为什么会摔落盒子？

张三：送料车超载了。

马丽：你是否知道送料车为什么超载？

张三：是的，他一次装了三车的货，因为在此之前他没有拿到注意事项。

马丽：为什么在此之前没拿注意事项？

张三：因为班组成员未将注意事项放在规定的地方。

马丽：噢，谢谢张三。让我们和有关的班组成员谈一谈！

张三：嗨，李四，注意事项，为什么你没有放在规定的地方？

李四：因为我不知道哪里是规定的位置。

有一家生产企业的生产线上的机器人因为损坏而造成不能按时交货，以下是经理与车间技术人员的对话。

问：为什么机器人停工了？

答：机器人的保险丝烧断了。

问：为什么保险丝被烧断了？

答：线路过载。

问：为什么线路会过载？

答：轴承间相互磨损且卡住了。

问：为什么会出现轴承间相互磨损？

答：轴承未得到适度润滑。

问：为什么轴承未得到适度润滑？

答：机器人的油泵未输送足够的润滑油。

问：为什么油泵未输送足够的润滑油？

答：油泵的进油口被金属屑堵塞了。

问：为什么油泵的进油口被金属屑堵塞？

答：油泵的进油口未安装过滤器。

### 2. 观察法

通过观察日常生活和生产的点点滴滴，发现一些不合理、不方便的现象，从中找出问题的所在，研究后解决问题。

你知道下面这些问题（图5-2）的发现引发了哪些设计和发明吗？

（1）当人生病需要躺着用直吸管吸取杯中饮料时，如果管子弯折了，就喝不到饮料。

（2）人们在喂婴儿食物的时候不知道冷热，会烫着孩子。

（3）在使用折叠剃须刀时很不安全，常常刮破皮肤。

可折弯吸管　　　　变色防烫碗　　　　双层刀片设计

图5-2

### 3. 信息收集与分析法

信息收集与分析法是指将各种相关的信息进行分析发现问题的方法，比如考察报告、问卷调查、文献查询等。

在一个500多户的小区里有两家副食品店，生意都不错。不过，两家店还是有点差距。生意好的那家店每月销售额要比另一家多出三四百元，多卖出的这部分大多是被小孩们买去的。生意稍差的这家注意到了这点，便悄悄地寻找原因。货是一样的货，价也是一样的价，怎么小孩都愿意上那家去买呢？百思不得其解，于是他们只好叫自己的孙子去孩子中打探。小孙子回来告诉他们，那家的老奶奶每次都笑着对来买东西的小朋友说："来，找你一张新票。"不管是一元钱还是五角、一角，都是找新钱。

原来如此。他们是利用了人们喜新厌旧的心理。大人虽然不像小孩那样明显，但在找钱时也很讨厌找回破旧不堪的钱币。时间一长，就会把这种厌烦心理波及对售货员、对店家的态度上，所以一些精明的商家总是会准备好充足的零钱，以取悦顾客。

一种新型飞机于1990年交付鹰泰航空公司使用，在飞机运行后不久，部分乘务员的臂、手和脸上出现红疹，而其他部位却没有出现，并且只在穿越水面时才会出现。这种红疹在24小时内就会消失，每次飞行时，都是同样的几个乘务员发生红疹。但这些乘务员乘坐同一航线的其他飞机时，却不会出现红疹。许多医生来给这些乘务员看病，但是全都困惑不解。

一位技术专家针对这些情况进行分析，列出表5-1。

表5-1

| 判断项目 | 是 | 不是 | 区别 |
|---|---|---|---|
| 发生内容 | 红疹 | 其他病 | 外部接触 |
| 发生时间 | 用新飞机 | 用老飞机 | 不同的材料 |
| 发生地点 | 飞越水面 | 飞越陆地 | 不同的操作程序 |
| 范围 | 脸、手、臂 | 其他部分 | 某些东西接触脸、手、臂 |
| | 只有一些乘务员 | 所有乘务员 | 操作职责不同 |

从表格信息中可以得到这样一些判断：某些东西只接触臂、手和脸，可能导致红疹；红疹只出现于飞越水面时，并且根据常识救生衣只在飞越水面的航班演示；新飞机上的救生衣用的是新材料，通常由三个乘务员演示使用方法。

于是可以得到结论：这些新的救生衣有某种新的材料在其中，它是发生红疹的原因。

**4. 技术研究和技术试验发现问题**

这是目前生产技术中最常用的发现问题的方法，许多产品通过技术研究和技术试验来发现问题和解决问题。

人在感冒发烧去医院看病时，医生通常会测试一下体温表，然后再根据体温的高低及其他症状诊断病情。体温表是医生探测病情的医疗器具。那么，体温表是谁发明制造的呢？是医生发明制造的吗？不是，它是大科学家伽利略根据医生的要求，受到水温变化的启示，发明制造出来的。

在400年前，科学家伽利略在威尼斯一所大学里教书。有些医生找到他，恳求说："先生，人生病时，体温一般会升高，能不能想个办法，准确地测出体温，帮助诊断病情呢？"医生的真诚请求，使伽利略感到难以推辞。为了制作出这一医疗器具，伽利略不停地思索，但总是想不出什么好办法。一天，伽利略给学生上试验课。他边操作边讲解，学生都听得入迷。他问学生："当水的温度升高，特别是开的时候，为什么会在罐内上升？""因为水温达到沸点时，体积增大，水就膨胀上升。水冷却，体积缩小，又会降下来。"学生作出了正确的回答。

这个常识性的回答经学生一说，顿时为伽利略带来了制造体温表的灵感。伽利略兴奋地想：水的温度发生变化，体积也随着变化；那么反过来，从水的体积变化，不是也能测出温度的变化吗？伽利略高兴得忘乎所以，竟不顾自己还在上课，马上回到办公室，根据热胀冷缩的原理着手，做起试验来。从根据这一原理，到试制体温表成功，中间还隔了一段很长的距离，伽利略不知试验了多少次，但都失败了。有一天，他用手握住试管底部，让管内的空气渐渐变热，然后把试管的上端插入冷水中，松开握着的手，他发现，水在试管里慢慢吸上一截去，再握住试管，水又渐渐从试管里被压了下去。从水的上升与下降，已经看出温度的变化了，但这不可能供医生去使用，因为一盆水和一根试管无法去给病人量体温，同时也没有温度变化的具体刻度。后来，咖利略又做了多次改进，把一个很细很细的试管装上水，排出里面的空气，又密封住，并在试管上刻上了刻度，然后送给医生用，医生让病人握住试管，果然，水上升的刻度反映出了病人的体温。世界上第一个体温表试制成功了。

可是，到了寒冷的冬天，一个个温度表都破裂了，原来是水结冰撑裂的。咖利略又经过几十次试验，终于发现，可以用不畏严寒的酒精代替水。再往后，人们又发现水银比酒精更适宜，所以现在的体温计都是水银芯的。

# 项目练习

❶ 有时问题的复杂性往往超过人们想象，很多人停留在复杂的表面上，而真正会解决问题的人面对问题能继续前行，发现问题背后的本质，然后提出可行的、睿智的、优雅的解决方案。

英国某家报纸曾举办一项高额奖金的有奖征答活动。

题目是：在一个充气不足的热气球上，载着三位关系世界兴亡命运的科学家。第一位是环保专家，他的研究可拯救无数人，免于因环境污染而面临死亡的厄运。第二位是核子专家，他有能力防止全球性的核子战争，使地球免于遭受灭亡的绝境。第三位是粮食专家，他能在不毛之地，运用专业知识成功地种植食物，使几千万人脱离饥荒而亡的命运。此刻热气球即将坠毁，必须丢出一个人以减轻载重，使其余的两人得以活存，请问该丢下哪一位科学家？

问题刊出之后，因为奖金数额庞大，信件如雪片飞来。在这些信中，每个人皆竭尽所能，甚至天马行空地阐述他们认为必须丢下哪位科学家的宏观见解。最后结果揭晓，巨额奖金的得主是一个小男孩。他的答案是什么你知道吗？

❷ 5分钟前110接到了报警电话，说某小区发生人命案，要求警察迅速到场。身为警察的布偶接到电话后迅速赶到了案发现场。以下是案件的现场：王教授身穿睡衣，赤脚状死在了自家的客厅中。现场没有打斗痕迹，可疑的是教授的脚上只穿着一只袜子，另一只袜子在手里紧握着。另外，教授头发蓬乱，脸上露出吃惊的表情。客厅整洁，茶几上只放有几本教授订阅的科学杂志，其中王教授新写好的一篇文章就在其中一本杂志上刊登。死者的卧室有被翻过的痕迹，少了少量的现金以及死者珍藏的文物。死者的死因是背后插的一把尖刀。布偶翻看了门卫的登记簿发现今天只有4个人找过王教授，就找来这四人到警局问话。

A 说：我是送杂志的，我有一份杂志社寄来的特快送给王教授。我敲开门之后让王教授签字，当时他连门都没让我进，我是把签字单从门缝里送进去的，我根本都没进门，怎么杀他？

B 说：我是古董收藏商，听说王教授有很多有年头的文物。我就特地来拜访，谁知他问明了我的来意后，就不客气地把我送走了。虽然我对他的态度很不爽，但也不至于杀了他吧。

C 说：我是死者的弟弟，他今天打电话给我来说，他办了件很羞愧的事情，让我来帮他出主意。我刚进屋子几分钟，老婆就打来电话让我去接孩子，我就赶紧走了。连什么事情都没搞清楚，没想到他竟然……

D 说：我是教授的学生。我最近写的一片论文，交给王教授修改。谁知道他竟然署上他的名字拿去发表。我今早找他去，他一听是我，连话都不敢说了。看来是害怕了，这样的人死了活该！

请你分析，究竟谁是凶手？

❸ 2013年6月21日《法制晚报》发表了《聂海胜太空称重胖了7千克？》的报道：昨天上午，神十航天员王亚平在太空授课中演示了如何在太空中测量航天员的质量，以"助教"身份出现的神舟十号航天员指令长聂海胜亲自上阵示范。最终太空上的质量测量仪器显示，聂海胜的质量是74千克。公开资料显示，聂海胜体重多年一直保持67千克，但此次太空"称重"的结果却是74千克。为什么聂海胜胖了7千克？

猜测一：测量仪出现误差？

记者注意到，实验装置是机械弹簧机构和高科技的光栅测速系统的组合体，会不会是弹簧回弹过程中出现较大误差？抑或两个系统间的配合出现问题？

猜测二：航天员太空浮肿？

神舟九号飞船于2012年6月16日发射，升空后24小时，景海鹏、刘旺、刘洋三位宇航员的面部都不同程度地出现了浮肿。据观察，刘洋和刘旺的浮肿程度比景海鹏明显。在电视画面中，航天员都感觉胖胖的，是不是因为出现水肿导致聂海胜身体内聚积进水分而导致体重增加？

猜测三：航天食品太丰盛？

据执行神十任务的航天员介绍，在这次飞行中，根据三位航天员的不同口味，专家们专门制订了个性化食谱，除了种类繁多的鱼、肉类罐头、面包等，还有中式菜品，如鱼香肉丝、宫保鸡丁、烧鸡腿等，同时又新增了新鲜水果、小米粥、酸奶、粽子等多种太空食品。是不是因为神舟十号航天员伙食大为改善，聂海胜没管住嘴？

猜测四：航天工作服太重？

航天员服装主要有四类，包括舱外航天服、舱内航天服、空间运动服、航天工作服。舱外航天服就是翟志刚出舱时所穿的那种，系统重量约200千克。而舱内航天服，也叫舱内压力救生服，是航天员升空时所穿，带有头盔，重量大约是10千克。空间运动服与地面运动服并无差别，航天员的空间运动服男女样式基本一样，都是圆领套头T恤搭配短裤。本次太空授课时，航天员穿的就是蓝色航天工作服。尽管航天工作服具体资料尚未公布，但从此前媒体报道中得知，航天工作服是长衣长裤，但是比起舱内航天服要轻便得多。

猜测五：秘密藏在衣兜里？

从太空授课公开的视频来看，聂海胜的航天工作服上至少有4个大兜，其中有两个分布在胳膊上，有一个在胸衣，最大的大兜儿在腿上。在太空授课中所做的最后一个实验，王亚平给水球注入红色的颜料，聂海胜在回收实验用具的时候，拿出吸附纸将水球吸附后放进了裤子上的大兜里。尽管在整个直播过程中，记者没有看到聂海胜从工作服上的衣兜里掏出实验用具的动作，但是，他身上的那些大兜，始终看起来鼓鼓的，里面装了些什么？是否有质量很大物体呢？

请你仔细在网络上观看太空授课的公开视频，给出自己的答案。

❹ 在我国陕西省旬阳县境内有一条幽深而狭窄的峡谷，被人称做"哭谷"。1980年6月的一天，几名地质人员路过"哭谷"时，正值阴雨天，阴云随着山风徐徐掠过峡谷上空，突然传出一阵震耳的枪声，大人、小孩的凄厉的哭喊声，恐怖的气氛使地质人员心头发颤。究竟发生了什么事？然而，审视峡谷，一切如常。原来，据说新中国成立前夕，曾有一个戏班子路过这里，被国民党军队用机枪屠杀于峡谷之中。当时天阴沉沉的，枪声、人们的惨叫声响彻峡谷。以后，每年的这时遇上相同的天气，寂静的峡谷就会变成真正的"哭谷"，昔日的枪声、哭叫声复响人间。

请你用科学方法解释这种现象并佐证。

❺《梦溪笔谈》是北宋科学家沈括所著的笔记体著作。收录了沈括一生的所见所闻和见解，全书内容涉及天文、数学、物理、化学、生物、地质、地理、气象、医药、农学、工程技术、文学、史事、音乐和美术等。被英国学者李约瑟誉为"中国科学史上的里程碑"，还称誉沈括为"中国整部科学史中最卓越的人物"。

《梦溪笔谈》一则：

钱氏据两浙时，于杭州梵天寺建一木塔，方两三级，钱俶（钱镠的孙子）登之，患其塔动。匠师云："未布瓦，上轻，故如此。"乃以瓦布之，而动如初。无可奈何，密使其妻见喻皓之妻，贻以金钗，问塔动之因。皓笑曰："此易耳，但逐层布板讫，便实钉之，则不动矣。"匠师如其言，塔遂定。盖钉板上下弥束，六幕相联如胠箧，人履其板，六幕相持，自不能动。人皆伏其精练。

翻译：钱氏王朝统治浙东浙西时，在杭州梵天寺修建一座木塔，才建了两三层，钱俶登上木塔，嫌它晃动。工匠师傅说："木塔上没有铺瓦片，上面轻，所以才这样。"于是就叫人把瓦片铺排在塔上，但是木塔还像当初一样晃动。没有办法时，匠师就秘密地派他的妻子去见喻皓（当时最有名的建筑大师）的妻子，拿金钗送给她，要她向喻皓打听木塔晃动的原因。喻皓笑着说："这很容易啊，只要逐层铺好木板，用钉子钉牢，就不会晃动了。"工匠师傅遵照他的话（去办），塔身就稳定了。因为钉牢了木板，上下更加紧密相束，上、下、左、右、前、后六面互相连接，就像只箱子，人踩在那楼板上，上下及四周板壁互相支撑，（塔）当然不会晃动。人们都佩服喻皓的高明。

请你解释喻皓所用方法的科学原理。

❻ 汉诺塔

在印度，有这么一个古老的传说：在世界中心贝拿勒斯（在印度北部）的圣庙里，一块黄铜板上插着三根宝石针。印度教的主神梵天在创造世界的时候，在其中一根针上从下到上地穿好了由大到小的64片金片，这就是所谓的汉诺塔。不论白天黑夜，总有一个僧侣在按照下面的法则移动这些金片：一次只移动一片，不管在哪根针上，小片必须在大片上面。僧侣们预言，当所有的金片都从穿好的那根针上移到另外一根针上时，世界就将在一声霹雳中消灭，而梵天、庙宇和众生也都将同归于尽。

汉诺塔游戏反映了某些规律性问题的性质，按照规则，3阶汉诺塔的移动方法如图5-3所示,一共7步。

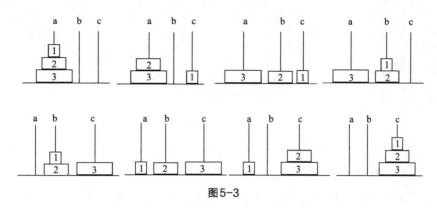

图5-3

请你制作5阶汉诺塔,并研究它的移动方法,总结汉诺塔规律。

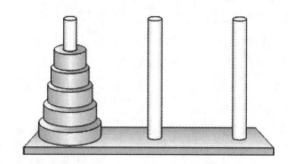

# 项目二 怎样解决问题

问题总是由问题情境引起的。问题情境就是在生活中的，使人们感到困惑又不能利用经验直接解决的情况。正是这种情境才能促使人们进行思考，开动脑筋，并采取相应的策略去改变这种困境。问题解决的过程就是问题情境消失的过程。当一个问题解决之后再遇到同类情境时就不会感到困惑了。

对于一些简单的问题，只要找出问题所在，便能非常容易地解决它，但实际上许多问题是由很多种因素共同造成，解决起来非常困难，必须采用一定的科学方法来解决问题。

埃及尼罗河上所筑的阿斯旺高坝，1960年动工，1967年完工，1970年12部水电发电机组全部投入运转，耗资约10亿美元，是当时世界上最大的高坝工程。它高112米、长5千米，将尼罗河拦腰切断，形成了一个长650千米、宽25千米的巨大水库——纳赛尔湖，具有灌溉、发电、防洪等综合效益的大型水利工程。

阿斯旺大坝建成后，给埃及人民带来了廉价的电力，控制了水灾和旱灾，灌溉了农田，产生了巨大的经济效益。但出乎人们意料的是，修建水坝的同时却破坏了尼罗河流域的生态平衡，人们遭到了自然界的一系列报复：由于尼罗河的泥沙和有机质沉积到水库底部，尼罗河两岸的绿洲失去了肥源，土壤日益盐渍化并变得贫瘠；由于尼罗河河口供沙不足，河口三角洲平原开始从向海伸展变为朝内陆退缩，使这一地区的工厂、港口、国防工程有跌入

地中海的危险；由于尼罗河的盐分和有机物经过了大坝的沉淀，变清后的河水流入地中海，使盛产沙丁鱼的渔场毁于一旦；由于大坝的阻隔，尼罗河下游奔流不息的活水变成了相对静止的死水，为血吸虫和疟蚊的繁衍提供了理想的生存条件，使水库一带居民的血吸虫病发病率高达80%以上。大坝建成后，人们在享受大坝益处的同时，随之发生的一系列生态环境问题也使埃及人民为此付出了沉重的代价。

阿斯旺大坝的修建就是一个典型的复杂系统问题，对于这种问题来说，任何一项决策都会产生一系列的"牵一发而动全身"的连锁反应，其中的利弊得失必须经全面综合分析才能做出科学的决策。如果仅从修建大坝的电力供应和水利方面来说，大坝是成功的。但修建大坝是一项巨大的系统工程，它不仅影响到水利、电力，而且影响到生态、渔业、国防、地质构造等多个方面。如果对这些方面的负面影响预测不足，就可能会得不偿失。

解决问题的能力是有序思维的产物，任何一个有才之士都能获得这种能力。有序的思维工

作方式不会扼杀灵感及创造力，反而会助长灵感及创造力的产生。

在实际生活中，解决问题除了技术方法外和个人的心理、经验、思维习惯等有着密切的联系。心理学家通过四个有趣的实验说明了这种关系。

## 第一，动机的强弱

事实表明，在动机的强弱和解决问题的成效之间存在着一种曲线关系。心理学家勃尔奇做了这样一个实验：高处放着香蕉，猩猩身旁有一根竹竿，只有利用竹竿才可取到香蕉。实验的结果表明：在猩猩受饿不到6小时的时候，由于取食的驱力（即动机）太弱，它的注意力很容易被各种不相干的因素分散。可是，当它受饿超过24小时后，又由于取食的驱力过强，而把注意力过分紧张地集中于食物这个目标，因而忽视了解决问题的各种必要条件，同样取不到食。只有在受饿6～24小时，由于驱力强度适中，它们的行为才是灵活的，注意力也不会被分散，很快取到了食物。同理，对于人来说，如果解决问题时积极性不高，或者急于求成，都不会获得成功。古语所谓"事在人为"和"欲速则不达"，说的就是这个道理。

## 第二，启示和联想

心理学家姜德生做过一个双索问题的实验：天花板上悬着两根绳子，但二者的距离太远，任何人抓住一根就无法抓到另一根，要求实验者把两根绳结在一起。解决这个问题的办法之一，是在一根绳头上系一个物体，使之像钟摆一样摆动，等它摇向另一根绳时，就可以同时抓住两根绳。姜德生让两组人在解决这个问题前，分别识记一些不同的单词。一组人识记的词有"绳索"、"摆动"、"钟摆"等。另一组识记的词则完全同双索问题无关，然后让两组去解决问题。结果发现，第一组总比第二组更迅速地解决问题。显然，第一组从识记的单词中受到了启示。从这一角度来说，善于解决问题的人也就是善于随时随地受到启示或进行联想的人。

## 第三，习惯的影响

心理学家卢青斯设计了一个"水罐"实验。这个实验有两类，第一类有三个罐子，第一个能容21斤水，第二个能容127斤水，第三个能容3斤水，问如何用这三个罐子量出100斤水？解决的办法为把水灌满第二罐，接着从第二罐中减出第一罐所能容的水量，然后再减出两个第三罐的水量，所剩即为100斤。公式为：100斤＝Ⅱ－Ⅰ－2Ⅲ。这个实验的第二类有三个罐子，第一个能容水23斤，第二个能容水49斤，第三个能容水3斤，问如何能用这三个罐子量出20斤水。这个问题很简单，按照公式20斤＝Ⅰ－Ⅲ就能解决。当然，用第一类实验的公式也行，但要麻烦得多。卢青斯把参加实验的人分为两组，第一组解决了5个第一类型的问题，再解决5个第二类型的问题，第二组直接解决5个第二类型的问题。结果是第一组解决了第一类型的问题后，普遍形成了用长公式的习惯，有81%的人继续用长公式去解决第二类的5个问题。而第二组的绝大多数都直接按照短公式去解决了。可见，一定的心理习惯在解决问题中往往会阻碍更合理、更有效的思路。

### 第四，功能的局限

人们对一件物品往往只看到它的通常功能，而看不到其他方面可能有的功能，因而影响人们充分利用物品去有效地解决问题，这在心理学中叫作"功能固着"。心理学家亚丹姆生在他主持的实验中，要求被试者把三支蜡烛垂直地固定于一架竖直木屏上。发给他们的材料是三支蜡烛、三个纸盒、火柴和一些图钉。解决这个问题的正确办法是点燃一支蜡烛，在每个纸盒外滴一滴蜡油，将三支蜡烛固定于纸盒上，然后再用图钉把纸盒按垂直位置固定在木屏上。实验者被分为两组：第一组被试者领到的材料是摆在纸盒外的，即每一件材料都是单独的；第二组是把蜡、火柴和图钉分别装在三个纸盒内交给他们。实验的结果是第一组有86%的人解决了问题，而第二组却仅有41%的人解决了问题。究其原因，第二组的人只是把纸盒看作容器，而没有想到它的其他功用。又如西红柿早就被人们发现，但长期被当作观赏植物，而未被实用，除了盲目的恐惧心理外，也是功能固着的作用限制着人们。日常生活中的这种例子很多，当遇到问题一筹莫展，而突然听到一个新奇的办法时，不是也常常恍然大悟地一抬头说："哎！我真笨，怎么就没想到……"

问题一旦出现了，就有解决它的方法，当遇到的问题多了，便会发现许多解决问题的方法都有相似处，这是一个积累的过程。在遇到问题时，首先最重要的一点就是要树立信心，这种心灵的自我暗示和激励是成功人士的必备品。紧接着就是要搞清楚出现这个问题的原因，静下来整理一下思绪，此时，切勿着急，更忌心烦意乱。问题出处一旦找到，就应想想曾经是否出现过这样的问题，是客观原因造成的，还是因为主观原因造成的，千万不要在一棵树上吊死，更不要因为一时没方向就垂头丧气。

一个解决问题的高手和低手有很大的差别，如表5-2所示。

表5-2

| 特征 | 高手 | 低手 |
| --- | --- | --- |
| 态度 | 相信问题终究会得到解决 | 容易放弃 |
| 行为 | 反复研究问题 | 把问题放在一边，希望解决方法自动出现 |
|  | 不轻易下结论 | 轻易下结论 |
|  | 遇到困难能坚持不懈 | 容易认输 |
| 准确性 | 对信息核实、核实、再核实 | 过于依赖二手资料 |
| 解题程序 | 把问题细分 | 不细分，一把抓 |
|  | 从易于理解的点入手 | 不知道从哪里开始 |
|  | 既依据程序又灵活创意 | 没有程序，创意也很散乱 |

造成问题的原因找到后，就应立即着手搜集相关资料想解决问题的办法，当然，办法是越多越好，虽然不是全都用上，但选择面广，思维也会开阔许多，也便于将几种方法互相参照，提高效率。方法想得差不多后，并不意味着就知道如何解决了，还需要做一些尝试，尝试一些看起来最有效的方法，多走几条路。但要切记，不要每一条路都去走，这会浪费很多宝贵的时间，只选最可行的几条，这也会增强自信心。试过几种方法后，就要思考，哪种方法是最合适

的，哪条路是捷径，一旦选中，就要全身心地投入，一步一步地走，既然已选择，就不要还心存疑惑，决断力也是成功者必备的素质之一，做事果断，不要犹豫，成功就在不远处。

一般而言，解决问题的流程如图5-4所示。

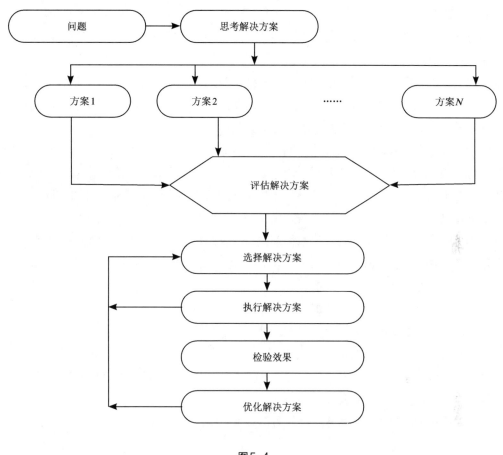

图5-4

## 一、思考解决方案

要解决所发现的问题，必须明确问题的性质，也就是弄清有哪些矛盾、哪些矛盾方面，它们之间有什么关系，以确定所要解决的问题要达到什么结果，所必须具备的条件、其间的关系和已具有哪些条件，从而找出重要矛盾、关键矛盾之所在。在分析问题的基础上，提出解决该问题的假设，即可采用的解决方案，其中包括采取什么原则和具体的途径、方法。提出假设是问题解决的关键阶段，正确的假设引导问题顺利得到解决，不正确不恰当的假设则使问题的解决走弯路或导向歧途。假设只是提出一种可能的解决方案，还不能保证问题必定能获得解决，所以问题解决的最后一步是对假设进行检验。通常有两种检验方法：一是通过实践检验，即按假定方案实施，如果成功就证明假设正确，同时问题也得到解决；二是通过心智活动进行推理，即在思维中按假设进行推论，如果能合乎逻辑地论证预期成果，就算问题初步解决。特别是在假设方案一时还不能立即实施时，必须采用后一种检验。但必须指出，即使后一种检验证明假设正确，问题的真正解决仍有待实践结果才能证实。不论哪种检验如果未能获得预期结果，必须重新另提假设再行检验，直至获得正确结果，问题才算解决。

现代心理学认为思维导图和头脑风暴法是解决问题思维常用的两种比较有效的方法。

**1. 思维导图**

思维导图，又叫心智图，是表达发射性思维的有效的图形思维工具，它简单却又极其有效，是一种革命性的思维工具。思维导图运用图文并重的技巧，把各级主题的关系用相互隶属与相关的层级图表现出来，把主题关键词与图像、颜色等建立记忆链接，思维导图充分运用左右脑的机能，利用记忆、阅读、思维的规律，协助人们在科学与艺术、逻辑与想象之间平衡发展，从而开启人类大脑的无限潜能。思维导图因此具有人类思维的强大功能。

科学研究已经充分证明：人类的思维特征是呈放射状的，进入大脑的每一条信息、每一种感觉、记忆或思想（包括每一个词汇、数字、代码、食物、香味、线条、色彩、图像、节拍、音符和纹路），都可作为一个思维分支表现出来，它呈现出来的就是放射性立体结构。

英国著名心理学家东尼·博赞在研究大脑的力量和潜能过程中，发现伟大的艺术家达·芬奇在他的笔记中使用了许多图画、代号和连线。他意识到，这正是达·芬奇拥有超级头脑的秘密所在。在此基础上，博赞于19世纪60年代发明了思维导图这一风靡世界的思维工具。

思维导图的绘制规则（图5-5）：

（1）从一张白纸的中心开始绘制，周围留出空白。

（2）用一幅图像或图画表达你的中心思想。

（3）在绘制过程中使用颜色。

（4）将中心图像和主要分支连接起来，然后把主要分支和二级分支连接起来。再把三级分支和二级分支连接起来，依此类推。

（5）让思维导图的分支自然弯曲而不是像一条直线。

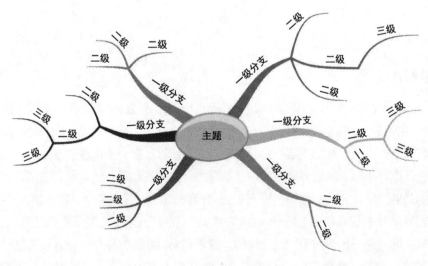

图5-5

（6）在每条线上使用一个关键词。

图5-6为某一学生在制作班级电子小报时，画出的思维导图，并根据思维导图圆满地解决了任务。

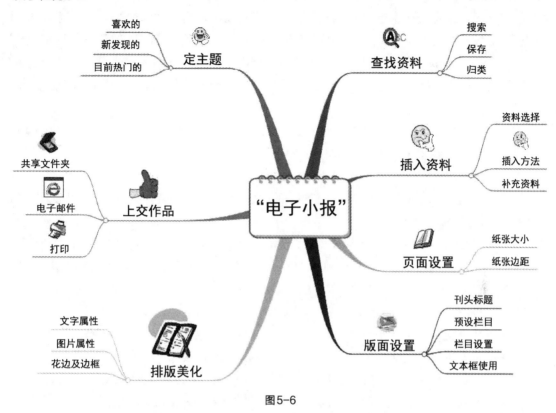

图5-6

使用思维导图进行学习，可以成倍提高学习效率，增进理解和记忆能力。思维导图具有极大的可伸缩性，它顺应了大脑的自然思维模式。思维导图可以让复杂的问题变得非常简单，简单到可以在一张纸上画出来。它的另一个巨大优势是随着问题的发展，还可以几乎不费吹灰之力地在原有的基础上对问题加以延伸。美国波音公司在设计波音747飞机的时候就使用了思维导图。据波音公司的人讲，假如使用普通的方法，设计波音747这样一个大型的项目要花费6年的时间。但是，通过使用思维导图，他们的工程师只使用了6个月的时间就完成了波音747的设计。

**2.头脑风暴法**

头脑风暴法出自"头脑风暴"一词。所谓头脑风暴指无限制的自由联想和讨论，其目的在于产生新观念或激发创新设想。

在群体决策中，由于群体成员心理相互作用影响，易屈于权威或大多数人意见，形成所谓的"群体思维"。群体思维削弱了群体的批判精神和创造力，损害了决策的质量。为了保证群体决策的创造性，提高决策质量，管理上发展了一系列改善群体决策的方法，头脑风暴法是为获取大量的设想、为课题寻找多种解题思路而召开的会议，因此，要求参与者要善于想象，语言表达能力要强。

为使与会者畅所欲言，互相启发和激励，达到较高效率，必须严格遵守下列原则。

（1）禁止批评和评论，也不要自谦。对别人提出的任何想法都不能批判，不得阻拦。即使自己认为是幼稚的、错误的，甚至是荒诞离奇的设想，亦不得予以驳斥。同时也不允许自我批判，在心理上调动每一个与会者的积极性，彻底防止出现一些"扼杀性语句"和"自我扼杀语句"。诸如"这根本行不通"、"这想法太陈旧了"、"这是不可能的"、"这不符合某某定律"以及"我提一个不成熟的看法"、"我有一个不一定行得通的想法"等语句，禁止在会议上出现。只有这样，与会者才可能在充分放松的心境下，在别人设想的激励下，集中全部精力开拓自己的思路。

（2）目标集中，追求设想数量，越多越好。在智力激励法实施会上，只强制大家提设想，越多越好。会议以谋取设想的数量为目标。

（3）鼓励巧妙地利用和改善他人的设想。这是激励的关键所在。每个与会者都要从他人的设想中激励自己，从中得到启示，或补充他人的设想，或将他人的若干设想综合起来提出新的设想等。

（4）与会人员一律平等，各种设想要全部记录下来。与会人员，不论是该方面的专家、员工，还是其他领域的学者，以及该领域的外行，一律平等。各种设想，不论大小，甚至是最荒诞的设想，记录人员也要认真地将其完整地记录下来。

（5）主张独立思考，不允许私下交谈，以免干扰别人思维。

（6）提倡自由发言，畅所欲言，任意思考。会议提倡自由奔放、随便思考、任意想象、尽量发挥，主意越新、越怪越好，因为它能启发人推导出好的观念。

（7）不强调个人的成绩，应以小组的整体利益为重，注意和理解别人的贡献，人人创造民主环境，不以多数人的意见阻碍个人新的观点的产生，激发个人追求更多更好的主意。

头脑风暴何以能激发创新思维？主要有以下几点：

（1）联想反应。联想是产生新观念的基本过程。在集体讨论问题的过程中，每提出一个新的观念，都能引发他人的联想。相继产生一连串的新观念，产生连锁反应，形成新观念堆，为创造性地解决问题提供更多的可能性。

（2）热情感染。在不受任何限制的情况下，集体讨论问题能激发人的热情。人人自由发言、相互影响、相互感染，能形成热潮，突破固有观念的束缚，最大限度地发挥创造性的思维能力。

（3）竞争意识。在有竞争意识的情况下，人人争先恐后，竞相发言，不断地开动思维机器，力求有独到见解，新奇观念。人类有争强好胜的心理，在有竞争意识的情况下，人的心理活动效率可增加50%或更多。

（4）个人欲望。在集体讨论解决问题过程中，个人的欲望自由，不受任何干扰和控制，是非常重要的。头脑风暴法有一条原则：不得批评仓促的发言，甚至不许有任何怀疑的表情、动作、神色。这就能使每个人畅所欲言，提出大量新观念。

【例1】盖莫里公司是法国一家拥有300人的中小型私人企业，该企业生产的电器在市场上受到其他企业同类产品的竞争压力很大。该企业的销售负责人参加了一个关于发挥员工创造力的会议后大有启发，开始在自己公司谋划成立一个创造小组。在冲破了来自公司内部的阻挠后，他把整个小组（约10人）安排到了农村一家小旅馆里，在以后的三天中，采取了措施避免外部的电话或其他干扰。

　　第一天全部用来训练，通过各种训练，组内人员开始相互认识，相互之间的关系逐渐融洽，开始还有人感到惊讶，但很快他们都进入了角色。

　　第二天，他们开始创造技能训练，开始涉及智力激励法。他们要解决的问题有两个：第一个问题，发明一种拥有其他产品没有的新功能的电器；第二个问题，为此新产品命名。在这两个问题的解决过程中，都用到了智力激励法。在为新产品命名这一问题的解决过程中，经过两个多小时的热烈讨论后，共为它取了300多个名字，主管则暂时将这些名字保存起来。

　　第三天一开始，主管便让大家根据记忆，默写出昨天大家提出的名字。在300多个名字中，大家记住20多个。然后主管又在这20多个名字中筛选出了3个大家认为比较可行的名字。再将这些名字征求顾客意见，最终确定了一个。

　　结果，新产品一上市，便因为其新颖的功能和朗朗上口、让人回味的名字，受到了顾客热烈的欢迎，迅速占领了大部分市场，在竞争中击败了对手。

　　【例2】有一年，美国北方格外严寒，大雪纷飞，电线上积满冰雪，大跨度的电线常被积雪压断，严重影响通信。过去，许多人试图解决这一问题，但都未能如愿以偿。后来，电信公司经理应用奥斯本发明的头脑风暴法，尝试解决这一难题。他召开了一种能让头脑卷起风暴的座谈会，参加会议的是不同专业的技术人员，要求他们必须遵守头脑风暴法的基本原则。

　　按照会议规则，大家七嘴八舌地议论开来。有人提出设计一种专用的电线清雪机；有人想到用电热来化解冰雪；也有人建议用振荡技术来清除积雪；还有人提出能否带上几把大扫帚，乘坐直升机去扫电线上的积雪。对于这种"坐飞机扫雪"的设想，大家心里尽管觉得滑稽可笑，但在会上也无人提出批评。相反，有一工程师在百思不得其解时，听到用飞机扫雪的想法后，大脑突然受到冲击，一种简单可行且高效率的清雪方法冒了出来。

　　他想，每当大雪过后，出动直升机沿积雪严重的电线飞行，依靠高速旋转的螺旋桨即可将电线上的积雪迅速扇落。他马上提出"用直升机扇雪"的新设想，顿时又引起其他与会者的联想，有关用飞机除雪的主意一下子又多了七八条。不到一小时，与会的10名技术人员共提出90多条新设想。

　　会后，公司组织专家对设想进行分类论证。专家们认为设计专用清雪机，采用电热或电磁振荡等方法清除电线上的积雪，在技术上虽然可行，但研制费用大，周期长，一时难以见效。那种因"坐飞机扫雪"激发出来的几种设想，倒是一种大胆的新方案，如果可行，将是一种既简单又高效的好办法。经过现场试验，发现用直升机扇雪真能奏效，一个久悬未决的难题，终于在头脑风暴会中得到了巧妙的解决。

## 二、评估解决方案

　　评估解决方案是最重要的环节，是决定能否解决问题的关键。下面是一种关于机电一体化小制作的方案评估表。将方案按技术实现过程列出评分项目，每一项内容根据不同的问题配置不同的权重分，客观并且详细列出每个方案对于这些评分项目实际情况，得到每个方案的总分。如表5-3所示。

表5-3 机电一体化小制作方案评估表

| 大类（权重分） | 项目（权重分） | 性质 | 方案1 | 方案2 | …… |
|---|---|---|---|---|---|
| 技术上实现的可行性 | 材料配件来源可行性 | 否决项 | | | |
| | 零件加工的可行性 | 否决项 | | | |
| | 传动机构的可行性 | 否决项 | | | |
| | 控制技术的可行性 | 否决项 | | | |
| | 能源系统的可行性 | 否决项 | | | |
| | 系统装配的可行性 | 否决项 | | | |
| | 系统测试条件的可行性 | 否决项 | | | |
| 技术上可以得到帮助的可行性 | 有哪些现成资料或经验可借鉴的 | 借助项 | | | |
| | 有哪些人可以寻求帮助的 | 借助项 | | | |
| 执行中可能会出现的问题 | 问题1 | 预警项 | | | |
| | 问题2 | 预警项 | | | |
| | …… | | | | |
| 上述问题出现后解决的可能性 | 问题1解决办法可行性 | 备用项 | | | |
| | 问题2解决办法可行性 | 备用项 | | | |
| | …… | | | | |
| 所需执行时间 | 正常执行所需时间进度表 | 常规项 | | | |
| | 出现执行问题预计所需时间进度表 | 常规项 | | | |
| 成本估算 | 配件与材料 | 常规项 | | | |
| | 加工与调试 | 常规项 | | | |
| | 其他 | 常规项 | | | |
| 方案评估总分 | | | | | |

## 三、选择解决方案

根据各个项目进行评分的总和为每种备选方案的最终得分，得分高的方案将被确定为尝试性选择方案。如果尝试性选择方案实施过程中的预警项很多或备用项目准备不足，则可认为技术风险过高，则放弃此项尝试性选择，转而考虑下一个得分最高的备选方案。如果这些方案在许多地方可以相互弥补，则考虑重组最佳方案。

## 四、执行解决方案

**1. 执行解决方案原则**

以节省资源、节省时间、提高工作效率、提高工作质量、安全生产、提高经济效益、提高管理水平等来确定合理的工作流程。

**2. 列出各种所需条件**

**3. 确立工作流程（图5-7）**

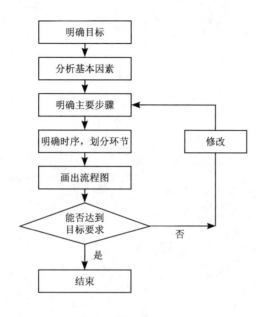

图5-7

在方案实施过程中可能会遇到没有预计的问题，如果这种问题不具备简单的处理可行性，应该重新考虑方案的修订与选择。

## 五、检验解决结果

任何方案执行的结果都必须放到实际环境条件下去检验，对于出现的问题进行分析，思考解决办法。

## 六、优化解决方案

根据实际运行的结果和所设计的解决办法调整解决方案，使问题得以彻底解决。

## 项目练习

❶ 请参照下面某个学校的平面图5-8，要求如下：

（1）画出绘制自己学校平面图的思维导图。

（2）根据思维导图，收集自己学校平面图所需了解的一切资料。

（3）画出自己学校的平面图。

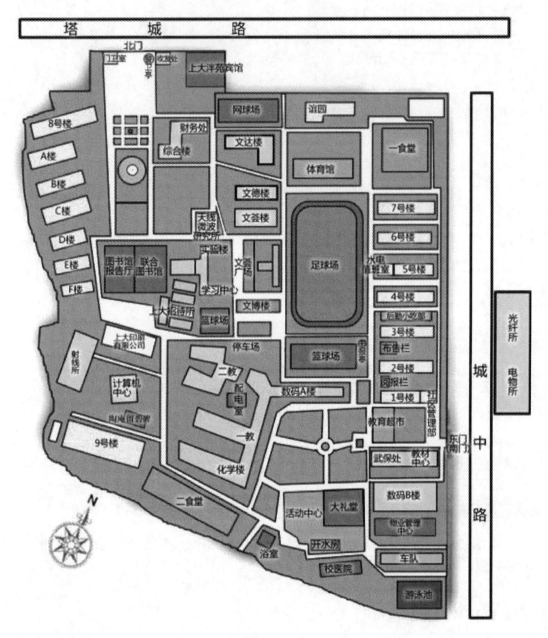

图5-8

❷ 有一只猪重四百斤,一座桥承重两百斤,猪怎么过桥?要求如下:
(1)猪是活猪,任何解决方案都不得切割猪。
(2)是过桥,不是过河,不要说是游泳过去。
(3)是过桥,不是过涧,不要说是跳过去。
(4)桥是承重两百斤的桥,不能另造一座承重超过四百斤的桥。
(5)不是文字游戏,不要说"猪晕过去了"。
采用头脑风暴法群体讨论得到如下几种方案:

(1)地球是圆的,反个方向走过去不就行了。
(2)桥比猪短,猪没有全部站在桥上。
(3)往猪身上多绑点氢气球。
(4)从相对论来说,速度越快质量越轻,所以猪要过去就必须达到某个速度。如果这头猪跑得够快的话,即它的速度超过 7.9 千米/秒,就可以安全过桥……
(5)是母猪,过桥前生10只小猪,每只20斤,然后全过去了。
(6)这头猪马上改名朱坚强,只靠雨水存活1个月后,体重从400斤降到150斤,可轻松过桥。
(7)猪肉一降价,自然就可轻松过桥啦。
(8)喝减肥茶,减到200斤就过了。
(9)过桥前给猪喂巴豆。
(10)进A股市场待一段再出来就可以过了。
(11)猪把体内注的水放掉就过去了。
(12)PS张过了桥的照片,让"权威"出面证实猪是过了桥的,谁敢说它没有过!
(13)寄快递(EMS)。
(14)过桥这个概念有两种,走桥的纵向是过桥,走桥的横向也可以叫过桥。
(15)猪朝前走只可以承受200斤的桥,在猪后退方向行走可以承受400斤。
(16)历史哲理版:400斤的猪居然要去过承重200斤的桥?这下它的朋友一听吃惊坏了!它要过桥?它没事过什么桥啊?因为它的朋友们知道,过桥那不是一般猪能过的啊?那哪是一般猪能过的?于是它们马上跑去劝它。说你不要过桥了,你一过桥就怎么样怎么样的,大概意思就是过桥的时候,桥塌了你就完了,用现代话讲就是OVER了。其实400斤的猪过承重200斤桥有危险吗?有人说了,它毕竟有前辈啊,它的前辈就成功地过了桥。其实正史不是这样,据《历代杂食类动物过桥志——豚之父别传》中记载,其实豚的父亲并没有过桥。所以其实豚的父亲过桥只是后人的杜撰。那么据《历代飞禽鸟类动物过桥志——鹰传》记载:豚之父欲过桥,恐桥毁,欲飞未果,动物鹰出爪,逐载豚父飞过桥也。所以啊,豚的父亲其实是被鹰带过桥去的。
(17)文化感悟版:400斤的猪怎么过承重200斤的桥是政治?政治并不一定让猪都过上一种物质文明上的发达生活,它仅仅是一个标志,这些都是来源于信仰。这就是一种理念,他认为信仰的力量足以把一群猪凝聚起来。其实猪的视力是有两种功能的,一个是向外去无限等待喂食的人,另外是向内无限深情的注视槽里的食物。400斤的猪过承重200斤的桥,能够带给它快乐的秘诀就是,必须亲自丈量桥面的每一步路。它敢于亮出自己的弱项,生和死只是一个形态的变化。它对待死的态度:①不怕死;②绝不找死。这是一种境界、感悟和超越。它觉是过桥只是一个瞬间,悟是一个过程,"无为而无不为"才是大境界。它坚持过桥,在它成长中一定有某种潜能从来没有被开发出来。有些奇迹其实就是在坚持中完成,有些奇迹永远不是那些自认为最机灵和最聪明的人能做完成的。

请你组织6~8人采用头脑风暴法思考其他方案,并选出最佳方案。

❸如图5-9请你以"美丽人生"为主题,规划自己的职业生涯,画出思维导图。

图5-9

❹ 现在发生海难,一游艇上有8名游客等待救援,但是现在直升机每次只能够救一个人。游艇已坏,不停漏水。寒冷的冬天,刺骨的海水。

游客情况:

(1)将军,男,69岁,身经百战;

(2)外科医生,女,41岁,医术高明,医德高尚;

(3)大学生,男,19岁,家境贫寒,参加国际奥数获奖;

(4)大学教授,男,50岁,正主持一个科学领域的项目研究;

(5)运动员,女,23岁,奥运金牌获得者;

(6)经理人,男,35岁,擅长管理,曾将一个大型企业扭亏为盈;

(7)小学校长,男,53岁,劳动模范,五一劳动奖章获得者;

(8)中学教师,女,47岁,桃李满天下,教学经验丰富。

请你组织6~8人采用头脑风暴法进行讨论,将这8名游客按照营救的先后顺序排序。

❺ 城市小区厨房垃圾回收利用

随着城市的数量和城市人口的不断增长,城市所产生的垃圾也以惊人的数量增加,这已经成为城市发展的一大瓶颈问题,如何实现城市让生活更美好的目标,垃圾处理的无害化、减量化、再资源化是目前政府和环保部门所关注的重点问题。湖州一家生物科技公司利用先进的生物科学技术以城市小区厨房垃圾生产有机营养质,为城市的发展和环保事业开辟一条新思路,具有广阔的市场前景,并产生很好的经济效益。

由于目前该公司在城市小区厨房垃圾的前端处理全部采用原始的人工操作,这样的操作方式带来的问题是人工操作环境极端恶劣,严重危害身体健康,工作效率很低,同时操作过程中由于开放式的环境带来的污水和有害气体随意排放造成二次环境污染严重,同时处理能力很低。

现在该公司希望按照城市厨房垃圾每天的产生量进行配套处理实现大批量生产,同时必须对生产过程各个环节进行改造,实现全封闭的、机械自动化的、不会造成再次污染的全自动化生产线。目前现场生产状况如图5-10、图5-11所示。

第五章　解决问题的策略

1. 厨房垃圾原料堆放　　　　2. 厨房垃圾人工解袋　　　　3. 厨房垃圾人工分拣

图5-10

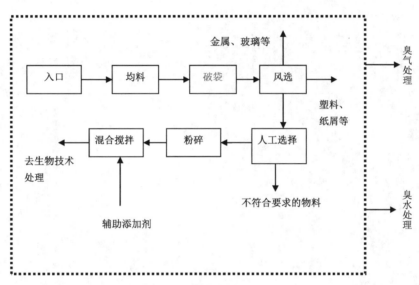

图5-11

根据自动化生产线流程"破袋"环节，要求如下。

（1）塑料袋能与厨房垃圾分离。

（2）塑料袋不能被粉碎。

（3）塑料袋不能残留在破袋工具上。

请你积极思考怎样的工具和工具的运动方式能解决这个问题，并画出你的思维导图。

# 第六章 解决问题的实践

**内容描述**

以实际生活中学生感兴趣的小制作项目为载体，按照一定的目标，应用各种认知活动、技能等，经过一系列的思维操作，使问题得以解决。在实践中去发现问题，分析问题，思考解决问题的办法。通过实际操作，培养学生对问题的兴趣，提高观察能力、分析能力、综合处理能力，从而提高学生解决问题的能力。

　从学习的角度来看，学习基本上可以分成两类。一种是目标导向型学习，这是为了解决某一个具体问题的学习，一般针对性很强，而且能很有效地完成某些设定的目标。这种学习的结果会使解决问题的能力过多依赖于情境和问题的相似性，容易形成思维定势，也就是会习惯于根据面临的问题联想起已经解决的类似的问题，将新问题的特征与旧问题的特征进行比较，抓住新旧问题的共同特征，将已有的知识和经验与当前问题情境建立联系，利用处理过类似的旧问题的知识和经验处理新问题，或把新问题转化成一个已解决的熟悉的问题。在问题解决中，它是一种"以不变应万变"的思维策略，所以当新问题相对于旧问题是其相似性起主导作用时，由旧问题的求解所形成的思维定势往往有助于新问题的解决，而当新问题相对于旧问题，是其差异性起主导作用时，由旧问题的求解所形成的思维定势则往往有碍于新问题的解决。

　另一种是兴趣探索型学习，一般是由个人按自己的兴趣爱好去学习，学习的目标也许是针对一个具体问题的解决，也许是针对一种猜测的验证，甚至有时候根本谈不上有目标。这种学习往往是低效的，得到的目标是因人而异的，其结果是不可预测的。但是这种学习相对于关注学习的目标而言更注重于学习的过程，同时更符合于人的认知和技能学习心理学，因此往往会出现伟大的创新，就像亚历山大·帕克斯发明塑料一样。亚历山大·帕克斯有许多爱好，摄影

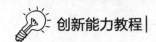

是其中之一。19世纪，人们还不能够像今天这样购买现成的照相胶片和化学药品，必须自己制作需要的东西，所以每个摄影师同时也必须是一个化学家。摄影中使用的材料之一是"胶棉"，它是一种"硝棉"溶液，亦即在酒精和醚中的硝酸盐纤维素溶液，当时它被用于把光敏的化学药品粘在玻璃上，来制作类似于今天照相胶片的同等物。帕克斯不断地尝试各种处理胶棉的不同方法，希望找出一种最佳方法。一天，他试着把胶棉与樟脑混合，使他惊奇的是，混合后产生了一种可弯曲的硬材料。帕克斯称该物质为"帕克辛"，那便是最早的塑料。帕克斯用"帕克辛"制作出了各类物品：梳子、笔、纽扣和珠宝印饰品。20世纪时，人们开始挖掘塑料的新用途，现在塑料成为了人们生活中的必用材料。

　　目前，在教学中提倡"做中学"，采用项目教学、行动导向教学等都是职业教育的主导方向。这种教育形式改变了以往"教师讲，学生听"的被动的教学模式，创造了学生主动参与、自主协作、探索创新的新型教学模式，不再把教师掌握的现成知识技能传递给学生作为追求的目标，或者说不是简单地让学生按照教师的安排和讲授去得到一个结果，而是在教师的指导下，学生去寻找得到这个结果的途径，最终得到这个结果，并进行展示和自我评价，学习的重点在学习过程而非学习结果，在这个过程中锻炼的是各种能力。教师已经不是教学中的主导地位，而是成为学生学习过程中的引导者、指导者和监督者，学生具有很大的积极性。在项目教学中，学习过程成为一个人人参与的创造实践活动，注重的不是最终的结果，而是完成项目的过程。学生在项目实践过程中，理解和把握课程要求的知识和技能，体验创新的艰辛与乐趣，培养分析问题和解决问题的思想和方法。

## 鲁班锁制作

竹、木、石制器物或构件上利用凹凸方式相接的结构叫榫卯。凸出的部分称"榫"。凹进的部分称"卯"。这种形式在我国房屋建筑、传统家具中达到很高的技艺水平。各种榫卯的做法不同，应用范围不同，但它们都具有形体构造的"关节"作用。

相传我国最早发明榫卯结构的是土木工匠的祖师鲁班。流传千年体现古代智慧的鲁班锁就是一种典型的榫卯方式结构。

上海世博会山东馆的鲁班锁由2016块32厘米乘以16厘米的LED模块组合而成。长宽高都达到5.2米的巨大鲁班锁在山东馆可以算作一个"地标性"的符号，提到山东馆，便想起鲁班锁。从外表上看，六根等长的条形体分成三组，经90度卯榫起来，形成30个显示面，组成一段完整的电影片段。四季轮回的景象、万物生长的朝气、洁白天鹅的优雅飞翔，无不展示了人与自然和谐相处的理念与美好愿景。

## 任务一　3根柱式鲁班锁

### 一、项目说明

这是一种最简单的鲁班锁。由3根木柱在中心两两相交而成。3个木柱的外形尺寸相同，但中间凹榫不同，相互啮合。

## 二、器材

工具：木工锯、刻度尺、铅笔、锉、砂纸、凿子（或刀）
材料：20毫米×20毫米×320毫米 已刨光的方木料

## 三、图纸

第一根（图6-1）

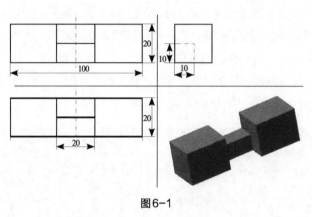

图6-1

第二根（图6-2）

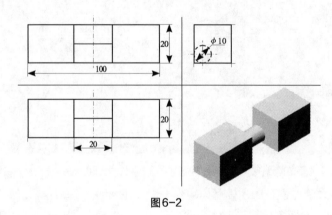

图6-2

第三根（图6-3）

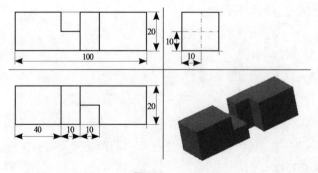

图6-3

## 四、制作流程（图6-4）

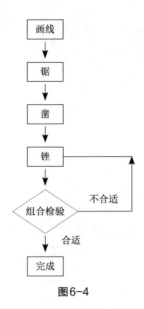

图6-4

## 五、操作步骤

（第一步）下料（图6-5）

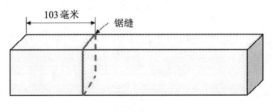

图6-5

（第二步）制作第一根

1.画线（图6-6）

 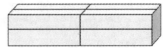

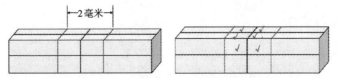

图6-6

2. 锯（图6-7）

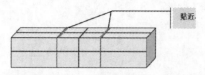

方法：用钢锯沿绿色线垂直往下锯，要求锯片要在红色线内，并且不能把线锯掉。

图6-7

3. 凿（图6-8）

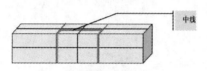

方法：用凿子将中间部分凿去。

图6-8

4. 锉（图6-9）

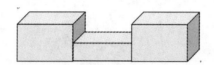

方法：将用凿子凿去的面用锉刀修正平整。

图6-9

5. 请你考虑最后一步应该怎样做？（图6-10）

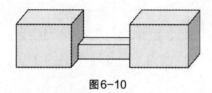

图6-10

（第三步）按照制作第一根的方法制作第二根。
（第四步）按照制作第一根的方法制作第三根。
（第五步）组合测试及修正，用锉刀修改，直至能较紧密组合。
（第六步）完成鲁班锁装配。

## 任务二　9根菠萝鲁班锁

### 一、项目说明

装配后形如菠萝的鲁班锁称为菠萝锁如图6-11所示，9根菠萝锁是一种最简单的菠萝锁。它由3长6短共9根柱式零件组合而成。

第六章　解决问题的实践

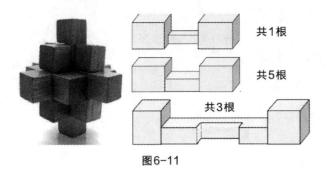

图6-11

## 二、主要特点

材料截面为正方形，边长为1个单位，长度为3或5个单位。全部采用挖凹榫的方式，凹榫的长度为1或3个单位，深度为0.5个单位，所有部件中的凹榫位置均居中，其中1个短部件中间凹榫的截面为其他的二分之一。

## 三、制作过程

以其中长度为5个单位的一根部件为例，取1单位=20毫米。

（第一步）　选取材料。选取硬质木材，截面20毫米×20毫米，长度750毫米实木一根。锯取长度略大于100毫米，最好是101毫米左右，粗加工后达到100毫米。

（第二步）　确定基准面。选取一个平面（除端面外）为基准面，进行表面平整处理，可以先用锉刀，再用砂纸。使用锉刀时要将材料夹在台钳上，注意不能锉成外低内高的凸状，使用砂纸时底面要平整，用力要均匀。

以基准面为准使用直角尺检验其他三面，按照同样的方法进行表面处理。

在四个面处理过程中，随时使用游标卡尺检查尺寸，最后使四个面的宽度达到20毫米（尺寸精度要求为19.90～20.00毫米）四个角达到90°的标准。

（第三步）　画线。用直角尺和铅笔画线。先将铅笔削尖或削成扁平状，使得线条足够细。取木料的几何中点，画上中心线。如图6-12所示。

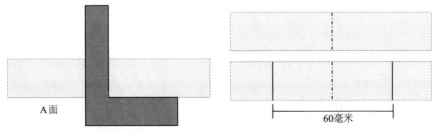

图6-12

以中心线向两边各取30毫米，划两条直线，使得两条直线之间距离为60毫米。将材料翻转90°，用直角尺将两条线延伸到下一个平面上。取两条直线的中点，并连接成一条横线。如图6-13所示。

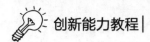

图6-13

（第四步）切割如图6-14。按照A面的直线，用手锯锯割，注意留下线痕。如图所示，红色虚线为手锯运动位置，紧靠线痕，但不要直接锯在线上。锯割的深度达到B面横线上方。在B面沿横线用平凿凿去，注意要紧靠横线上方打，留下线痕。用同样的方法在C面挖去宽度20毫米，深度为材料的二分之一（即10毫米）的凹槽。

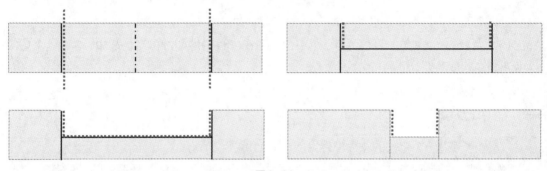

图6-14

（第五步）平整处理。用手工刀、平锉刀进行表面平整处理，并随时用游标卡尺、直角尺测量，使大凹槽尺寸精度控制在60.00～60.10毫米，小凹槽尺寸精度控制在20.00～20.10毫米，所有凹槽的深度控制在10.00～10.10毫米，以便装配时能自由插入。

（第六步）表面打磨。最后用砂纸进行表面打磨，提高光洁度。

（第七步）完成鲁班锁装配。

评分要求：组合后的外形尺寸为100毫米×100毫米×100毫米，组合时配合灵活而间隙小于0.2毫米，表面光洁，缺口平整，外尺寸精度达到0.5毫米以内。

## 任务三  6根柱式鲁班锁

### 一、主要特点

材料截面为正方形，边长为1个单位，长度为4个单位，全部采用挖凹榫的方式，每根木柱上刻有不同的凹榫，凹榫的长度以0.5为单位，深度为0.5个单位。

### 二、制作要求

制作一套6根柱式鲁班锁，如图6-15。组合后的外形尺寸为80毫米×80毫米×80毫米，组合时动配合灵活而间隙小于0.2毫米，表面光洁，缺口平整，外尺寸精度达到0.5毫米以内。

材料：截面20毫米×20毫米，长度600毫米实木一根。

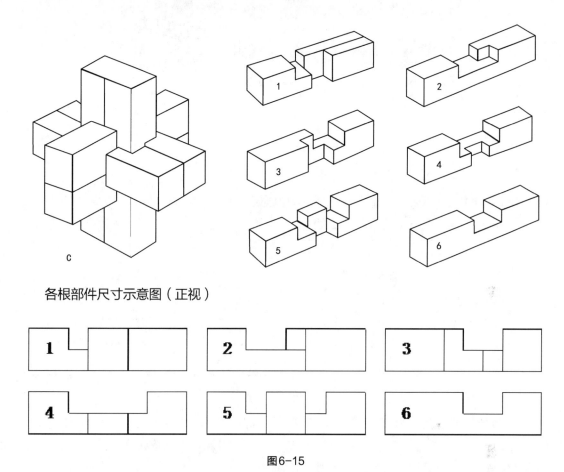

各根部件尺寸示意图（正视）

图6-15

## 任务四　六片板式鲁班锁

### 一、项目介绍

　　板式鲁班锁是相对复杂的一种，比起柱式鲁班锁，更具有各个面、孔之间的参差配合的特点，制作精度较高，装配难度也较大。6篇板式锁又叫相思锁，由6片外形尺寸相同的木片组合而成。每块木片具有不同的内部结构。

### 二、主要特点

　　每片木片的长为6个单位、宽为4个单位、高为1个单位。每片木板可以是整片，也可以是由4根柱组合成一片。组合时的连接方式有许多种，可以根据材料的质地、工具、技术水平考虑。最好的连接是榫卯结合。该锁的6片展开平面图和装配图如图6-16所示。

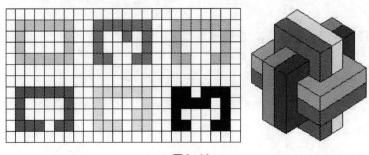

图6-16

## 三、榫卯结合方法

本锁需要木料两两垂直连接。为了提高连接强度与尺寸精度，一般可以采取榫卯结构的方法。将木料甲端面处开一个凹槽，制成榫眼，将木料乙端面处制一个凸榫。如图6-17所示。

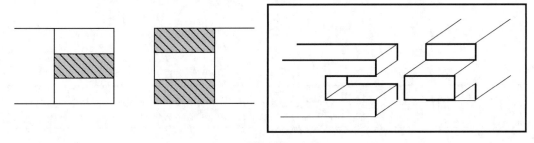

图6-17

划线时将木料宽度（厚度）平均分成三等份，或者中间部分略大于三分之一。例如，本例中可以按6毫米、8毫米、6毫米来划线。一定要注意，榫和卯的宽度必须一致，保证处于木料中间位置，并标上需要挖去的部分（图中的阴影部分）。

在锯割时要注意留下线痕，以便有足够的加工余量。锯割时要将木料两面轮流锯，以免一面锯到底而发生偏差。

锯割后用锉刀细心修整，注意榫卯连接是紧配合，必须留有0.1～0.2毫米的加工余量，余量的大小以装配时用锤轻轻敲击能进入为宜。

为了保证紧配合的效果，提高作品精度，可以在榫卯连接后的每个连接处打上毛竹销2个。

打毛竹销方法如下：先将连接处钻直径3毫米的孔，然后用削略大于孔直径的圆形毛竹棒（例如直径3.2毫米），用锤轻轻打入，直至背面穿透后截断，然后锉平。

## 四、制作要求

制作一套6片板式鲁班锁，组合后的外形尺寸为120毫米×120毫米×120毫米。制作静配合达到标准，牢固无缝隙。组合时动配合灵活而间隙小于0.2毫米，表面光洁，缺口平整，外尺寸精度达到0.5毫米以内。

材料：截面20毫米×20毫米，长度900毫米实木3根。

## 五、装配详图

6片版式鲁班锁装配比较复杂，现提供详解图如图6-18所示。

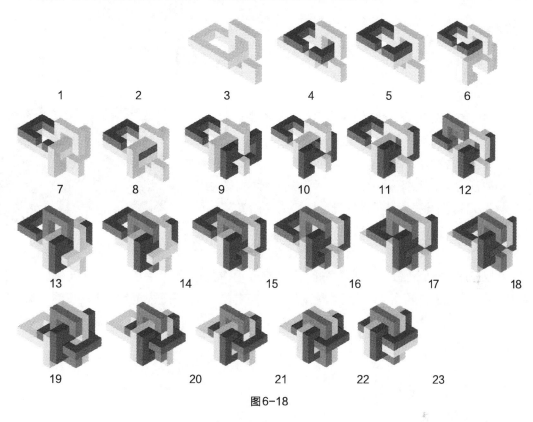

图6-18

## 拓展练习

想一想，这些鲁班锁（图6-19）应该怎样制作？

图6-19

# 项目二  河道太阳能景观灯的制作

随着城市建设发展和人们对休闲娱乐的需求越来越大，城市公园也变得越来越漂亮，特别是一些亲水型公园，以清亮的水面，绿色的植物，文化的题记，各种游乐和健身设施的点缀营造一种悠闲、和谐的气氛。到了晚上，亭台楼阁和高大树木上的LED灯闪闪发亮，有一种悠扬仙境的感觉，使人流连忘返，但对于夜间的水面却没有很好的处理方式，除了岸边的灯饰提示水面的边界以外，整个河面或湖面大都是黑漆漆的，成为这些亲水公园的夜间死角。

如果在这些水面上装上一些漂亮的花灯，在夜间能发出五颜六色的彩光，那势必能使水面生辉，使这些河面（湖面）在夜间也能成为公园的主要景色。由于水面给电能的传输带来安装的困难，设想利用太阳能电池来在白天存储电能，到了晚上时花灯点亮，既带来美丽的景色，又是一种清洁能源，为节能减排做出贡献。

## 一、丝网荷花的制作

请你利用前面章节所学丝网花制作工艺制作丝网荷花。

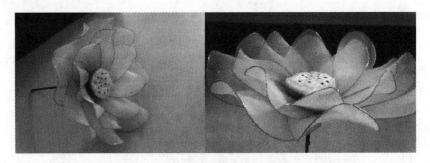

## 二、电路设计

### 1. 功能要求

利用太阳能作为能源，白天收集太阳能电池发出的电能并存储起来，晚上检测到光线不足时，利用存储起来的电能点亮安装于丝网荷花中的灯。

### 2. 任务分析

（1）用什么元件存储电能？

由于需要将白天太阳能电池发出的电能全部存储起来供给晚上用，白天存储的电能越多，晚上灯亮的时间越长，很显然用一般的电容很难做到所需容量，而用蓄电池则在体积、重量、环境保护等方面不满足要求，因此采用超级大电容实现。

法拉电容（也称为超级大电容）属于双电层电容器，它是世界上已投入量产的双电层电容器中容量最大的一种，其基本原理和其他种类的双电层电容器一样，都是利用活性炭多孔电极和电解质组成的双电层结构获得超大的容量。法拉电容的容量比通常的电容器大得多。

法拉电容的特点：

① 充电速度快，充电10秒至10分钟可达到其额定容量的95%以上；

② 循环使用寿命长，深度充放电循环使用次数可达1至50万次，没有"记忆效应"；

③ 大电流放电能力超强，能量转换效率高，过程损失小，大电流能量循环效率≥90%；

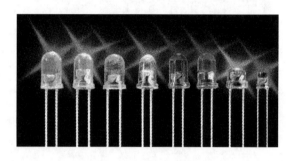

④ 功率密度高，可达300～5000瓦/千克，相当于电池的5～10倍；

⑤ 产品原材料构成、生产、使用、储存以及拆解过程均没有污染，是理想的绿色环保电源；

⑥ 充放电线路简单，无需充电电池那样的充电电路，安全系数高，长期使用免维护；

⑦ 超低温特性好，温度范围宽-40～+70℃；

⑧ 容量范围通常0.1～1000法。

（2）选用怎样的灯？

所选用的灯必须能安装于丝网荷花上，应具有体积小、寿命长、发光颜色多、耗电量小的要求，最佳选择是LED。

LED的内在特征决定了它具有很多优点。

① 体积小。LED基本上是一块很小的晶片被封装在环氧树脂里面，所以它非常小，非常轻。

② 耗电量低。LED耗电相当低，直流驱动，超低功耗（单管0.03～0.06瓦），电光功率转换接近30%。一般来说LED的工作电压是2～3.6伏，工作电流是0.02～0.03安，这就是说，它消耗的电能不超过0.1瓦，相同照明效果比传统光源节能近80%。

③ 使用寿命长。有人称LED光源为长寿灯。它为固体冷光源，环氧树脂封装，灯体内也没有松动的部分，不存在灯丝发光易烧、热沉积、光衰等缺点，在恰当的电流和电压下，使用寿命可达6万到10万小时，比传统光源寿命长10倍以上。

④ 高亮度、低热量。LED使用冷发光技术，发热量比普通照明灯具低很多。

⑤ 环保。LED是由无毒的材料做成，不像荧光灯含水银会造成污染，同时LED也可以回收再利用。光谱中没有紫外线和红外线，既没有热量，也没有辐射，眩光小，冷光源，可以安全触摸，属于典型的绿色照明光源。

⑥ 坚固耐用。LED被完全封装在环氧树脂里面，比灯泡和荧光灯管都坚固。灯体内也没有松动的部分，使得LED不易损坏。

⑦ 多变幻。LED光源可利用红、绿、蓝三基色原理，在计算机技术控制下使三种颜色具有256级灰度并任意混合，即可产生16777216种颜色（256×256×256），形成不同光色的

组合变化多端，实现丰富多彩的动态变化效果及各种图像。

（3）设计怎样的电路？

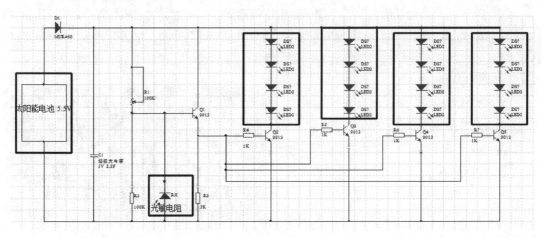

图6-20

请你分析图6-20电路的原理，确认是否实现所需功能。另外，太阳能电池功率和你所需的LED灯数量有关，你希望安装的LED灯越多，所选择的太阳能电池功率就越大。

## 三、漂浮载体设计

怎样使荷花和电路系统浮在水面又不会被水流带走？

可以用几个空饮料瓶，把它们并排地捆绑起来，做成一个"饮料瓶筏"，将荷花、荷叶和电路系统固定在上面就可以浮在水面上了。为了使在有风或者水波荡漾的情况下荷花灯不被漂走，可以做一个简单的锚，用一根长线系在"饮料瓶筏"的下面。

## 四、制作任务

请你设计制作河道太阳能景观灯，完成后在校园河道寻找一片水流不激烈的水域，从浮垫上展开锚绳，将锚抛入水底，将花灯轻轻放于水面，观察你的制作使用效果，为校园增添一份夜景。

第六章　解决问题的实践

## 走马灯的制作

项目三

　　走马灯，又名马骑灯，是中国传统玩具之一，是灯笼的一种，常见于元宵、中秋等节日。灯内点上蜡烛，烛产生的热力造成气流，令轮轴转动。轮轴上有剪纸，烛光将剪纸的影投射在屏上，图像便不断走动。因多在灯各个面上绘制古代武将骑马的图画，而灯转动时看起来好像几个人你追我赶一样，故名走马灯。

　　一般认为南宋时才有走马灯。文学家范成大（1126～1193年）的诗文记载："吴台今古繁华地，偏爱元宵影灯戏。春前腊后天好晴，已向街头作灯市。"同时古人有许多关于正月十五上元节 的诗，诗中描绘了千姿百态的灯，诸如飘升于天的孔明灯，在地上滚动的大滚灯，以及"转影骑纵横的走马灯"等。当时似无"走马灯"之名，称为"马骑灯"。"马骑灯"是在中国文学中有关此事的最早记载，所记为淳熙十一年之事，即公元1184年，以此计到今天已有800年的历史了。

　　走马灯的制作非常简单，在一个或方或圆的纸灯笼中，插一铁丝作立轴，轴上方装一叶轮，其轴中央装两根交叉的细铁丝，在铁丝每一端粘上人、马之类的剪纸。当灯笼内灯烛点燃后，热气上升，形成气流，从而推动叶轮旋转，于是剪纸随轮轴转动。它们的影子投射到灯笼纸罩上。从外面看，便成为清末《燕京岁时记》一书中所述车驰马骤、团团不休之景况。周密《武林旧事》在记述临安灯品时也说：若沙戏影灯，马骑人物，旋转如飞。

## 任务一　空气对流现象原理探究

　　物理学中有空气对流现象的解释，受热的空气膨胀上升，而冷的空气下沉，是一种冷热不均引起的大气运动。它与温度成正比。温度越高，大气对流运动越明显。

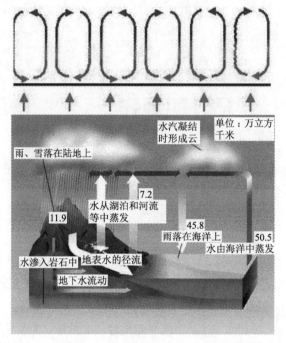

常见的孔明灯也用的是这个原理，近代蒸汽机、燃气轮机的基本原理也是加热空气，造成气流，并以气流推动轮轴旋转，因此空气对流现象的应用是非常广泛的。

孔明灯

蒸汽机

燃气机

## 一、材料准备

硬纸片、子母扣、铁丝、蜡烛。

## 二、工具准备

打火机、剪刀、铅笔、圆规、胶水、美工刀。

## 三、实施步骤

❶ 取一边长约为150毫米的硬纸片，用圆规画相等距离的同心半圆。如图6-21所示。

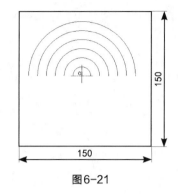

图6-21

❷ 在上图的基础上用圆规以最小半圆半径中心处为圆心，依次光滑连接各半圆，如图6-22所示。

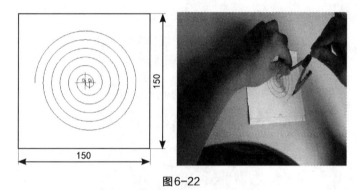

图6-22

❸ 沿着圆轨迹剪开，并在圆心上戳一个小洞，如图6-23所示。

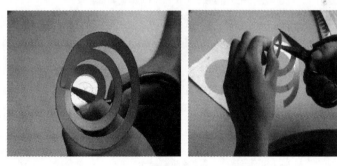

图6-23

❹ 在圆心处嵌上子母扣。如图6-24所示。

图6-24

❺ 将细铁丝弯成支架状，尖端顶在子母扣上，并撑住子母扣的中心，让螺旋形纸片自然下垂。如图6-25所示。

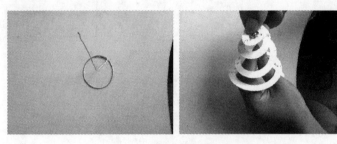

图6-25

❻ 把蜡烛点上，放在螺旋形纸片的下面，这样螺旋形纸片就自动地旋转起来了。如图6-26所示。

图6-26

## 任务二　走马灯的制作

### 一、材料准备

若干毛竹、细铁丝一段(30厘米)、硬纸板（塑料片）、各类颜色透明彩纸。

### 二、工具准备

打火机、剪刀、铅笔、圆规、铁钳、胶水、美工刀、各类锉刀、小台钻、钢尺、蜡烛等。

### 三、实施步骤

❶ 材料和各种所需工具准备（图6-27）

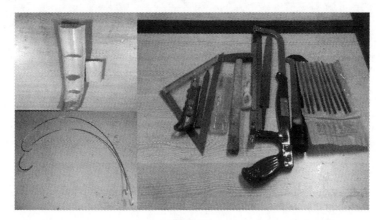

图6-27

❷ 走马灯架子的制作

图6-28为走马灯外围骨架。为了定位内部物件和热源的支撑，设计的形式比较传统，你可以根据自己的创意进行改动。

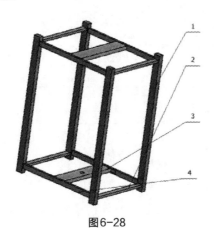

图6-28

（1）1处实施图纸，如图6-29所示

要求：个数为4件，每件都保证竹子表面无毛刺。

图6-29

（2）2处实施图纸，如图6-30所示

要求：个数为4件，每件都保证竹子表面无毛刺。

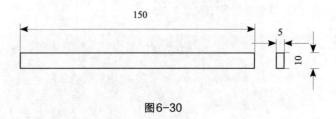

图6-30

（3）3处实施图纸，如图6-31所示

要求：个数为2件，每件都保证竹子表面无毛刺。

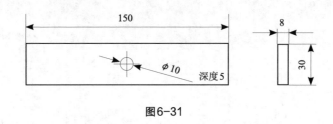

图6-31

（4）4处实施图纸，如图6-32所示

要求：个数为4件，每件都保证竹子表面无毛刺。

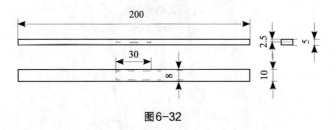

图6-32

❸ 走马灯挂钩的制作，如图6-33所示

该制作选材用钢丝进行加工，依据的方法可以采用通用技术工作室对于采用材料的切割以及用虎钳弯折的方法进行加工。

❹ 风扇叶吃撑竿的制作，如图6-34所示

加工方法和要求：选用长度和宽度合适的毛竹，先进行矩形截面的削制，在最后用美工刀进行逐步削圆，并保证该零件直径要求。难点：在最后的装配后要保证该零件能够在对流现象中带动创意物件旋转。

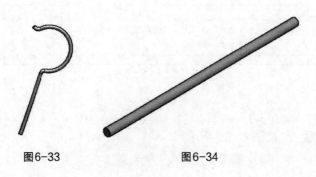

图6-33　　　　　图6-34

第六章 解决问题的实践

❺ 风扇叶的制作，如图6-35所示

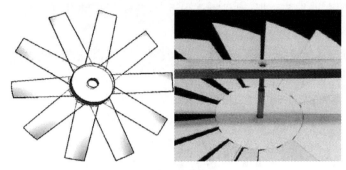

图6-35

风扇叶的制作是关键的一步，你可以参考吊扇的叶片构造，用硬纸板或薄塑料片进行扇叶加工最后拼接而成（当然也可用竹片削角度实现），保证叶片受热能进行旋转，最大直径不超过12厘米。

❻ 后续制作

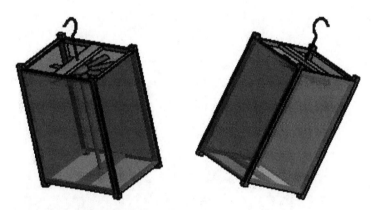

（1）组装走马灯框架，保证转动轴转动灵活。
（2）制作绘制需要转动的人物或动物图案，可以利用剪纸（硬纸板）制作，也可以用现成的画报等裁剪制作。
（3）将这些人物或动物图案用铁丝固定于转动轴上。
（4）最后有蜡烛或者酒精灯点燃后放在架子底座上，现在你可以观看自己的走马灯了。
（5）为了防止外界空气流动的影响，最好在框架四周贴上透明薄膜，进行四周密闭。

【拓展练习】

檀香的喜好

准备材料：檀香2支、打火机1个、大冰糕1支、蜡烛半支。
实验过程：

❶ 将檀香点燃，观察烟的飘动方向。（注：如果不是竖直向上，则说明附近有风，实验不

会成功。)

❷ 将蜡烛点燃,并轻轻地移动到檀香附近,观察檀香烟的飘动方向。结果:烟向蜡烛一侧飘动。

❸ 将蜡烛换成大冰糕,并轻轻地移动到檀香附近,观察檀香烟的飘动方向。结果:烟向远离大冰糕一侧飘动。

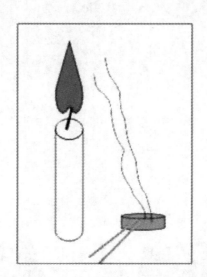

第六章 解决问题的实践

## 四处乱窜的聪明鼠

鼠目寸光，老鼠的视力很差，尤其在漆黑的环境下，老鼠相当于是个瞎子。茫茫黑暗中，老鼠是凭借什么得以四处乱窜而不会碰壁呢？触须，正是这看上去不怎么美丽的东西发挥了神奇的功能，它成了老鼠必不可少的"导盲杖"。通过触须感知前方是否有障碍物，从而有效回避障碍物，不会被撞到。一根触须引发了人类很多思考。可否模拟老鼠的这一生物特性，用电子元器件制作一个四处乱窜的聪明鼠呢？

## 一、项目要求

### 1.四处乱窜

这只老鼠只要一接通电源就会向前进，只要前面没有障碍物就不会停歇。

### 2.聪明鼠

这只电子老鼠的聪明在于只要触须遇到了障碍物就会躲避，即使在黑暗的环境下也不会撞头。当老鼠的左边有障碍物时会向右转，并且左眼会发光；当右边有障碍物时会向左转，并且右眼会发光；当前方有障碍物时会向后退，并且两眼都发光，直到避开障碍物再继续前进，双眼停止发光。

## 二、主要问题与解决方案

【问题一】四处乱窜的老鼠需要能量与脚。

【解决方案】直流电动机，也称直流马达（图6-36），具有控制方便、无污染、寿命长等优点，它是电子玩具中理想的驱动轮。直流电动机由直流电源（电池）供电，只要将直流电动机的引脚接线连接到直流电源正负极，电动机的轴就会向某一方向旋转，改变电源极性，轴会向另一方向旋转。用其轴作为老鼠的脚，用电池作为能量供给，通过改变加在电动机两端的电源极性来改变轴旋转的方向，从而改变老鼠前进与后退。有了这神奇的直流电动机老鼠就有能量四处乱窜了。

 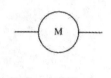

图6-36 直流电动机及图形符号

【问题二】聪明鼠如何前进、后退、左转、右转?

【解决方案】采用两个直流电动机分别作为聪明鼠的左脚右脚,当两个电动机都向前旋转时,聪明鼠就前进;当两个电动机都后退时,聪明鼠就后退;当左边电动机向前,右边电动机后退,也就是聪明鼠左脚向前,右脚向后时,聪明鼠就右转。这样通过左右两个电动机的正反转之差来实现左转与右转,表6-1表示电动机状态与聪明鼠的行为关系。

表6-1 电动机状态与聪明鼠的行为关系

| 左边电动机旋转方向 | 右边电动机旋转方向 | 聪明鼠的行为模式 |
| --- | --- | --- |
| 向前 | 向前 | 前进 |
| 向后 | 向后 | 后退 |
| 向前 | 向后 | 右转弯 |
| 向后 | 向前 | 左转弯 |

【问题三】聪明鼠如何自动避开障碍物呢?虽然已经知道了通过改变加在电动机两端的电源极性可以改变老鼠行为模式,但是当遇到障碍物时总不能用手去调节吧,面对随机出现的障碍物,聪明鼠如何避障呢?

【解决方案】老鼠通过触须向大脑神经发出信息,大脑神经再控制四条腿作出相应的反应。

在这里要给大家介绍一种微小而神奇的元器件——开关,它就是聪明鼠的大脑神经,协调着触须与脚的关系。

但是开关有很多种,选哪种开关呢?开关由移动的"刀"和固定的"位"构成,"位"也称为"掷"。移动"刀"的方式可以是拨动式的、旋转式的或者按动式的。图6-37是拨动式单刀单掷开关。单刀单掷,顾名思义只有一个"刀",一个"掷"。当拨动开关,即将"刀"闭合后,开关相当于一根导线,电路导通。

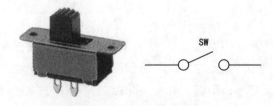

图6-37 单刀单掷开关及图形符号

单刀单掷开关只有断开和导通两种状态,而单刀双掷开关只有导通的状态,图6-38是单刀双掷开关及图形符号，拨动开关可以从一种导通状态切换到另一种导通状态。由表6-1可知如果聪明鼠从前进转向后退，那么电动机的旋转方向要求相反，也就是加在电动机两端的电源极性相反，将单刀双掷开关的两个"掷"分别连在两个不同极性的电源两端，再将"刀"连在触须上，这样触动触须，电动机两端的电源由一种极性切换为另一种极性，旋转方向由向前切换成后退。这似乎是符合要求的元器件。

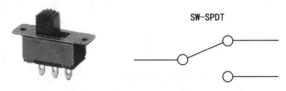

图6-38　单刀双掷开关及图形符号

但是这种单刀双掷开关还存在问题，它拨到何处就停留在何种状态，不会自动回到原来状态。而项目中要求聪明鼠遇到障碍物时躲避，直到没有障碍物再继续前进，按照这样的要求需要另一种开关，有障碍物时开关拨向另一种状态，没有障碍物时开关自动回到原来的状态。微动开关就是这样的开关，图6-39是按动式和杠杆型微动开关，在平日里使用的鼠标中每个按键下都有一个按动式微动开关。只需要很小的力按动开关，就可以从一种导通状态（接NC引脚）切换到另一种导通状态（接NO引脚），与单刀双掷开关的区别就在于微动开关在松开按钮时能自动回复到原先状态（接NC引脚）。

图6-39　微动开关及图形符号

解决了上述三个问题之后就已经找到了聪明鼠的核心部件，接下来就是如何用电路将元器件连接起来，图6-40就是聪明鼠的电路图。

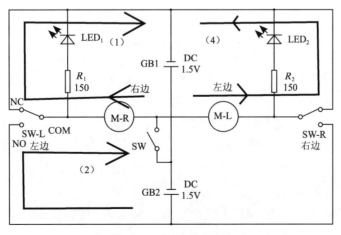

图6-40　聪明鼠的电路图

图6-40中左右两边对称,SW-L和SW-R是两个微动开关,分别连着左右两根触须,M-L和M-R分别是左右两个电动机。SW是单刀单掷开关,这个开关决定了聪明鼠的生命,当开关SW闭合时电池向电动机提供电源,聪明鼠才得以四处乱窜。当SW打开时聪明鼠没有电源提供,相当于是只死老鼠。

闭合开关SW,先看电路的左半部分,左边没有障碍物时微动开关打NC上,GB2被断开。只有回路(1)导通,由图6-40知电动机M-R右边电位比左边高,这时右边电动机旋转的方向是向前的。当左边触须碰到障碍物时,微动开关打在NO上,这时电路中存在两条回路,上图6-40中回路(2)以及下图6-41中回路(3),由回路(2)可知电动机M-R左边电位比右边高,也就是电动机两端的电源极性相反,导致旋转方向也相反,右边电动机由向前变成了后退。而右边没有障碍物,由电路对称性可知,M-L两端电源极性不变,左边电动机一直向前,这样左边遇到障碍物时,右边电动机由向前变成了后退,左边电动机一直向前,由前面表格可知聪明鼠会向右转以躲避障碍物。直到没有障碍物,微动开关SW-L自动恢复到原先状态,打在A上,这样左右电动机都向前,聪明鼠又继续前进了。

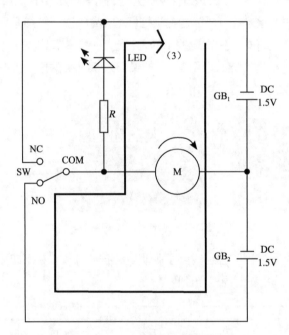

图6-41 遇障碍物时的工作原理

与人的左脑控制右半躯体类似,这只聪明鼠也是左边触须控制右边的脚,右边触须控制左边的脚,通过微动开关有效地控制两只脚以避开障碍物。

【问题四】如何让聪明鼠遇到障碍物时眼睛自动发光呢?

【解决方案】发光二极管(图6-42)是一种特殊的二极管,它有很多种类,可以发出红色、绿色、黄色、蓝色等色光,具有寿命长、耗电省、耐振动、体积小、价格低等很多优点,已经在各类电子产品中得到广泛的应用。

与普通二极管相似,它也有单向导电性,当它两端有合适的电压时,就会有电流通过它而发光。用它作为聪明鼠的眼睛再合适不过了。

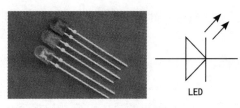

图6-42 发光二极管及图形符号

一般的发光二极管通过10毫安电流时,就可发出强度令人满意的光线。为避免流过的电流过大造成二极管烧坏,需要串入一个电阻,使得二极管上有合适的电流。从图6-41遇障碍物时的工作原理可以看出,当左边遇到障碍物时,回路(3)导通,发光二极管与限流电阻串联加在两节电池两端,发光二极管上有合适的电流而发光,这只左边的眼睛就亮了。由于右边没有障碍物,右半部分电路中只有回路(4)导通,发光二极管不发光。所以左边遇到障碍物时只有左眼发光。同样的道理,右边遇到障碍物时只有右眼发光。

通过思考应该已经初步形成了一只聪明鼠,现在就要开始动手制作了。

## 三、实施步骤

**1.准备材料工具,如表6-2所示。**

表6-2

| 名称 | 型号/规格 | 数量 | 备注 |
| --- | --- | --- | --- |
| 直流电机 | F130型 | 2 | 可用其他类似的型号,扁形 |
| 发光二极管 | 直径3毫米或5毫米 | 2 | 绿色 |
| 微动开关 |  | 2 | 杠杆型皆可 |
| 开关 | 单刀单掷开关 | 1 | 拨动式 |
| 电阻器 | 150欧姆(棕绿黑黑棕) | 2 |  |
| 电池盒 |  | 1 | 能容纳两节5号电池 |
| 有机玻璃 |  | 适量 | 配套用的有机玻璃专用胶水 |
| 通用电路板 | 50毫米×95毫米 | 1 |  |
| 弹性金属丝 | 长约80毫米 | 2 | 可用吉他琴弦 |
| 导线 |  | 少量 |  |
| 小珠子 | 直径约10毫米 | 1 | 可用圆管代替,塑料或木质的 |
| 粗铜丝 |  |  | 可用粗铁丝代替 |
| 螺钉 | M3×8毫米 | 2 | 直径3毫米,长度8毫米 |
| 螺母 | M3 | 2 |  |
| 其他 |  | 适量 | 黏结剂、电烙铁、尖嘴钳、焊锡 |

**2.制作底盘——老鼠的身躯**

聪明鼠的底盘用通用电路板来加工制作,在这块电路板上,除了要装配焊接所有的电子元器件外,还要将电动机、电池盒等零件固定在上面。因此需要对电路板进行加工,具体步骤如下。

(1)裁取一块通用电路板,尺寸为50毫米×95毫米.

(2)根据老鼠的形状,将通用电路板前端裁成三角形。

(3)在安装电池盒和电源开关的位置打两个孔。如图6-43所示。

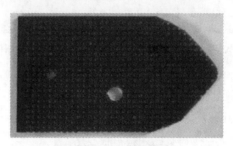

图6-43  加工后的电路板

### 3.安装电动机与电池盒——老鼠的驱动脚与能量

(1)电动机的轴非常光滑,在高速旋转中很容易与桌面之间打滑,为实现可靠地行走,需要在轴上套上防滑轮。防滑轮可以选用塑料管或塑料齿轮。注意两种方案都要将轴与防滑轮有效连接,不能松动。

(2)电动机与电池盒之间的连接用一个支架,用有机玻璃做一个支架,宽度为电动机的宽度,用热风枪将有机玻璃两端弯曲成45度,类似于没有下底边的等腰梯形。如图6-44所示。

图6-44  电动机与电池盒的安装

(3)在支架的上底边钻一个孔,用螺钉将支架与电池盒固定在一起。用绝缘胶带将电动机绑在支架的两个腰上,要注意绑定的高度。当支架放在桌面时电池盒脱离桌面一定的高度,并且两个电动机的高度相等。

(4)为了方便更换电池,将电池盒安装在聪明鼠的底部,如下图6-45所示。最后用螺钉和螺母将电池盒固定在底盘电路板上。

(5)电动机两端引脚连接到电路时要注意方向,保证没有障碍物时左右两个电动机是向前转的。方法是,在接入电路前,给电动机加上1.5伏电压,记录轴旋转方向向前时接电源正极的那一端,再用导线接入电路板。

### 4.安装电源开关

为方便拨动开关,电源开关安装在聪明鼠底部。如下图6-45是单刀双掷开关,只用其中的两个引脚(中间引脚与边上任意一个引脚),作为单刀单掷开关使用。安装时先将螺母取下,将按钮穿过孔，再用螺母固定。

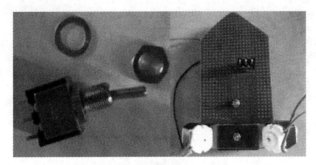

图6-45　电源开关的安装

**5. 焊接电路图——老鼠的神经脉络**

在加工后的电路板上按照上面聪明鼠的电路图将各元器件连接起来，各元件之间的导线相当于老鼠的神经脉络，只有电路连接正确时各元器件才能发挥神奇的功效。特别要注意左边电动机是与右边微动开关相连，不能接反。聪明鼠的电路图只是电路原理图，与他们之间实际的物理位置无关，为使聪明鼠看起来美观、简洁、清晰，需要对电路合理布局。以下提供一种电路元件布局图供参考（图6-46）。

图6-46

微动开关尽可能置于最前端，用粗铜丝或铁丝穿过微动开关的两个孔与电路板固定。此布局用到的导线较多，将电路左右两部分的连接线用不同的颜色便于区分，最后将导线梳理捆扎。

**6. 安装随动轮——老鼠的平衡脚**

这只老鼠总共有三只脚，后两只脚用电动机做驱动，而前一只脚用来支撑、平衡，是随着后两只脚驱动而运动的，所以称为随动轮（当然最好用万向轮）。

（1）取一个直径约为10毫米的有孔小珠子，孔的直径约为1毫米。

（2）将粗铜丝穿过珠子，用尖嘴钳将粗铜丝两端弯折，如图6-47所示。如果珠子穿过铜丝时过紧要将孔再打大点。

（3）将粗铜丝两端从焊接面插入焊盘，再从另一个焊盘穿出焊接面，将支架两端弯折过来，用电烙铁将粗铜丝焊接在电路板上。图6-47是随动轮的正面与焊接面（当然最好用万向轮)。

图6-47 随动轮正面与焊接面

**7. 安装微动开关——老鼠的触须**

由于较长的触须会给其他元件的焊接带来不便,触须的安装一般放在最后一步。针对本项目要求,通过触须感知障碍物,微动开关应选用金属片杠杆类型。充当触须的金属丝要具有弹性,易弹易恢复。

截取长度约80毫米的弹性钢丝2根,用尖嘴钳将钢丝弯成弧形。先用铜丝在钢丝一端绕几圈,再焊接到微动开关的金属片上,这样将钢丝与金属片有效焊接。触须的方向为金属片的延长线方向(图6-48)。

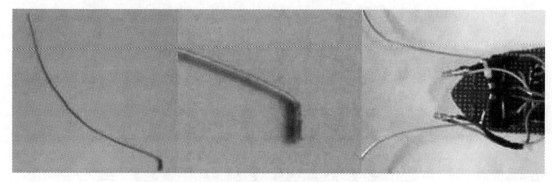

图6-48 触须的安装

**8. 调试电路——老鼠的功能**

在给聪明鼠穿上外衣之前,要上电调试。拨动开关,让聪明鼠向前,看是否能有效避障。如果通电后聪明鼠不动,检查电路连接是否正确。如果电动机转向相反,检查正负极是否接反,检查左边电动机是否与右边微动开关相连。要确保电路连接正确再安装外壳。

**9. 安装外壳——老鼠的外衣**

最后给聪明鼠加上外壳,这部分可以发挥自己的创意,材料不定,做出属于自己的有个性的聪明鼠。

下面提供一种方案供参考:材料用有机玻璃、塑料瓶、白纸、导线。

(1)先用有机玻璃制作一个老鼠的轮廓(图6-49),截取两段长形有机玻璃,尺寸为2.7厘米×17厘米,在微动开关和电动机处开两个凹槽,以便将触须和电动机露在外面。用热风枪吹热后弯成弧形。

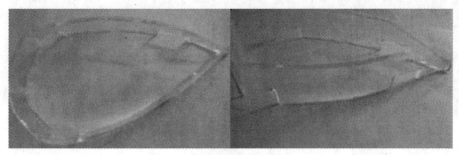

图6-49 聪明鼠轮廓

（2）用塑料瓶剪出老鼠的头部，呈拱形状粘在老鼠的轮廓上。在轮廓、头部上用胶水贴上白纸。

（3）将上述轮廓安装在电路板上。用粗铜丝将轮廓的头部与电路板的头部固定。用一小方块有机玻璃将轮廓的尾部与电动机的支架相连接（图6-50）。

图6-50 外壳的固定

（4）用有机玻璃做一个上外壳，贴上白纸，用有机玻璃专用胶水粘在轮廓上。最后再用白色导线做一个尾巴，在头部画上鼻子胡须，让老鼠更生动。这样一只惟妙惟肖的聪明鼠就做好了（图6-51）。

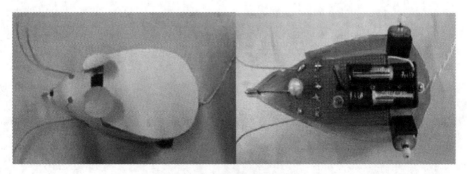

图6-51 四处乱窜的聪明鼠

# 第七章 创新来自需要

**内容描述**

引导学生对生活中的周边事物，包括日常使用的物品、工具多观察多思考，发现不合理、不科学、不顺手、不节俭、不牢固、不安全、不灵活、不省力、不轻巧的地方，认真地对这些缺点进行思考分析，就有可能对缺点加以改正，从而有所发现，有所创新，培养青少年用心观察周围的事物，善于发现问题，提出问题，大胆探索，动手实践的创新精神、动手能力和实践能力，全面提高其科技综合素质，在科技实践活动中和探究性学习过程中产生发明创造作品、科学研究论文。

第七章　创新来自需要

渴望变化，拥抱变化，才能真正成为时代的弄潮儿。

近代以来人类文明进步所取得的丰硕成果，主要得益于科学发现、技术创新和工程技术的不断进步，得益于科学技术应用于生产实践中形成的先进生产力，得益于近代启蒙运动所带来的人们思想观念的巨大解放。可以这样说，人类社会从低级到高级、从简单到复杂、从原始到现代的进化历程，就是一个不断创新的过程。不同民族发展的速度有快有慢，发展的阶段有先有后，发展的水平有高有低，究其原因，民族创新能力的大小是主要因素之一。

创新是指人们为了发展的需要，运用已知的信息，不断突破常规，发现或产生某种新颖、独特的有社会价值或个人价值的新事物、新思想的活动。创新的本质是突破，即突破旧的思维定势、旧的常规戒律。创新活动的核心是"新"，它或者是产品的结构、性能和外部特征的变革，或者是造型设计、内容的表现形式和手段的创造，或者是内容的丰富和完善。

创新概念的起源于美国经济学家熊彼特在1912年出版的《经济发展概论》。熊彼特在其著作中提出：创新是指把一种新的生产要素和生产条件的"新结合"引入生产体系。它包括五种情况：引入一种新产品，引入一种新的生产方法，开辟一个新的市场，获得原材料或半成品的一种新的供应来源。熊彼特的创新概念包含的范围很广，如涉及到技术性变化的创新及非技术性变化的组织创新。

约瑟夫·熊彼特

到20世纪60年代，新技术革命迅猛发展。美国经济学家华尔特·罗斯托提出了"起飞"六阶段理论，对"创新"的概念发展为"技术创新"，把"技术创新"提高到"创新"的主导地位。

1962年，伊诺思在其《石油加工业中的发明与创新》一文中首次直接明确地对技术创新下定义，"技术创新是几种行为综合的结果，这些行为包括发明的选择、资本投入保证、组织建立、制订计划、招用工人和开辟市场等"。伊诺思的定义是从行为的集合的角度来下定义的。而首次从创新时序过程角度来定义技术创新的林恩（G. Lynn）认为技术创新是"始于对技术的商业潜力的认识而终于将其完全转化为商业化产品的整个行为过程"。

美国国家科学基金会（National Science Foundation of U.S.A.），也从20世纪60年代开始兴起并组织对技术的变革和技术创新的研究，迈尔斯（S.Myers）和马奎斯（D.G.Marquis）是主要的倡议者和参与者。在其1969年的研究报告《成功的工业创新》中将创新定义为技术变革的集合。认为技术创新是一个复杂的活动过程，从新思想、新概念开始，通过不断地解决各种问题，最终使一个有经济价值和社会价值的新项目得到实际的成功应用。到70年代下半叶，他们对技术创新的界定大大扩宽了，在NSF报告《1976年：科学指示器》中，将创新定义为"技术创新是将新的或改进的产品、过程或服务引入市场"。而明确地将模仿和不需要引入新技术知识的改进作为最终层次上的两类创新而划入技术创新定义范围中。

20世纪70～80年代开始，有关创新的研究进一步深入，开始形成系统的理论。厄特巴克（J. M. Utterback）在70年的创新研究中独树一帜，他在1974年发表的《产业创新与技术扩散》中认为，"与发明或技术样品相区别，创新就是技术的实际采用或首次应用"。缪尔赛在80年代中期对技术创新概念作了系统的整理分析。在整理分析的基础上，他认为"技术创新是以其构思新颖性和成功实现为特征的有意义的非连续性事件"。

著名学者弗里曼（C.Freeman）把创新对象基本上限定为规范化的重要创新。他从经济学的角度考虑创新。他认为，技术创新在经济学上的意义只是包括新产品、新过程、新系统和新装备等形式在内的技术向商业化实现的首次转化。他在1973年发表的《工业创新中的成功与失败研究》中认为，"技术创新是一个技术的、工艺的和商业化的全过程，其导致新产品的市场实现和新技术工艺与装备的商业化应用"。其后，他在1982年的《工业创新经济学》修订本中明确指出，技术创新就是指新产品、新过程、新系统和新服务的首次商业性转化。

我国从20世纪80年代以后开展了技术创新方面的研究，傅家骥先生对技术创新的定义是："企业家抓住市场的潜在盈利机会，以获取商业利益为目标，重新组织生产条件和要素，建立起效能更强、效率更高和费用更低的生产经营方法，从而推出新的产品、新的生产（工艺）方法、开辟新的市场，获得新的原材料或半成品供给来源或建立企业新的组织，它包括科技、组织、商业和金融等一系列活动的综合过程。"此定义是从企业的角度给出的。彭玉冰、白国红也从企业的角度为技术创新下了定义："企业技术创新是企业家对生产要素、生产条件、生产组织进行重新组合，以建立效能更好、效率更高的新生产体系，获得更大利润的过程。"

进入21世纪，信息技术推动下知识社会的形成及其对技术创新的影响进一步被认识，科学界进一步反思对创新的认识：技术创新是一个科技、经济一体化过程，是技术进步与应用创新"双螺旋结构"（创新双螺旋）共同作用催生的产物。创新双螺旋就是指技术创新中技术进步与应用创新构成的"双螺旋结构"。

技术进步和应用创新两个方向可以被看作既分立又统一、共同演进的一对"双螺旋结构"，或者说是并行齐驱的双轮——技术进步为应用创新创造了新的技术，而应用创新往往很快就会触到技术的极限，进而鞭策技术的进一步演进。只有当技术和应用的激烈碰撞达到一定的融合程度时，才会诞生出引人入胜的模式创新和行业发展的新热点。技术创新正是这个技术进步与应用创新"双螺旋结构"共同演进催生的产物。

# 项目一 培养创新意识

创新意识是指人们根据社会和个体生活发展的需要，引起创造前所未有的事物或观念的动机，并在创造活动中表现出的意向、愿望和设想。它是人类意识活动中的一种积极的、富有成果性的表现形式，是人们进行创造活动的出发点和内在动力，是创造性思维和创造力的前提。各人的创新意识和他们的技术知识、环境氛围、文化素养、兴趣爱好、情感志趣等方面都有一定的联系，这些因素对创新意识的产生起到重大的影响作用。

**1. 你有一颗好奇心吗**

好奇心是创新意识的萌芽。黑格尔说过："要是没有热情，世界上任何伟大事业都不会成功。"所有个人行为的动力，都要通过他的头脑，转变为他的愿望，才能使之付诸行动。如果一个同学仅仅记住了数学的各种定理与公式，而不能把学到的知识用于发现新问题，不能解决实际问题，只学习老师讲授的知识，只记忆书本上的知识，是远远不够的，应在课堂上学到的知识的基础上，勇于探索，善于

创新。作为教师应在教学中引导和培养学生的好奇心理，这是唤起创新意识的起点和基础。

被人们称为"发明大王"的爱迪生，是美国著名的科学家和发明家。他的一生，仅是在专利局登记过的发明就有1328种。一个只上过三个月学的人，怎么会有这么多发明创造呢？他的成功源于强烈的好奇心。

1847年，爱迪生降生在美国俄亥俄州米兰市的一个商人家庭里。很小的时候，爱迪生就显露出了极强的好奇心，只要看到不明白的事情，他就抓住大人的衣角问个不停，非要问出个究竟来。

一天，他指着正在孵蛋的母鸡问妈妈："母鸡把蛋坐在屁股底下干吗呀？"妈妈说："哦，那是在孵小鸡呢！"下午，爱迪生突然不见了，家里人急得四处寻找，终于在鸡窝里找到了他。原来，他正蹲在鸡窝里，屁股下放了好多鸡蛋孵小鸡呢！父母看了以后哭笑不得，只好把他拉出来，又是给他洗脸，又是给他洗衣服。

好不容易，爱迪生长到了8岁，父母把他送进了一所乡村小学读书，以为从此以后他就能安安分分上学了。谁知，他仍然爱追根问底，经常把教师问得目瞪口呆，窘迫不堪。有一回上算术课，教师在黑板上写下了"2+2=4"，爱迪生马上站起来问："老师，2加2为什么等于4呢？"这个问题把老师问住了，他认为爱迪生是个捣蛋鬼，专门和老师闹别扭，于是，在上了三个月的课以后，爱迪生就被老师赶回家了。

爱迪生的母亲是位伟大的母亲。她没有因为独生子被撵回来而责怪他，相反，她决定自己把孩子教育好。当她发现爱迪生好奇心重，对物理、化学特别感兴趣时，就给他买了有关物理、化学实验的书。爱迪生照着书本，独自做起实验来。可以说，这就是爱迪生搞科学发明的启蒙教育。

长大了的爱迪生，学会了无线电收发报技术。他在斯特拉特福铁路分局找到了一个夜班报务员工作。按规定，夜班报务员不管有事无事，到晚上九点后，每小时必须向车务主任发送一次讯号。爱迪生为了晚间休息好，白天能钻研发明创造，就设计了一个电报机自动按时拍发信号。这就是电报机的雏形。

没过多久，他又对电报机进行了改进，经过多次试验，一架新式的发报机试制成功了。爱迪生望着自己发明的机器，欣慰地笑了。

应该说，爱迪生的每一项发明都是和他的好奇心紧紧相连的。在他发明了电报之后，又开始搞电话实验。他发现传话器里的膜板能够随着说话声音引起相应振动，就仔细观察，并且在笔记本上做了详细记录。由此，一个"会说话的机器"做成了。人们听到这个消息，都纷纷前来观看，并称他为"最伟大的发明家"。所以，好奇心是一个人取得成功、展示智慧的先决条件。

不仅著名的科学家需要好奇心，普通人要学习知识，有所成就也需要好奇心。1991年7月，《光明日报》科技部曾对全国青少年科技小发明比赛中获奖的118名中学生进行问卷调查，在"您的主要心理特征"一栏里，92%的同学写的是"好奇心强"。湖南零陵地区道县一中的少年何骥，在一天到鸡棚捡蛋的时候，禁不住好奇地想道："鸡蛋到底为什么一头大一头小呢？是大头先出母体还是小头先出母体呢？"为了弄清这个问题，他每天一放学就立刻赶回家，蹲在鸡棚旁静静地观察，有时甚至连晚饭都忘记吃。两个多月以后，何骥终于发现：鸡蛋是大头先出母体。为此，他写了论文，得到许多生物学家的称赞。他的发现，居然是鸟类文献中还没有记载过的新发现。

成才需要好奇心，但是有了好奇心并不意味着就一定能够成才。要想有成就，还需要付出艰苦的努力。好奇心就好比一粒种子，没有种子就长不出参天大树，没有好奇心的人也不可能有所发明，有所创造。种子播种在黑土里以后，经过人们的浇灌、培育，会逐渐地破土而出，由小苗长成栋梁。有了好奇心，再加上汗水和心血，也一定能使人获得成功。当代著名物理学家李政道博士说："好奇心很重要，要搞科学离不开好奇。道理很简单，只有好奇才能提出问题，解决问题。可怕的是提不出问题，迈不出第一步。"正因为好奇心如此重要，所以，许多人都把好奇心称为成功者的第一美德。对于一个有志成才、渴望成功的少年来说，好奇心是最宝贵的。

无论是大发明家爱迪生的故事，还是中学生何骥的故事，都向人们证明了一个真理：好奇心即为发明家之心。

若渴望智慧之花早日绽开，渴望创造灵感早日到来，那么，就仔细地观察生活吧！一个不热爱生活、对周围的一切都漠然视之的人是不会拥有一颗好奇之心的。

**2. 你对于所学的东西感兴趣吗？**

兴趣是创新思维的营养。兴趣是人们有选择地、积极愉快地学习的一种心理倾向，它是各种动机中最现实、最活跃的成分，是推进人们进行创新的原动力。我国伟大的教育家孔子说："知之者不如好之者，好之者不如乐之者。"爱因斯坦说过："兴趣是最好的老师"。心理学家皮亚克说："一切有成效的工作都是以某种兴趣为先决条件的。"可见，兴趣是最好的老师，兴趣是感情的体现，是学习的内在因素，事实上，只有感兴趣才能自觉地、主动地、竭尽全力去观察事物、思考事物、探究事物，才能最大限度地发挥主观能动性，容易在学习中产生新的联想，或进行知识的移植，做出新的比较，综合出新的成果。也就是说强烈的兴趣是"敢于冒险、敢于闯天下、敢于参与竞争的支撑，是创新思维的营养"。

著名科学家杨振宁赴美留学时，立志要写出一篇实验物理论文。被誉为"氢气之父"的泰勒博士一直关注着杨振宁的学术研究，他直率地对杨振宁说："我认为你不必坚持一定要写一篇实验论文。"杨振宁认真地思考了两天。最后，他不得不痛苦地承认，自己的动手能力确实不强。尽管他对写实验论文毫无兴趣，而是对另一方面——理论物理研究有着浓厚的兴趣。杨振宁想了半响，最终接受了泰勒的建议，放弃写实验论文的打算。做出这个决定之后，他如释重负，毅然把主攻方向转入理论物理研究。有了浓厚的兴趣和刻苦努力的毅力，杨振宁不久就出色地完成了学业。从此，他踏上了成为物理学界一代杰出理论大师之路。

瑞典化学家舍勒（1742～1786年），14岁当药店学徒，白天配药水、制药片，晚上便挑灯夜读化学名著，并照书本实验。后升任实验员，有时日夜连轴转不离实验室。他说一闻那刺鼻异味兴头儿就上来了。他发现了氯、氧、氨、氯化氢、氢氟酸、钼酸等。还发现了银化合物的感光性。他的分离乳酸、草酸的方法沿用至今。当时大学请他去做教授，他始终舍不得离开那有刺鼻异味的实验室。以事业心去解释他的专注，对，但不够，应该说还由他对化学爱之切、兴趣浓使然。

兴趣从来源可分为两种：第一种直接由人对某事物的爱好油然而生的兴趣；第二种是由事业心、对事业的热爱引发的兴趣。兴趣可以说是创造创新的"催化剂"。就以第一种兴趣来说，似乎"玩"与创新风马牛不相及，实际上玩出兴趣而创新是数不胜数。例如有人偶见林中空地有一种兰花，花小却奇艳，深感兴趣，并经定向选择培育，将其小花品种改良为大花多色，这就是如今红遍海内外的蝴蝶兰。可以说玩家创新层出不穷，各种玩具、电子宠物、电子游戏机等

等，这些玩物都带来可观的社会经济效益。第二种兴趣引发的创造创新更如天上星、恒河沙那么多，电器、交通工具、航天设备、管理决策方略等，都是业者满怀兴趣发明发现的硕果。

人一旦对研究某一事物有兴趣，他就会像孩童玩游戏一样全身心地投入，魂牵梦萦，甚至与研究对象难解难分。此时思想活跃，灵感易至。一旦小成，狂喜如童，兴趣更浓，形成良性循环，形成最佳创新氛围。反之，如果人对所研究的事物兴趣索然，做也是"只得做"。创造力会萎缩，多半与创新无缘。

人对事业或事物有兴趣，有的达到迷恋的程度，则更利于创新。但不能"入迷"，更不能痴迷、沉迷，否则易走火入魔，易钻牛角尖，困守一隅，浪掷光阴。像那些痴迷于发明"永动机"的人，其他人已向他们指出"永动机"违反已证为真的能量守恒和转换定律，但这些人撞了南墙却迷途不返。可见对事物有兴趣的同时还要保持清醒头脑。

对事业有兴趣，同时还要善于"变换兴趣"。外国谚语说："只工作，不玩耍，聪明小孩也变傻。"不少"大家"兴趣广泛，例如爱因斯坦爱弹钢琴，诺贝尔既写小说又写剧本，天文学家张衡又是东汉六大画家之一等等，不能不说这对于他们同时成为创新家十分有利。

**3. 你敢于怀疑那些大家认可的事情吗？**

质疑是创新行为的举措。我国古代教育家早就提出"前辈谓学贵为疑，小疑则小进，大疑则大进"、"学从疑生，疑解则学成"。20世纪中期布鲁纳认为发现教学有利于激活学生的智慧潜能，有利用培养学生学习的内在动机和知识兴趣。

质疑，就是提出疑问，就是对人们习惯了的事物产生怀疑，发现其中存在的问题，并进行积极的思考，提出自己的不同见解，以及解决问题的方法。牛顿对苹果落地质疑，发现了万有引力；瓦特对壶盖跳动质疑，发明了蒸汽机；达尔文对各地的物种质疑，提出了进化论的思想；司马迁对前人的历史记载质疑，写出了史诗巨著；李时珍对过去的药典质疑，写出了《本草纲目》。纵观中外历史，许多创新、许多发明都启发自对旧的、人们习惯了的东西的质疑。

有一位物理老师做了一个实验，他用一小支蜡烛，并在蜡烛的底部粘上一个硬币，放在半碗水里，蜡烛刚好露出水面一小段，然后点燃蜡烛，蜡烛燃烧了一会儿，逐渐接近水面。当蜡烛烧到水里时便"熄灭"了，过了一会又突然燃起来了，一会儿又"熄灭"了，再过一会儿又燃起来了，这样连续了三次"起死回生"，他就问同学为什么？最终蜡烛真的熄灭了，他又问学生为什么？他让学生们相互质疑、相互讨论，最后得出结论是与氧气有关。这一实验让学生从悬念中获得了知识，使其深深地记在脑海里。

# 项目练习

**❶ 脑筋急转弯**

脑筋急转弯就是指当思维遇到特殊的阻碍时，要很快地离开习惯的思路，从别的方面来思考问题。现在泛指一些不能用通常的思路来回答的智力问答题。脑筋急转弯分类比较广泛，有益智类、搞笑类、数学类等。脑筋急转弯是种娱乐方式，同时也是一种锻炼创新思维的游戏。

（1）冬瓜、黄瓜、西瓜、南瓜都能吃，什么瓜不能吃？

（2）盆里有6只馒头，6个小朋友每人分到1只，但盆里还留着1只，为什么？

（3）你能以最快的速度，把冰变成水吗？

（4）老王一天要刮四五十次脸，脸上却仍有胡子。这是什么原因？

（5）有一个字，人人见了都会念错。这是什么字？

（6）你能做，我能做，大家都做；一个人能做，两个人不能一起做。这是做什么？

（7）小明从不看书却得了模范生，为什么？

（8）什么车子寸步难行？

（9）火车由北京到上海需要6小时，行驶3小时后，火车该在什么地方？

（10）什么人生病从来不看医生？

（11）小明知道试卷的答案，为什么还频频看同学的？

（12）汽车在右转弯时，哪只轮胎不转？

（13）一个人空肚子最多能吃几个鸡蛋？

（14）什么人一年中只工作一天？

（15）想把梦变成现实，第一步应该干什么？

❷ 某位富翁有三个儿子，退休之前，他准备在三个儿子当中选一个最有生意头脑的，将事业交给他来打理。

经过深思熟虑后，富翁将他的三个儿子请到办公室，对他们说："我要在你们三人之中，挑选一位思维最有创意的，来继承我的事业。现在工厂内有三间空仓库，一天之内，你们用自己的方法把空仓库填满，谁花的钱最少，谁就能赢得这次的测验，谁就能继承我的事业。"

三个儿子接受测验，立即离开办公室，分头准备行动。大儿子去工具间带走了锄头、铲子、畚箕，二儿子也准备了锯子和绳子，但小儿子一溜烟地不见了。

大儿子带着工具开始忙碌，他满头大汗地从山坡上，一畚箕、一畚箕地把砂土挑到空仓库；二儿子也不闲着，他用绳子拖回一棵棵从树林里锯下的大树，一下子就把仓库填了大半空间。天黑时分，他们把父亲请到仓库，检查自己的成果。大儿子得意地说："砂土便宜，我只用五吨的砂土就把仓库填满了。"父亲说："很好。"二儿子不甘示弱，忙说："我用锯下的大树把仓库填满了，造价更低。"父亲说："不错。"

这时，小儿子把父亲请进仓库……

父亲看了，满意极了，他选择小儿子继承自己的事业。

如果你是那个小儿子，你会怎样做？

❸ 一位女士在她27岁时，想应征一家国际排行50强的4A公司的广告创意员。可是她没有任何行业经验，当朋友们听了她的打算后，无不认为她在痴人说梦。但她没有退缩，而是经过一番思索，寄出了自己的求职信。这不是一封普通的求职信，而是一件包裹。她向所有她中意的公司各投递一件，并且直达公司总经理。可想而知，一件包裹在成堆的千篇一律的信封中，无疑鹤立鸡群，一下抓住了所有的好奇视线。当打开包裹时，里面的东西更是让人跌破眼镜——只有一张薄薄的纸尿片，正面写着"在这个行业里，我只是个婴儿"，背面留了她的联系方式。

这封特殊的"求职信"为她敲开了工作的大门，几乎所有收到这张纸尿片的广告公司老板，都在第一时间打了邀请面试的电话给她。无一例外，他们问她的第一个问题就是："为什么你要选择一张纸尿片？"她的回答像她寄出的"包裹求职信"一样富有创意，她说，"我知道我不符合要求，因为我没有任何经验，但我像这纸尿片一样，愿意学习，吸收性能特别强。而且，没有经验并不代表我是白纸一张，我希望你们能透过这个细节看到我在创意上的能力。"

她成功了，她不但成为创意人员，最后还成为了创意副总监。

"创意是广告的灵魂"，广告离不开创意，这是人所共知的。目前，广告界一般从动态和静态两方面去理解创意。从动态的角度去理解，创意指的是一种创造性的思维活动。这种活动的主体是广告创作者，客体是广告活动本身。从静态角度去看，创意是创作者思维的结果，是一个个具体的"点子"。综合来看，广告创意就是以消费者心理为基础，透过一系列创造性思维活动，表达一定的广告目的，促使消费者购买的思想行为。

读了以上的创意故事，假设你现在毕业了，请你为自己设计一份求职书。

❹ 会议室是用于多人开会使用的，需要许多座位，舞台是用于文艺表演的，需要空旷的场地，聪明的设计者设计了这种会议室与文艺舞台结合的座位设计。

请你创意设计一款家用楼梯与储物柜结合的储物楼梯。

### 电子元件的创意

想知道怎样把废弃的家电电子电气元器件变成可爱的作品吗？让那些原本应该扔掉的电路板在你的手中变成你创意的舞台，一个个可爱的动物、人物、故事在你的舞台上纷纷亮相，不但可以为保护环境贡献一点小力，还可以给自己一份惊喜哦。

## 一、材料准备

废旧电路板。

## 二、工具准备

钳子、烙铁、焊锡、助焊剂、废弃电路板、胶带、颜料、画笔刷、牙签若干、刀子、斜口钳。

## 三、实施步骤

### 第一步 从电路板上剥元件

最快剥离出所需元件的办法就是一边用烙铁加热有焊锡的一面,一边用钳子或者手指在另一面拉,同时轻轻地摇动,就很容易把它们弄出来了。千万注意别把手指给烫伤了,收集尽可能多的元件,这样你需要的时候就可以随时取用了。废弃的录像机、电脑、钟、打印机和音响都是小原件的极好来源。通常把拆下来的元件分门别类,放在一个专用的盒子里面。如图7-1所示。

图7-1

### 第二步 拼集元件

现在可以开始拼集用来做小虫的部件了,一般是按同一个主题或者一种颜色来做的。这里就抓六个差不多颜色电阻器来当腿,一个黑电容当躯干,一个晶体管做脑袋。如图7-2所示。

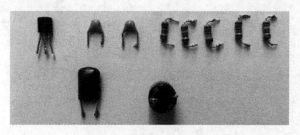

图7-2

### 第三步 元件清理

把需要弄到的元件都拿到一起，然后把每个元件的导线板直，并用刀子把结块的焊剂削掉。如图7-3所示。

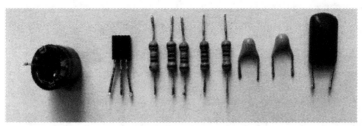

图7-3

### 第四步 焊接准备

把六条"虫腿"摆成两组准备焊接，中间的会合点将是小虫子的身躯所在和其他主要部分的附着点。如图7-4所示。

图7-4

### 第五步 焊接"虫腿"

到现在你的烙铁应该已经烧热了，只需要轻轻一点，所有的腿就能连在一块了。如果这些元件不是很合作的话，那就得请钳子来帮它们配合了。如图7-5所示。

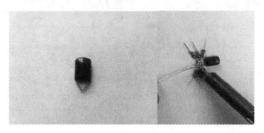

图7-5

### 第六步 焊接腹部

接下来小心地把腹部焊上去，注意别把腿给弄下来了，在焊料冷却的过程中把它们的姿势给摆弄好，让整个躯干在一条直线上。

### 第七步 准备虫子的头部造型

用晶体管是因为它们可以有多种用法。在这个例子里面可以把外面两根都扳直，弄出触角出来，中间的那根扳平，用来做脖子连接躯干。

#### 第八步  焊接脑袋

现在该把小虫的脑袋给焊上去了，如果你是做成了别的样式的话，你可以加些二极管或者电阻做触角。如图7-6所示。

#### 第九步  打造虫眼

小虫子画上眼珠，先选一个底色，用底色画一个大圆圈，干一点之后再用深色的画出眼珠来。建议画的时候用一个固定夹把小头先固定起来，这样画得会比较细致。颜色可以随自己喜好选择。如图7-7所示。

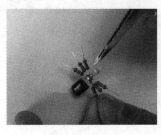    

图7-6    图7-7

#### 第十步  上光泽漆

最后一道上光泽漆，使眼睛看上去很有深度，并且可以保护元件上的漆皮免于剥落。

**第十一步**  到这一步为止基本上完成了，唯一需要做的就是扭一扭摆出可爱的造型了，也可以用斜口钳帮它把腿修剪得整齐点，完全可以发挥你的想象尽情修饰。一旦你找到了这个做的节奏，几分钟就能做个虫子出来，好好享受变废为宝的乐趣吧。如图7-8所示。

图7-8

### 请你试着做一做下面的一些小"模型"

## 项目二　培养创新习惯

有一句话叫"播种行为，收获习惯；播种习惯，收获性格；播种性格，收获成功"。好习惯和成功之间，有着密不可分的关系。一个考上清华大学的学生，给他下一届的学生作报告，讲过一句话，说他回想自己走过的路，有三个阶段：第一个阶段，是追求优秀，看着那些好学生，挺让人羡慕的，于是自己也力求成为这种优秀学生的一员；第二个阶段，是达到优秀，在自己执著追求的过程中成为优秀；第三个阶段，就是习惯优秀，一旦达到优秀，虽然不一定总是停留在优秀这个平台上，有时候可能要退下来，但是若继续追求，后来优秀就变成了一种习惯。

要养成一种良好的习惯，可能一开始会有些困难，但是一旦坚持了一个阶段，形成一种自然，那么一个普通的人变为一个具有创新能力的人，也就成了一件很容易的事。

### 一、善于学习，勤于思考

任何创新都需要知识。可以毫不夸张地说：没有知识就没有创新。在历届全国及各省、市青少年科学创新比赛中参赛的作品，绝大部分都是运用课本上知识的结果。这里仅举两个例子说明。

【例1】任意等分角器

这是广东省韶关市北江中学初二学生刘鸿燕发明的。1986年8月，在兰州的第三届全国青少年科学创新比赛上获得一等奖，同时，还获得了联合国世界知识产权组织特派官员穆萨先生颁发的这次比赛的唯一的一块金牌——"世界青少年发明家"。同年10月，这个作品又被选送参加在武汉举办的"全国创新展览"，获得中国发明协会颁发的金牌奖。从其发明经过中，我们可以知道学习科学知识的重要。在读初二年级，上几何课时，在课堂上，老师只教给同学们用圆规和直尺画二等分和四等分角。刘鸿燕想，老师怎么不教画三等分角呢？后来，老师说，用圆规和直尺作三等分角是世界数学难题，而且已经证明是不可能的。她想，不能用圆规和直尺解决三等分角问题，能不能用其他方法解决呢？如果能发明出这样的仪器，该多好呀！从此，她就特别留意等分角的问题。

后来，学到等腰三角形和全等三角形定理时，她想，等腰三角形底边的垂直平分线平分顶角，几个全等的等腰三角形对应的顶角又是相等的，把它们连接起来，不就可以把一个角都等

分了吗？于是，她找来透明的胶片，剪成一块块全等等腰三角形，再把它们用多种方法连接起来。有一次，她突然联想到，这些三角形连接起来，就像一把扇子，打开一把纸扇，不就看到很多等分角吗？扇子的轴就是公共顶点的位置，"扇子"所张的角度就随着变大变小，这样就可以用来等分不同大小的角了。为了随意改变公共顶点的位置，她沿等腰三角形底边上的高，开一条导向槽，用一枚大头针配合就行了。这样作品又从"扇子"变成了"任意等分角器"。

【例2】自锁式衣钩

吉林省汪清镇三小六年级学生崔强（朝鲜族）发明的自锁式衣钩，荣获第三届全国青少年科学创新比赛一等奖。从其发明经过中，可以理解科学知识对发明思考的作用。有一天，崔强放学回家，他脱下衣服往衣钩上一挂，刚转身，"叭"的一声，回头一看，刚挂好的衣服掉在炕上了。在这瞬间，他想出了一个发明课题：把这衣钩改造成衣服挂上去不会掉的新衣钩！他到处注意观察衣钩的形状和结构。认为要先解  决挂上衣服不会掉的问题。于是，他便用锉刀把家里的衣钩锉得尖尖的，成为"乙"字形的竖弯。好了，挂东西确实牢固了，可是又细又尖的衣钩很容易刺破衣服，这样一来，原来只有一个矛盾，现在成了两个矛盾。他想呀想，总是想不出什么名堂来。一次，不知怎么的，他脑海里忽然浮现出"夹子"的想法，用夹子式的衣钩行不行？他的夹子找出来做实验，结果，衣服挂上去不掉了，也不会刺破衣服，可是就是拿下来不方便。为了克服这个缺点，他三番五次地做实验，还是没门儿。不得已，去找科技辅导老师，老师启发他，利用常识课里教的杠杆原理试试看，注意观察钳子夹东西的道理，拿来用用看。老师还在纸上画了几种图样启发他。经过再三琢磨，他终于做出了一只又大又笨的夹式衣钩。他高兴地拿去给老师看，老师说，这是一种从未见过的新式衣钩。衣钩是日常用品，体积要小，要灵活美观。后来，经过4次大修改，才做成现在这个样子。他做的新式衣钩有两个钩，一个叫挂物钩，是主钩。另一个叫防掉钩，是副钩。平时，主钩露在盒外，副钩留在盒里，看不出来，如果有衣服挂到主钩上去，衣服的重量变成力，这个力通过主钩传到副钩上，盒里的副钩就冒出来，同主钩咬合，夹住挂在上面的衣服。风，吹不掉；人，碰不掉。它结构简单、牢固，使用方便，成本很低。力的知识、杠杆的原理促成崔强做出了成功的发明。

从这两个例子可知，在搞小发明时，决不能忽视基础知识的学习。相反，要更努力学好基础知识，学得越扎实，搞小发明时就能得心应手地将科学的知识同具体的实践结合起来，运用学到手的知识进行创造。这就是说，不但要学好基础知识，而且要创造性地运用知识，激发创造潜力，使自己成为创造型的学生。

## 二、掌握信息，积累资料

当今，人类社会已进入信息激增的时代。什么是信息呢？简单地说，信息是具有新内容、新知识的消息。信息的本质，指的是一种新的知识或一种新的产品诞生。随着社会的发展,时间的推移,信息所占的地位将越来越重要。
搞创新就更离不开信息了。信息在创新中有两个主
要作用。

**1. 捕捉创新的目标,解决创新中的热点**

爱迪生有一句格言:"我首先查看世界需要什
么,然后,努力去发明它。"这就是从信息中选择课
题。了解社会需要信息是发现创新课题的主要思路
之一。例如,有一个制帽厂,生产的草帽销路很不
好。什么原因呢?经过了解,发现草帽不用时只能
背在背上,很不方便,而且一经雨淋日晒就会变色,
影响美观和缩短寿命。那么人们需要一种什么帽子呢?他们派出几个调查组从群众中去调查,
了解到人们需要一种美观、大方、结实、方便的太阳帽。因此,他们精心研制和发明了一种
"折叠式太阳帽",这种帽子既能遮阳,又很轻便、结实,可以折叠,便于携带,而且下小雨也
可以戴,深受群众欢迎。

**2. 可以检验创新是不是具有新颖性**

如果信息量太少,所构思的创新是否有新颖性,就无法判断。不少青少年搞了一些小发
明,但是不了解信息,他们搞出来的都是前人早已发明的,有的在报刊上已发表的,有的还
是全国青少年科技创新比赛中获了奖,有的已被别人申请了专利。所以他辛辛苦苦搞出来的
小发明失去了新颖性。20世纪80年代初,上海一家保温瓶厂组织了厂里的技术力量,花费
大量物力、财力,研制出了以镁代替银镀制瓶胆的技术。当时被认为这是一项重大发明,准
备申请国家专利。谁知一查资料,发现早在1929年英国有一家公司已研制出这项技术,并
且取得了发明专利权。这样,这个厂花了很大代价研究出来的成果,就算不上是新发现了,
所以掌握信息在创新活动中是非常重要的,用以防止重复地搞创新。

**3. 随时记录,深入研究**

发现一个新问题,有了一个新构思,如果不及时把它记录下来,很快就会忘掉,再要重新
把它回忆起来便很难。因此,随时随地做记录,也是创新所必须做的事。做记录,就是要求把
平时发现的问题、涌现出来的各种构思,随时动手记录在笔记本上,把迸发出来的发明火花保
留下来成为日后创新的"火种"。随时随地做记录,是世界上所有发明家的习惯。所以,大家
应该随身携带笔记本,把见到的有关特殊现象,发现的新问题,脑子里产生的新构思,听到一
切与创新有关的信息,全部记录下来。久而久之,这个笔记本就会成为最好的智囊和帮手。

爱迪生搞发明,就有良好的记录习惯。每当一个新主意出现在脑子里,他总是立即写在笔
记本上。他的笔记本有匆匆记上的字句,也有奇妙的设计草图。为了发明白炽灯,他就写了上
万页的笔记。奥地利的洛伊在研究药物时,一天夜里,他一觉醒来脑里突然有个主意,但没有
及时记录下来,到了早晨就再也想不起来了。第二天半夜,那个想法,突然又出现了,他高兴
得连忙做了记录,早上到实验室照着做实验,成功解决了神经冲动的化学媒介作用的难题。

记录是为研究服务的。随时做好记录还不够,还要对记录进行及时的研究,从中选择最有
实用价值、最容易突破的关键课题。德国的欧立希记录了许多阅读资料。一次他从记录的一篇

文章中知道，非洲流行着一种昏睡病，当锥虫进入人的血液大量繁殖后，人就会长时间昏睡而死。药品"阿托什尔"可以杀死锥虫，救活病人，但病人常常会双目失明。对此，欧立希进行了研究：阿托什尔是一种含砷的药品，能否改变一下这种药品的结构，使它只杀死锥虫，而不伤害人的视神经呢？发明的课题就这样提出来了。19世纪70年代，瑞典科学家诺贝尔正在为硝化甘油炸药的极易爆炸和不便于运输而大伤脑筋。困惑中，他信手翻阅笔记，忽然一段文字吸引了他："硝化甘油从容器里滴入含有硅藻的地上，随即凝结……"于是，他产生一个想法：何不把硝化甘油和硅藻土混合起来？由此，他发明了便于运输的安全炸药。可见，记录信息可给研究者提供很大的帮助。

**4. 面向实际，选好课题**

创新什么？是创新者遇到的首要问题。怎样解决"创新什么"这个难题，最好的办法是了解实际。

（1）面向身边事物

仔细分析青少年发明的获奖作品，大部分都来自身边的事物。人们身边的事物，诸如家庭中的日用品、学习用品、办公用品等并不都是十全十美的，生产这些物品的方法也不一定都是最佳的，它们或多或少地存在着这样或那样的缺点。例如，挂衣服的衣架，一阵风吹来，衣架连同衣服会被吹到地上；自来水笔吸墨水时，笔杆上会被墨水沾染；停水时，忘记关闭水龙头，水来时造成"水患"……这样的事情有很多。如果有人能想办法克服上面各种物品存在的缺点，那么发明的课题就会源源不断而来。

（2）面向市场

市场上的商品琳琅满目，这些商品不一定都十全十美。只要有发明欲望，开动脑筋，留心观察，就会有所发现，这些商品会发出发明课题的信息。1989年，浙江省瑞安中学组织学生参加在瑞安市举办的国外小商品展览会。这些有创造心理的学生留心观察，发现有的商品外形不美观，结构不合理，功能太单调，使用不方便等缺点，于是进行了再创造的思考和实验。有的把门窗的防风钩以螺钉定位改为插闩定位，有的把日本的夜光门锁移植到荧光秤星、荧光羽毛球上。因此，只要你观察仔细，积极思考，不仅在市场，即使旅游，也常常会有感而发，想出个发明课题来。

（3）面向文献

专利文献或科技作品常常引起人们思维的"共鸣"，启发人们产生新的设想。1845年英国人W.斯旺阅读一份J.斯塔尔关于电灯的英国专利文献，读后才思大发。经过几年努力，终于在1860年制造出世界上第一只碳化灯丝的电灯。爱迪生发明的电灯，在实用性和商业价值上都远远超过W.斯旺发明的电灯。而爱迪生的发明是他阅读和研究了W.斯旺发表在美国的《科学美国人》杂志上的文章，得到启示后才制作成功的。参阅有关专利文献和资料，选择发明课题快速、有效，成了人们选择课题的重要途径。

在选择发明课题时，要注意以下三点问题。

第一，在选择发明课题的目标要专一。在生活周围有许多题目都可以成为发明课题。但是，青少年搞发明，一般都利用课余工余时间。一个人的精力有限，不可能同时去搞许多发明。因此，只能选择一个有价值、容易完成的课题，目标专一地进行构思，收集有关信息资料，进行制作、实验，才会容易取得成功。

第二，要从简单易行的做起。小发明课题的选择，应着眼于"小"字，从小突破，从简突破，从身边的事物突破，逐步提高难度。小发明从小作品做起，容易成功，有利于提高信心，积累必要的经验。

第三，选择课题要从可能性出发，量力而行，切忌好高骛远。小发明是青少年自己的创作活动，它的产品或作品不仅需要小发明者自己去构思、设计、制图，而且还要自己去制作试验，最后做成实物。因此，一定要考虑到自己是否具备完成这项发明的能力、设备和经费等条件。

### 5. 确定目标制订方案

选好了小发明的课题后，就应确定小发明达到的目标，并着手制订周密的实施方案。按照制订的方案去执行，实现小发明的构思、设想，制作小发明的实物作品。

一般说来，制订实施方案有以下六个步骤。

（1）列出明确的发明目标，确定这个目标的具体要求。

（2）分解目标。把已确定的目标分解成一些小目标，拟出为实现每个小目标所必须解决的每一个小问题。

（3）广泛收集与发明目标有关的情报资料，并进行仔细的研究，找出它的特征和缺点，分析借鉴，扩展思维，由此及彼，推陈出新。

（4）形成构思。为实施每个小目标和解决每一个小问题寻找可行的途径和办法。把可行的途径和办法进行组合、构思，设计出这项小发明的总体实施方案。

（5）对总体构思、设计方案进行深入思考，反复补充和修正，使之更加完善。

（6）按实施方案的步骤，做出样品，进行实验。以实践的结果对发明的目标进行检验，看是否达到了预期的目的。

### 不可思议的平衡

在物理学中学到过平衡的概念，当物体受到的共点力合力为零时，物体将保持当前的状态。虽然明白了这个科学道理，但仍会对一些现象叹为观止。

首先领略一下大自然的鬼斧神工吧！

欣赏了大自然的威力，现在来看一种不可思议的平衡，一把叉子和一把调羹用一根小小的牙签搁在玻璃杯口保持了悬空静止，这不是魔术，是对平衡的巧妙设计。

你有没有思考过究竟是何原因？究竟是怎样做到呢？其实很简单，物理学对此的解释是：任何固定形状的物体，无论其在地球表面如何放置，其平衡分布的重力的合力作用线，都通过物体上一个确定的点，这个点称为物体的重心。但实际物体特别是几个物体的组合体，其重心是很难一眼看出的。

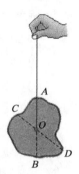

物理学提供了一种寻找物体重心的办法，即悬挂法。一块不规则的薄型木板，在 $A$ 处悬挂一根绳子使物体呈竖直状并划出物体静止后的重力线，同理再找一点 $C$ 悬挂，两条重力线的交点就是物体重心即 $O$ 点。

通过以上的原理应该就能清楚这种不可思议的平衡机理了，这是由于叉子、调羹和牙签组成了一个组合体，如果通过调整三者之间的相对位置，控制其组合体的重心落在 $AB$ 线上，$O$ 点是牙签和 $AB$ 线交点，而正好这个 $O$ 点能放在玻璃杯口上，那么实验就成功了。

实际上由于重力的作用是向下指向地球中心的，所以重心越低的物体在受到外界扰动时越能保持稳定，所以上述组合体的重心应控制在 $OB$ 上，比在 $OA$ 上更有利于保持平衡。为了验证这个理论的正确性，下面进行一个小制作。

## 一、材料准备

彩纸、毛竹、小木块。

## 二、工具准备

美工刀、各类锉刀、小台钻、剪刀、老虎钳、502胶水、钢尺、铅笔、白纸、圆规、钢丝等。

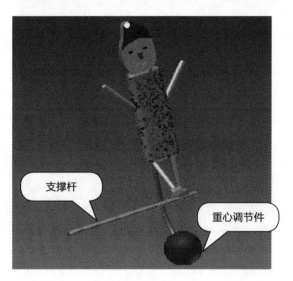

## 三、实施步骤

**1. 小人模型身体的设计制作，如图7-9所示。**

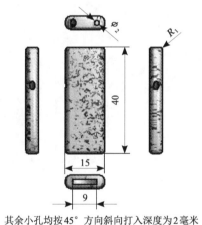

其余小孔均按45°方向斜向打入深度为2毫米

图7-9

操作步骤如下。

（1）备料。厚度为5毫米的木板长度不少于45毫米，宽度不少于18毫米的木板。

（2）用锯子将该木板按照图纸的尺寸要求进行粗加工，保证有一定余量。

（3）按照以往在通用技术工作室中选用锉刀的方法来选择锉刀，将各个表面进行精加工。

（4）打孔。选用钻头直径为2毫米，在小台钻上进行打孔，推荐打入孔的深度为2毫米，难点处是45°方向孔打法，依据小台虎钳的夹持位置进行打孔。

（5）图纸尺寸为9毫米处可以设计成圆弧形状，如图7-10所示。

（6）最后在木板上进行剪纸和贴纸的操作（可根据以往的折纸训练）。

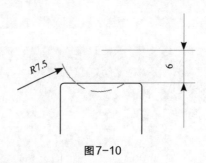

图7-10

**2. 小人模型腿和手臂的制作，如图7-11所示。**

该部分制作采用材料为毛竹，实施图纸如下，要求个数：4。

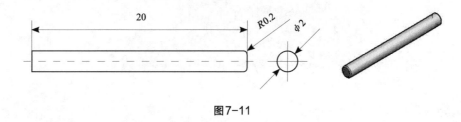

图7-11

**3. 小人模型脚的制作，如图7-12所示。**

该零件制作材料选用木块，实施图纸如下，要求个数：2。

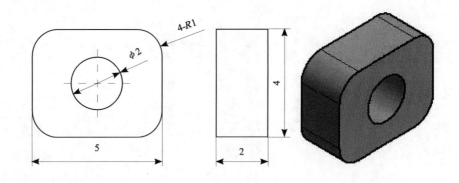

图7-12

操作步骤：

（1）备料。自主选择木材，长不少于7毫米，宽不少于6毫米，高不少于4毫米。

（2）打孔。选择打孔中心进行打出直径为2毫米的贯通孔。

（3）倒圆角。选用适合的锉刀对零件边角进行锉削，圆角基本保重尺寸R1。

（4）保证各个表面光滑无毛刺。

**4. 小人模型头部的制作，如图7-13所示。**

头部的制作根据设计身体的尺寸大小来定尺寸，外观形状可以创新。推荐实施图纸如下：

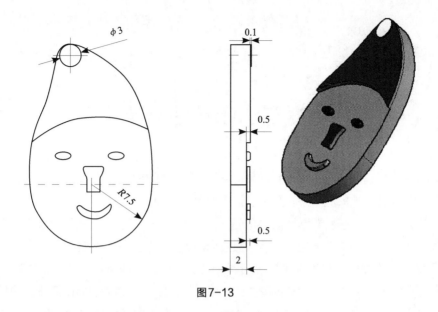

图7-13

该零件制作材料可以选用薄木板或者使用有机玻璃,零件上所有的图案设计可以随意自主进行设计。

**5.组装并进行重心调节件及连接的制作。**

根据组装后小玩偶的平衡情况,自行设计重心调节件及连接并制作,最终实现小人模型能够稳稳地站立起来。

## 项目三 小发明小创造的特征

发明创造是指运用现有的科学知识和科学技术，首创出先进、新颖、独特的具有社会意义的事物及方法，有效地解决某一实际需要。因此科学上的发现，技术上的创新，以及文学和艺术创作，在广义上都属于发明创造活动。但一提到"发明"二字，有些同学就心生畏怯。其实创新并不神秘，有好多中小学生的发明，都在全国甚至国际上获得过奖。

青少年科学小发明，是指青少年在日常学习、生活、劳动中，对那些感觉到用起来不称心、不方便的东西或方法，运用自己学过的科学知识，设计、制造出目前还没有的更称心、更方便的新物品或新方法。它同"大发明"比较起来，选择的范围比较窄，解决的问题比较单一，使用的材料比较好找，所花的经费也不多，所以称为"小发明"。

一件优秀的小发明应具备"四性"，即新颖性、科学性、先进性和实用性。

### 一、新颖性——小发明的实质

新颖性指的是在提出这项小发明以前，或是在申请专利以前，没有出现过同样功能、构思、技术的东西，或同样的制作方法。而且这项小发明并没有以任何形式向公众公开过。这就叫作具备新颖性。

譬如，1879年，美国发明家爱迪生发明了白炽灯，从此，在黑夜里，人们可以不再使用蜡烛、油灯了。白炽灯具有新颖性，是一项大发明。1901年，法国发明家克劳特根据莫尔的实验，在抽掉空气的玻璃灯管中，改用充氖、氩、氦等惰性气体进行实验，从而发明了"霓虹灯"。霓虹灯也是电灯，但它不同于白炽灯，也有新颖之处，它使人们相信，可以不走爱迪生的使电转化为热，然后再转换为光的道路。1938年，美国通用电子公司的伊曼发明了节电的荧光灯（日光灯）。这只荧光灯是一根玻璃管，管内充进一定量的水银，管的内壁有荧光粉。在灯管的两端各有一个灯丝做电极。当通电后，首先是水银蒸气放电，同时产生紫外线，紫外线激发管内壁的荧光物质而发出可见光。因为这种灯的成分和日光很相似，所以，荧光灯也称日光灯。日光灯比霓虹灯又有新颖之处。霓虹灯只能用它五彩缤纷的灯光做广告使用。而它的亮度远不足为人们提供照明之用，而日光灯则可用作照明。

### 二、科学性——小发明的决定因素

科学性指的是小发明的性能、原理、构造、方法等要有科学依据，不违背科学原理，没有科学性错误，不损害人类、社会的整体、长远的利益。

譬如，曾经有人设计过永动机。这种机器不消耗任何能量和燃料，却能源源不断地对外做功。但永动机的设计违反了能量转换和守恒定律，因此，它是不科学的，也是不会成功的。

"多功能生态灯具"是一项引人注目的小发明。它的灯罩是一个密封的玻璃球，里面装有水，小热带鱼在水草丛中游来游去，柔和的灯光透过水和玻璃球灯罩射出来，灯具下还附加时间显示、定时喷香、放出电子音乐、收听广播和兼作文具盒等多种功能。设计别具一格，是一个新颖实用的灯具。这个密封的灯罩里不透空气，能够养鱼，鱼能存活好几个月，既不用换水，也不用喂食，草总是那样绿，水总是那样青。经过国际上的查新检索，证明它是前所未有的。经过对水的配方实验及较长时间的使用验证，证明它确实能在特定造型密封容器的小环境中保持鱼、水、草、空气的平衡。因此，这种"多功能生态灯具"是符合科学性的。

在鉴定一项小发明的科学性时，不仅考虑作品本身，还要注意考虑其他因素，如环境因素、安全因素等。有一位同学发明一种无泪蜡烛，是用几层塑料薄膜把普通蜡烛包起来，使蜡烛亮度增大，不流泪，耐燃。但是，这种蜡烛在燃烧过程中，周围的塑料也跟着燃烧，塑料燃烧时放出有毒气体，造成了环境污染，危害人体的健康。所以，这项小发明不具有科学性。因此，在创新过程中，一定要按照一定的科学道理进行构思、设计与制作，决不能盲目行事。

## 三、先进性——小发明的技术要求

小发明的先进性是指一项小发明在和用途、性能类似的东西相比较，技术上有所进步，解决了以前没有解决的难题。或者，在制作上使用了新的方法、工艺，提高了性能，这就是具备了先进性。

譬如，日本初三学生三琢幸彦发明的恒温电烙铁。通常用以焊接电子管器件的电烙铁，由于温度逐渐升高，用它来焊晶体管有可能烧坏管子。而三琢幸彦发明的恒温电烙铁，虽然在用途上、性能上与通常的电烙铁类似，但是它在恒温上却先进得多。它的做法也很简单，只是在普通电烙铁的前端安装上一个双金属片温度调节装置，这样的作品就具有先进性。

## 四、实用性——小发明的社会效益

实用性是指这项小发明能制成产品供人使用，使用起来方便，价值大。爱迪生在发明电灯的过程中，详细分析了弧光灯等各类灯的全部资料。他根据"不管哪种发明，必须首先考虑实用价值，既要适合大众需要，又要经济实惠"的原则，认为白炽电灯光度虽弱，但比较经济，只在玻璃泡里装上一小段耐热材料，电流把它烧到白热化时便会发光，是一种理想的灯泡。但是，关键是必须为白热灯找到一种理想的耐热材料。为此，他研究了煤气灯的全部历史，分门别类试验了1600种耐热材料、6000余种植物纤维，试验一次一次失败，但他不气馁，最后终于发明了经验实用的电灯。

任何一项小发明不能只有想法、构思，画出几张设计图纸，制作出象征性的模型，而必须做成实物。因为只有实物，才可能经过检验，证明这些想法、设计是合理的、可行的，证明确实能够使用。任何一项小发明只有经得起实践的检验，才能说具有实用性。有些小发明虽然构思新颖，但是在实施、制作的时候，不能达到预想的效果，显示不出它的使用价值。

例如，有几个同学看到住在高层建筑的住户往楼上运东西的时候，都感到十分不便。于是提出了发明"阳台小吊车"的设想，把一些笨重的东西吊到阳台上来。他们只用三合板做了高层楼房的小模型，把一个玩具电动机、木制吊车杆用螺丝夹在用三合板做成的"阳台立墙"上。因为没有做成实物，就无法通过实际应用的检验。他们设计的时候，也没有考虑到阳台立墙的承受力。如果这种"阳台小吊车"真正做成实物交付使用，很可能会由于多次提升重物，使阳台立墙受力的一面发生断裂、倒塌。所以这个只限于模型的"阳台小吊车"是没有实用性的。

又如，平时人们穿的拖鞋只能朝一个方向穿进去，如果脱拖鞋的时候，把拖鞋放倒了，那么到穿的时候还需把它摆正才能穿。日本一位退休妇女横山康子想到，要是能发明一种两面都能穿的拖鞋该多好。不管顺放倒放，只要脚一下地就能很快地穿上。她经常思考着这个问题，终于想出了一个办法，发明了两面都可穿的鞋。她的发明很简单，只是将拖鞋的十字搭攀移到中央就成功了。这一项发明很快得到了日本厂商的注意，制造出新式的拖鞋，供应市场。这种发明的实用性就很强。

优秀的小发明应具备新颖性、先进性、实用性和科学性，这是小发明的质量标准。这"四性"是互相联系、相辅相成的，没有新颖性就不成为创新；有了新颖性，但不先进，不可能促进科学技术的进步，就没有实际意义；没有实用性，不会被人们承认，缺乏使用价值，起不到提高经济效益和社会效益的作用；没有科学性，在科学原理上站不住脚，或者发明不了，或者即使发明了但没有使用价值，也就没有发明的必要。因此，鉴定一项小发明要以"四性"综合起来进行分析。按照"四性"的要求去选题、去构思、去设计、去制作。这样，才有可能做出比较好的发明来。

## 项目练习

一、请你收集整理下面科学发明的故事。

❶ 青霉素
❷ 肥皂
❸ 观光电梯
❹ 体温表
❺ 拉链

二、下面的创造作品满足小发明小创造的要求吗？

❶ 安全插头（图7-14）
❷ 不会掉进碗里的调羹（图7-15）

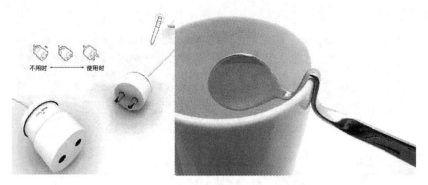

图7-14　　　　　　　　　　　图7-15

❸ 帮助站着睡觉的帽子（图7-16）

整日来去匆忙、工作辛苦的上班族们，总是希望在乘地铁等公共交通工具上下班时，能在车上美美地打一会盹。为了解决站着也能打盹的问题，有研究者发明出了一种"乘客头盔"，这种头盔上装有一个吸力杯，它可以将头盔牢牢地吸附在车厢玻璃窗户上，这样乘客戴着这种头盔乘车时，即使打瞌睡也不用担心会撞到别人身上，因为紧紧吸附在车窗上的头盔会一直让他保持笔直站立的状态。

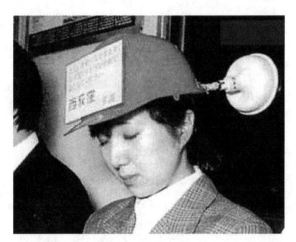

图7-16

❹ 帮你吃热面的工具（图7-17）

图7-17

❺ 带勺子的调料瓶（图7-18）

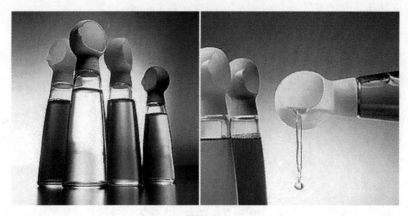

图7-18

❻ 大眼针（图7-19）

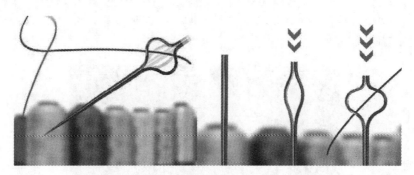

图7-19

日晷

日晷又称"日规"，是古代人利用日影来定时刻的计时器。日晷的种类很多，根据晷面所处位置的不同可分为地平式、赤道式、子午式、卯酉式等多种，功能也不尽相同。这种利用太阳光的投影来计时的方法是人类在天文计时领域的重大发明，这项发明被人类所用达几千年之久，然而日晷有一个致命弱点是阴雨天和夜里是没法使用的，直至1270年在意大利和德国才出现早期的机械钟，而中国则在1601年明代万历皇帝才得到两架外国的自鸣钟，清代时虽有很多进口和自制的钟表，但都为王宫贵府所用，一般平民百姓还是看天时。所以彻底抛却日晷，看钟表知辰光还是近现代的事。

日晷制作的基本原理非常简单，可以做一个试验来解释日晷的测量时间方法。将一根直竹竿竖立在平整的地面上，从太阳东升西落开始观察竹竿的影子情况。早上6点时，观察竹竿的影子并记录一点6(标志该时刻为6点)，同理每过两个小时都可以记录一个点位直到傍晚6点。这样就得到了一个最简单的日晷，竹竿就是日晷的晷针，地面就是日晷盘，利用记录的点就可以估计时间了。

 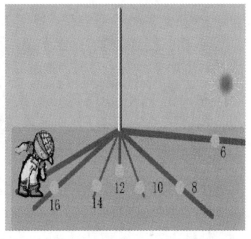

但要做一个比较准确的日晷就不是这么简单了。日晷是由太阳的照射，晷针的投影位置的变化来观察时间的改变，达到计时的目的，因此，在制作比较准确的日晷之前，需要先了解太阳运动的情形。

由于地球自转，在地球上的人观测到太阳（不动）沿着赤道或纬圈面做相对运动，且太阳直射地球赤道或纬圈面的纬度依季节（日期）变化。2月21日太阳直射地球赤道，称"春分"，当天因为地球自转，太阳沿着赤道做相对运动；之后太阳直射地球之纬圈逐渐北移，6月21日太阳直射纬圈的最北，称"夏至"，当天沿着北回归线做相对运动，6月22日开始回归，故称"北回归线"；之后逐渐南回，9月23日又直射赤道，称"秋分"；之后又渐渐南移，12月22日直射纬圈面之最南，称"冬至"，隔天起回归，称"南回归线"，太阳的运动如此周而复始地在纬圈面移动。

太阳每天在相同的纬圈面上相对于地球运行，不同日期所绕行的纬圈面不相同。然而，不同纬圈面或赤道面均以地球的自转轴（南北极的连线）自转，因此，只要制作一个与地轴（地球的自转轴）方向相吻合的平面，便能掌握太阳在此平面上均匀变化的运动，每小时移动15°。日出地平为上午6时，中午通过子午线为12时，日落西方地平则为下午18时，之间则为均匀等分之刻度，成为"日晷"，并以赤道面为准，故称"赤道式日晷"。

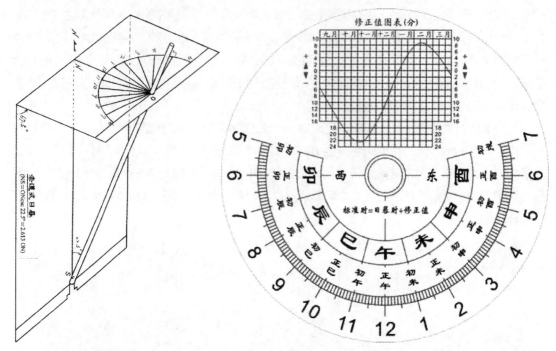

假设太阳相对地球运动的平面与赤道面或纬圈面的方向相重合，则由于晷针之方向必须与地球的自转轴相重合，所以，晷针必与地平面夹角为纬度角 $\theta$，与晷面方向平行，且指向北极星。（图为北纬22.5°的赤道式日晷设计。）

日晷使用时必须修正"时差"的误差。时差主要有：轨道时差与地理时差两种。轨道时差就是平太阳时与真太阳时的差。因为地球绕转太阳的轨道是椭圆轨道，每天的公转速率不相同，而地球自转的速率保持定速，造成太阳的相对时差，也就是说太阳到达中天子午线的时间不一定是中午12时整，有时迟到，有时早到，这样的时差最多可达16分钟。另一个地理时差与人为因素有关，人们定东经120°的时间（真太阳时）为东经112.5°到127.5°的标准时间，除非恰好住在东经120°处，否则都会有地理时差。地理时差每15°为1小时。沈阳的地理位置在东经123°23′，与120°相差甚少。

## 一、材料准备

木块、白纸。

## 二、工具准备

美工刀、各类锉刀、錾子、小台钻、剪刀、量角器、老虎钳、502胶水、钢尺、铅笔、圆规、钢丝等。

## 三、实施步骤

**1. 材料和各种所需工具**（图7-20）

第七章 创新来自需要

（1）主材料　　　　（2）所需工具

图7-20

制作步骤

（1）备料：选用长度、宽度、厚度不少于300毫米、120毫米、20毫米的木板。如图7-21所示。

先选用两个相对较好的且合适平面作为基准面，比方说A面为基准面，选用各类锉刀将A面进行精加工，保证平面光滑无木屑毛刺，B面加工同理，并保证A、B面垂直。如图7-22所示。

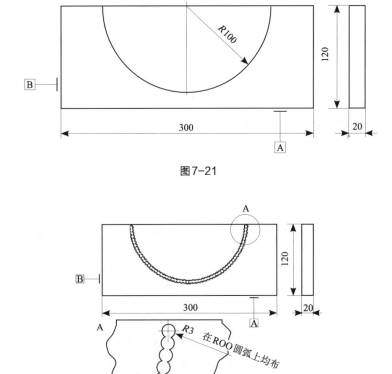

图7-21

图7-22

（2）用钢尺量取长度方向尺寸300毫米，宽度方向尺寸为120毫米，并用木工铅笔相对基准水平画出锯痕线；同时用圆规在300毫米的中心以此点为圆心半径为100毫米的半圆切割线。

（3）用锯子尽可能沿着锯痕线锯出图纸形状，保证尺寸的同时基本保证平行度和垂直度要求。

（4）半圆孔加工如图7-23所示方法进行圆弧面的切割和静加工保证尺寸和表面要求。

（5）底座切口。根据板料厚度的尺寸进行切制，先划线再用錾子进行木工操作，完成如图7-23所示。

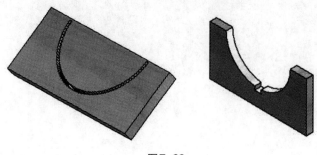

图7-23

**2. 日晷指示三角的制作**

某一地区的纬度为北纬30°52′，实施图7-24所示。

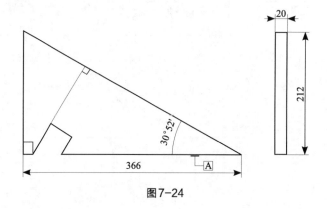

图7-24

制作步骤

（1）备料：选择大小合适的材料。

（2）选定一个相对平整的平面作为基准，如A 用锉刀进行精加工，再加工出整个直角三角形，保证整个面光滑。

（3）划线：画出与直角三角形斜边的垂直线，切口能够保证和底座切口配合良好。如图7-25所示。

图7-25

## 3. 日晷时刻刻度线的制作

（1）剪制一张长度不小于200毫米，宽度为20毫米的一条白纸，如图7-26所示，用铅笔对其进行等分划线。

（2）再将该纸张用胶水贴在半径为100毫米的圆弧上，如图7-26所示。

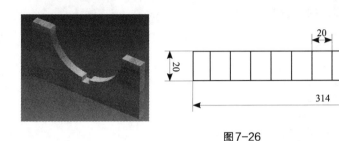

图7-26

## 4. 日晷组装。

将两者进行组装，保证三角板一条直角边与地面平行，由于该地区的纬度为北纬30°52'，则底座圆弧板与地面成夹角为90°-30°52'。现在你已经成功了，赶紧去试试吧，看看三角板斜边在圆弧刻度上的投影，读一读时间，比一比谁的测量时间误差最小。不要忘了三角板一定要指向正北。如图7-27所示。

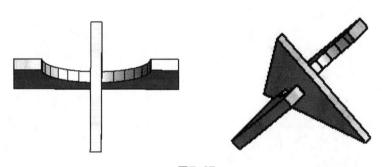

图7-27

### 你能制作一个有节气的日晷吗？

节气指二十四时节和气候，是中国古代订立的一种用来指导农事的补充历法。由于中国农历是一种"阴阳合历"，即根据太阳也根据月亮的运行制定的，因此不能完全反映太阳运行周期，但中国又是一个农业社会，农业需要严格了解太阳运行情况，农事完全根据太阳进行，所以在历法中又加入了单独反映太阳运行周期的"二十四节气"，用作确定闰月的标准。

节气一般是按阳历算出来的。地球每365天5时48分46秒（精确），围绕太阳公转一周，每天24小时还要自转一次。由于地球旋转的轨道面同赤道面不是一致的，而是保持一定的倾斜，所以一年四季太阳光直射到地球的位置是不同的。以北半球来讲，太阳直射在北纬23.5°时，天文上就称为夏至；太阳直射在南纬23.5°时称为冬至；夏至和冬至即指已经到了夏、冬两季的中间了。一年中太阳两次直射在赤道上时，就分别为春分和秋分，这也就到了春、秋两季的中间，这两天白昼和黑夜一样长。反映四季变化的节气有立春、春分、立夏、夏至、立秋、秋分、立冬、冬至8个节气。其中立春、立夏、立秋、立冬齐称"四立"，表示四季开始的意思。反映温度变化的有小暑、大暑、处暑、小寒、大寒5个节气。反映天气现象的有雨水、谷雨、白露、寒露、霜降、小雪、大雪7个节气。反映物候现象的有惊蛰、清明、小满、芒种4个节气。

二十四节气歌

春雨惊春清谷天，夏满芒夏暑相连，

秋处露秋寒霜降，冬雪雪冬小大寒。

每月两节不变更，最多相差一两天。

上半年来六、廿一，下半年来八、廿三。

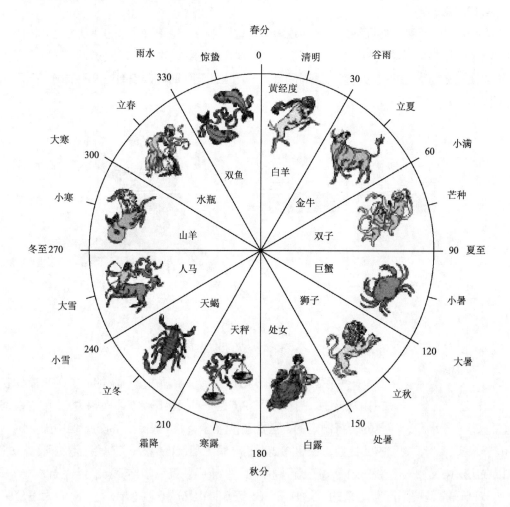

# 小发明小创造的常用技法

## 一、缺点弥补法

从操作方法、使用对象、功能结构等方面去寻找物品的缺点，通过改正这些缺点来形成创新。生活中有很多东西，若习以为常，就会认为没有什么值得改进和发明，可是若从完善的角度去认真考虑它，就会有不同的缺陷，这样就很容易找到发明的题目，经过改进，克服了缺点，就会有新的发明。

【经典发明】在自来水笔发明以前，欧洲人千余年使用的一直是翎管笔（也称羽毛笔），它是使用鸡、鸭、鹅、鹰等鸟类的翅羽毛制作的，最常用的是鹅翅羽毛。英语中自来水笔一词"pen"就是从拉丁语"羽毛"一词演化而来的。但翎管笔的寿命很短，笔尖很容易磨秃或劈裂，一支笔能写几千字就很不错了。后来，人们在翎羽毛笔尖上包上一层金属薄片，诞生了金属笔尖。随后，木杆、金属杆又逐渐取代了鸟翅羽毛，演变成为蘸水笔。

笔的寿命虽然延长了，但每写几个字就要蘸一下墨水，人们思考对它进一步变革。1809年，英国人福逊发明了笔杆中可以灌注墨水的笔，笔杆上部有一小孔，小孔关闭时笔尖写不出字，只有打开小孔墨水才能流至笔尖。同年，由另一个英国人布莱姆改进的蘸水笔具有一个很薄的银制笔杆，要像使用带橡皮囊的玻璃管一样用手挤压笔杆，笔尖才能写出字来。在1800年至1900年约100年的时间里，许多发明家创造了不少各式各样的自来水笔，前后申请的专利达400余项，并曾有过手工制作的、靠滴管储存墨水的书写用笔。但由于墨水常常凝结而堵塞笔尖，有时出水过多，有时还会漏水，使用很不方便，因而均未能得到普遍使用。

自来水笔结构的发明距今仅有百余年的历史。它是1884年由美国人沃特曼·艾奇逊发明的。沃特曼当时从事保险工作，在工作中常常因为笔漏墨水而使花了很大精力绘制出的表格作废，所以他想应该重新设计出一种能控制墨水下泄，使用更加方便的自来水笔。于是，他放弃了当时所从事的工作，开始潜心研究自来水笔。1884年左右，研究取得了结果。他利用毛细管的作用，用一条长形的硬橡皮，连接笔嘴和笔内的贮墨水管，又在硬橡皮上钻一条细如毛发的通管，可容少量的空气进入贮管，以保持贮管内的气压平衡。这样，在笔嘴受到压力时，墨水会徐徐不断地流至笔尖，有效地解决了墨水的突然滴漏。此后，又有人对沃特曼的发明进行了改进，将加装墨水的滴管改成了能自动吸墨水的胶皮软管，使用更加方便。L.E.沃特曼是一家保险公司的业务员。1884年的一天，他刚刚从对手那里挣来一笔保险合同，沃特曼

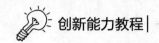

将鹅毛笔和墨水递给委托人，让委托人在合同上签字。不巧鹅毛笔上滴下来的墨水把文件溅污了，沃特曼赶紧出去再找一份表格，但就在此时他的一个对手乘虚而入，抢去了这份买卖，刚到手的生意就这么丢了。

这件事刺激了沃特曼，他决心设计一种能控制墨水流量的自来水笔。他想到了毛细管的原理，植物就是靠此原理克服重力将汁液输送到枝叶上去的。

沃特曼在给墨水囊和夹子的一根硬橡胶中钻了一条头发般粗细的通道，在墨水囊中放进少量空气，使内部的气压与外面平衡，这样只有在夹子上加压，墨水才能流出来。

最初的沃特曼钢笔用的是眼药水瓶，不久后用柔软的橡皮笔囊取而代之，只要把空气挤出来就可吸进墨水。到1910年，自来水笔就开始在英国使用了。

【学生发明】上海市和田路小学五年级学生徐琛、贝明纲发明的四用防触电插座，荣获第二届全国科学创新比赛一等奖，在第三届世界青少年发明创造展览会上获最佳作品奖。

有一次，徐琛的弟弟把一根铁钉伸到带电的插座孔里去，只听喊了一声"啊哟！"就跌倒在地，并连声说："麻死了！麻死了！"这件对她刺激很深的事，使她想：能不能设计一种防止触电的插座呢？她想了很多办法，知道解决问题的症结在于解决铁钉伸不进去，而插头却能伸进去。

开初，她们设计了一个方案：将插头的铜片弯折一下，插座孔也作两个90°弯折。但考虑到插头铜片弯折不实用。经过反复改进，最后改成：在插座上装上两道活门。一个插孔的第一道门打开的时候，去控制另一个插孔的第二道门。这样，铁钉插进一个插孔的第一道门，因第二道门受另一个插孔的第一道门控制，所以还是打不开，这样就不会触电。只有当插头从两个插孔同时插入，两道门同时打开，插头才会跟插座上的带电铜片接触，通电。这样，当小孩不注意把小手或铁钉等插入任一插孔时，由于有两道门挡着，也就不会触电了。

【启发】要随时留意自己日常使用的物品存在哪些不足或不方便之处，并善于抓住一件物品深究细挖。伞，是大家常用的遮阳避雨的工具，似乎没有什么文章可做，可一些发明家却抓住它不放，花样日异翻新，如太阳伞、双人伞、折叠伞、母子伞、快干伞、天文伞层出不穷。可见，一件事物有很多的发明题材可搞，而同一题材又可用各种不同的设计方案构成不同的发明。再拿钢笔来说吧，它的缺点还很多，如笔帽容易脱落或丢失，笔尖容易堵塞，圆形笔杆容易从桌上滑落损坏笔尖，晚上停电或野外作业写字看不见等。当你尽可能多地列举出某一物品的诸多缺点后，再根据你的能力，选择某一缺点或部分缺点作为研究对象，确定小发明课题。

## 二、希望功能法

在日常生活中，每个人都有这样或那样美好的愿望，如上课时，希望教师用的粉笔没有灰尘；练字的时候，希望毛笔能自动出水；上学途中下雨，希望书包能当伞用……这种种希望之点，往往能转化为发明的课题。

希望和需要是成功之母。在仔细观察和充分调查的基础上，从生活、学习、工作的需要出发，根据你或别人的某种希望，提出你"希望"东西的样子，再运用自己学过的知识和别人的经验，提出切实可行的办法。

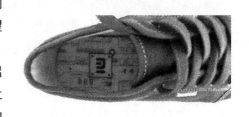

【经典发明】一天,英国发明家维利·约翰逊同一位鞋厂老板聊天,老板正在为产品滞销发愁,希望能发明出更畅销的鞋。

当晚,约翰逊躺在床上,琢磨怎样帮鞋厂老板出奇制胜。在不经意间,他回忆起幼年的一件往事:上小学时,为了计算从家到学校的路程,他常常边走边数,看从家到学校一共要走多少步,然后再量出一步的距离,便可大概算出路程。想到这里,约翰逊的脑海突然冒出一个想法,如果发明一种可以测量距离的"计步鞋",肯定能够畅销。

深思熟虑后,约翰逊便动手干起来。他在一双特别加工的鞋垫内设置了微电脑,鞋面则装有显示器。穿鞋的人每走一步,所走距离的数据便会在鞋面上显示出来。在专利局申请专利时,约翰逊穿着样鞋,当众在屋里走了一圈,显示的数据与办公室的实际周长完全吻合。后来,他又对"计步鞋"做了进一步改进,开发出穿上后可以计算时间,测量距离,显示一个人跑步速度快慢的"测速鞋"。

"测速鞋"投放市场后,深受中小学生和运动员的喜爱,被誉为"魔鞋"。在欧美上市的第一年就销售了10万多双。有人说,维利·约翰逊是"一个满脑子充满怪点子的人"。

【学生发明】吃饭时漏掉的饭菜很容易将衣服弄脏,也给扫地的人带来不便,西方人吃饭时在胸前围上餐巾布,在腿上铺一块盖布,也很不方便。山西的李珍同学就想,如果有一个不使衣服弄脏又方便实用的餐桌布就好了。她将这一希望作为发明目标,设计了"全保护荷花餐巾台布"。她将台布的周围做成尖形的花瓣垂在桌的四周,吃饭时,只要把花瓣尖端的扣眼扣在胸前的纽扣上,花瓣就可以代替餐巾和盖腿布,吃饭人的衣服和地板就不会被食物弄脏了。这项小发明获得了第五届全国发明展览会铜牌奖。

【启发】人们多种多样的需要和无限美好的愿望,为创新提供了无限广阔的天地,只要经常了解人们的需要,把握人们的希望之点,则发明的课题将取之不尽。

## 三、组合功能法

如果你细心观察和思考,就可以发现你周围的许多东西是由两种或两种以上的物体组合而成的。如电水壶是由电热器与水壶组合而成,带日历的手表,带温度计的台历架等,都是由两种东西组合而成的一种新东西。像这样将已有的两种或多种物品或部件进行巧妙地组合,构成新的更好的物品的发明方法称为组合功能法。

【经典发明】许多朋友都喜欢用带橡皮头的铅笔,因为它"一笔在手,两物齐备",非常方便。在铅笔上加装橡皮擦,是美国发明家李浦曼一百多年前的杰作。

李浦曼原本是美国佛罗里达州的一位画家,作为一个没什么名气的小画家,他的生活十分贫困,甚至连稍好点的画具都买不起。有一天,李浦曼正潜心于一幅素描画的创作,他仅有的一支铅笔已经削得很短很短了，可他没钱买新笔，只得捏着这个铅笔头作画。画着画着，他发现画面的某处需要修改一下，于是他放下笔，开始在凌乱的工作室中寻找他仅有的一块橡皮。找了很久，好不容易才找到那粒比黄豆大不了多少的小橡皮，可当他把需要修改的地方擦干净之后，却发现那个铅笔头又失踪了，李浦曼只好再去找铅笔。结果，找了这个，丢了那个，找来找去，耽误了不少时间。

穷困潦倒的画家不由怒从心中起，气向胆边生。他发誓一定要把这两样可恶的东西找出来，将它们绑在一起，让它们谁也跑不掉。于是他找来一根丝线，把小橡皮捆在了铅笔的顶端，这样，铅笔似乎长出了一些，用起来更方便了，画家受到了鼓舞。可是，没用几下，丝线就松动了，橡皮掉了下来。画家的牛脾气又上来了，他发了狠，一定要把那捣乱的橡皮固定在铅笔上。李浦曼连画也不画了，凭着倔劲干了好几天，动用了各种办法来固定那块小橡皮，可橡皮就是不听指挥，不停地和他作对。李浦曼执著地试呀试，最后，他想出了一个绝招：从罐头上剪下一小块薄铁皮，将橡皮和铅笔的一头包裹起来，这一次他成功了，我们今日所用的带橡皮头的铅笔也就此诞生！

征服了"对手"的喜悦使李浦曼在逆境中看到了曙光，他带着自己的杰作从画室中走了出来，为他这项本专业以外的发明申请了专利，并很快得到了确认。不久，著名的RABAR铅笔公司以55万美元的巨款买下了这项专利，李浦曼摆脱了窘境，并且成了名人，只是他不是作为画家，而是作为发明人被后世传颂。

【学生发明】山东的中学生林峰家里承包了几亩果园，他和爸爸给果树剪枝时发现，用枝剪剪细的树枝还可以，剪稍微粗的树枝时，树枝会在刀口上向前滑脱，要剪几次才能剪掉，既费时又费力。能不能不让树枝向前滑动呢？在老师的指导下，他在剪刀刀口外侧安装了一块带锯齿的铁板，既不影响刀口的切割效果又防止了树枝滑脱。

剪刀加锯齿，就解决了大问题，完成了一项小发明——防滑剪枝剪，并在第七届全国青少年发明创造比赛中获二等奖。

【启发】巧妙的组合是无穷无尽的。注意组合的规律性，可以给发明者提供创造性的想象天地。然而，组合并不是凑合，不加选择地把两样物品随意组合在一起是行不通的，也没有必要。只有恰当的、实用方便的完美组合，才可以使事物相互补充，和谐一致，同时扩大用途，增加功能，增加效益。

## 四、形态改变法

圆溜溜的西瓜容易滚动碰伤，运输也不方便。于是，科学家经过反复研究，培育出了方形西瓜。那么装载和运输起来就方便多了；伞是人们常用的挡雨避阳工具，有人将它的面积扩大、再扩大，变成了街头巷尾设摊者使用的晴雨大伞、露天海滨浴场游客享受的太阳伞，使伞又找到了新的用途。

现有的一些物品和方法，换一种方式看，改变其现有东西的形状、安装方式、物品的结构，结果也许比原来的物品在使用上更加方便，这种发明技法叫作形态改变法。

【经典发明】隐形眼镜的发明人是一位叫比斯特的工程师。一个星期天，他带着儿子小皮特到郊外游玩，玩了一会儿，比斯特坐下来读报纸。突然，他鼻梁上的眼镜掉在地上，镜片摔碎了。比斯特恼怒地回过头去，见小皮特调皮地傻笑着。原来，这是儿子和他闹着玩呢，比斯特哭笑不得，拾起地上的碎镜片。小皮特也拾起一块碎镜片，贴在眼前玩。突然，小皮特叫起来："爸爸，你快来看，有好多好多的蚂蚁。"比斯特拿过镜片，果然看到了地上爬行的蚂蚁。这时，比斯特突然冒出了一个奇怪的想法：用碎镜片也能看到东西，如果把它直接安装在眼球上不是更好吗？回家后，比斯特立即开始做试验。经过多次试验，一种叫角膜接触镜的眼镜终于诞生了。这种眼镜将透镜直接放在眼的角膜上，从而起到矫正视力的作用。由于这种眼镜的镜片超薄透明，放在角膜表面上可以随眼球的运动而移动，不易被人察觉，因此人们称它为隐形眼镜。

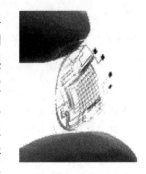

【学生发明】一天，武汉市的王帆同学去姑姑家，看见姑姑正忙着绣花。只见姑姑绣花时，总要先把针尖朝下一扎，拉直绣线，然后翻转手腕，使针尖朝上，再朝上扎出来，手就这样一针上一针下来回不停地动着。王帆问姑姑："这样上下翻转不累吗？"姑姑说："累。绣一天花，手腕又酸又痛！"王帆看着姑姑劳累的样子，便想能不能改进一下这种传统的绣花方法呢？

有一天，王帆在电视上看到渔民织网的情景，渔民拿着两头尖尖的梭子直着穿过来，直着穿过去，就把网织好了，根本不用翻转手腕。王帆马上联想到：把绣花针也制成跟织网梭一样两头带尖、中间开孔的样子，不就解决了翻转手腕的问题吗？于是，他请在机械厂做工的姑父作了一根两头有尖，把针鼻挪到针中间的绣花针。姑姑一试，果然省力，手腕不再酸痛，而且因为减去了翻转手腕的动作，还提高了效率。这项小发明获得了第四届全国青少年创新比赛一等奖。

【启发】当你把一样物品的形状、结构、声音、气味、颜色、温度等改一改，物品的功能和用途可能就会发生本质的变化，也许会搞出成功的小发明。不妨试一试。

## 五、分析借鉴法

分析一些发明的诞生过程，大致分为三个阶段，首先对周围事物进行仔细观察。其次，从中找出可贵的某些特征，最后将此特性运用于自己研究的事物之中，这种方法产生的发明也是屡见不鲜，如直升机、潜艇等。

【经典发明】木工常用的锯子和刨子，据说就是鲁班发明的。一次，鲁班要建筑一座宫殿。他和他的徒弟们带了斧头，到南山去砍伐木料。用斧子砍树，又累又慢，一连干了十几天，砍下来的木料离需要用量还差得很远。动工的日子越来越近了，鲁班心里十分着急。有一天，他到一个险峻的山顶上去找木材，正艰难地往上爬着，突然手指被茅草划了一个口子，鲜血直流。鲁班心想，茅草为什么这么厉害？他忘了伤口疼痛，聚精会神地研究起茅草来。他发现，原来茅草的边缘上长着又密又锋利的细齿，他用那些小细齿在手上划了一

下，果然又是一道口子！这使鲁班高兴地跳了起来，他想仿照茅草的样子，用铁打成边缘上有细齿的铁条。他用这种铁条去拉树，果然又快又省力，只用几天工夫，就把木料备齐了。这种带有细齿的铁条，就是人们今天还在使用的锯子的祖先。

木头破开以后，怎样才能使它又平整又光滑呢？用刀来回刮是一种方法，但是太费力，用斧砍又太粗糙。鲁班根据刀刮斧砍的原理，经过反复试验，又发明了刨子。有了刨子，就大大推进了木材加工工作。另外，据说木工用的钻、墨斗、曲尺等，也都是鲁班发明的。

【学生发明】热水瓶由于价钱便宜，使用方便，占地面积小，在很多家庭广泛使用。但老人和小孩使用时就不那么方便和安全了。由于倒水时必须提起水瓶使其倾斜才能慢慢将水倒出来，如果水瓶装满开水，老人、小孩力气不够，就易发生事故，摔破热水瓶被开水烫伤，或被玻璃碎片割伤。

广州市荔湾区广雅小学杨铭祺同学联想到钢水出炉时钢包放在一个可转动的支架上慢慢倾倒，非常安全省力。于是他想能不能在热水瓶上也装上一个支架，像钢水出炉那样安全、省力呢？经过多次研究，在老师的指导下，找来一条较粗的铁丝，把它弯成一个上支架形状，在热水瓶上找出对称的一对最佳支撑点钻孔，装上一对带孔的螺钉，把支架套在螺钉孔上。只要将热水瓶向前倾倒，支架就会自动向前垂下来，稳稳搁在桌子上，继续向前轻轻倾斜热水瓶，支架就完全将热水瓶支撑起来，开水就会慢慢流出来，十分省力、轻便。倒完水后，轻轻向后拉，热水瓶又稳稳地停放在桌上，支架收回到热水瓶的下边！在老师的指导下，不断修改、完善，增加支架的稳定性和调整支承点的选择，还在热水瓶下增加一块小小的承托板，使倒水时更稳、更方便。最后此项发明获得全国小学生科技创新大赛一等奖。

【启发】将某一领域或某种物品已见成效的发明原理、方法、结构、材料、元件等，部分或全部引进到别的方面，可以获得新成果或新产品。

## 项目练习

请你在下列项目中选择喜欢的项目进行设计和制作，并完成项目任务书（附录一）。

❶ 这是教室里电风扇的场景，请你思考：

（1）你是否发现很多同学都为了控制某台风扇而在几个开关前面不知所措？如何解决这个问题？

（2）你是否有过这样的经历，晚自修结束后当你离开教室时关闭照明灯却发现忘记关电扇，在黑暗中你很难找到电扇开关（即使就在旁边），你只好重新开照明灯来找到电扇开关。你想过怎样解决这种问题吗？

（3）如果教室的电扇能变成"智能"的，能自行知道有没有人，当前温度是不是需要开电扇，需要开多大的风速。请你设计智能电扇的功能并尝试制作。

❷ 一般色盲的人很难分清红色和绿色，因此色盲的人不能驾驶汽车，请你创意制作一种红绿灯能让色盲的人清楚分辨红绿灯。

❸ 拖把起源于抹布，当需被清洁的地面为泥土时，人们恐怕只是想将其扫净，未必就想将其擦净。随着生产力的进步，生活环境的改变，需被清洁的地面也由泥土变为光洁的木板、石板时，擦洗的需要就产生了。擦洗地面最早应是抹布。擦洗虽使地面干净了，可人在操作时也会感到劳累。问题是灵感的源泉，某人便在抹布上安装了一个长柄，还起了个形象的名字——"拖把"。拖把来到了这个世界上，实现了"直立行走"。

日子久了，新的问题又来了。拖把的工作部分——拖把头，自身也需要不断地洗洁。拖把头的洗洁对作业者手的伤害上升成为了需要解决的问题。一日，一聪明人假定清洁头材料不变，发明出了"拧水拖把"。终于实现了"手水分离"。

随着科学之树的不断长大，又发明了胶棉拖把，实现了"宽面、富水、不脱毛"。后来有人又改出新花样，造出对板挤水拖把。

今天，拖把的功能在不断地被扩大，辅具也层出不穷，呈现出了百花齐放的局面。

（1）学校是我们学习的地方，教室就是我们的第二个家，我们每天在这里学习、生活，我们要把它装扮得干干净净，整整齐齐。每天下午放学后，我们都要打扫教室卫生，拖地是最后一道工序。因此，同学们干得非常认真。可是，地拖完了，洗过的拖把挂在架子上不停滴水，使地面积起水渍，形成卫生死角，你能解决这个问题吗？

（2）目前市场上的拖把是标准规格的，高个的人和矮个的人使用的拖把是相同的，造成使用者的不便，如果拖把的高低能够适合每个人身材大小的不同，将更好地满足人们的需求，你能设计吗？

❹ 鼠标给计算机的操作带来了很多方便，大千世界尽在指间舞动，但对于一些失去双臂的

残疾人而言，现有的鼠标不能使用，请你设计一种适合失去双臂的残疾人使用的鼠标。

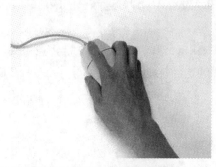

❺ 生活中常用的保鲜膜在撕裂的时候不方便，请你设计一种装置能方便地撕裂保鲜膜。

❻ 给小孩用奶瓶喂奶或喝水时有这样的苦恼：水太冷对小孩肠胃不好，太热会烫伤小孩，还会使奶粉中的活性成分失效，正好合适的水温又很难把握。这种现象特别是无经验的人或是老年人在家带小孩时最头痛。请你设计制作一种能自动告知温度的奶瓶。

❼ 鱼身体表面一般都分泌有黏液，徒手抓鱼时常常会因为太滑而抓不住，请你设计一种能牢牢抓住鱼的手套。

❽ 你所遇到的日常使用物品、工具存在不合理的地方，认真地对这些缺点进行思考分析，加以改正，进行创新。

## 项目五　不可思议的鸡蛋

古代人常用"鸡蛋碰石头"来比喻自不量力。可见，鸡蛋是极易碎的，轻轻一磕就碎了。如果说鸡蛋能从十几米高的地方落下而安然无恙，那简直就是天方夜谭。

不难算出，若不计空气阻力，物体落地时的速度将达到十多米每秒。这就好比一辆时速达40千米每时的汽车突然撞到了墙上，后果可想而知。如果不采取任何措施，不要说是鸡蛋，就是一块石头，恐怕也要粉身碎骨。这样一件看似不可能的事情，是否就不可办到呢？

不是的，科学的魅力正在于此。只要依据正确的科学道理，提出可行的解决方案，再经过一次次实践的检验，不断改进，是完全可以办到的。

### 一、技术理论分析

① 动量定理表达式：$Ft = \Delta p$，其中 $\Delta p$ 指的是动量的变化，$F$ 指的是冲力的大小，$t$ 指的是力的作用时间。由于鸡蛋在下落的过程中，动量的变化 $\Delta p$ 一定，鸡蛋所受的力 $F$ 与力的作用时间 $t$ 成反比，即 $t$ 越大，$F$ 就越小，作用在鸡蛋上的力就越小。这样，鸡蛋就不容易碎了。

② 由空中垂直下落的物体所受空气阻力 $f$ 与空气的密度 $\rho$、物体的有效横截面积 $S$、下落的速率 $v$ 的平方成正比，阻力的大小可表示为 $f = C\rho S v^2$，其中 $C$ 为阻力系数，一般在 0.2～0.5，$\rho = 1.2$ 千克/立方米，物体下落经过一段时间将达匀速，这称为终极速率。可以发现如下的一些日常现象：

雨滴在空气中下落，速度越来越快，所受空气阻力也越来越大。当阻力增加到与雨滴所受重力相等时，二力平衡，雨滴开始匀速下落；跳伞运动员在空中张开降落伞，凭借着降落伞较大的横截面积取得较大的空气阻力，得以比较缓慢地降落。

### 二、方案设计

在前面理论依据的支持下，有一定可行性的方案有以下几种

#### 1. 降落伞型

降落伞型，顾名思义，就是利用降落伞，增大空气阻力，以使鸡蛋连同整个装置平稳落地。跳伞、宇宙飞船减速，都运用了这个方法，效果很好。安全性极高，使整个装置达到较小的速度即可匀速下落。装置的重量也不会很重。唯一的缺点就是：受大气扰动影响太厉害，会使实验装置飘忽不定，准确性较差，往往不能落到指定位置。

### 2. 减震材料填充型

减震材料填充型就是用较多的减震材料将鸡蛋严严实实地包裹起来，比如泡沫、棉花、各种填充材料等，通过这些材料的缓冲作用，达到保护鸡蛋的目的。平常生活中贵重用品运送就采用这种方法。但整个装置是自由下落状态，可能出现在空中翻滚的现象，到达地面时着地面不确定，对鸡蛋与包装物的接触面要求很高。

### 3. 多面体型

多面体型，就是把整个装置制作成一个多面体，将鸡蛋用结实的绳子固定在多面体的中央，使整个鸡蛋悬空。装置落地后，不论哪个面着地，鸡蛋都不会着地，鸡蛋就完好无损了。这种方案无需额外的材料，只需要制作多面体的骨架和几根线即可，用料极其节省，因而重量会大大降低。因受空气阻力较小，所以稳定性较好。但这种方案也有一个大的缺点就是多面体不易扎制，结实程度不高，落地后可能会散架，鸡蛋也就岌岌可危了。

### 4. 双气球型

双气球型，就是将鸡蛋放在一个气球中，充入一定量空气，在外面再套一个气球，充入适量空气。这样两层气球之间就会形成一个气垫，会使鸡蛋免受地面的冲击。这种方案所用材料应该是所有方案中最节省的，重量只是两个气球的重量，几乎可以忽略不计。但这种方案有一个致命的缺点就是两层气球之间有一块是紧密接触的，没有气垫的保护，如果此面着地，一切都完了。另外，由于重量太轻，受空气扰动影响，其稳定性也不是很好。

### 5. 溶液型

溶液型，就是将鸡蛋漂浮在装有溶液的塑料瓶里，落地后溶液就充当了缓冲材料，保证鸡蛋不破。这种方案新颖独特，用溶液作缓冲，安全性较高，受到空气阻力影响很小，准确性较高，但装置不易控制，而且溶液的配置、密封要求较高（保证鸡蛋漂浮在溶液中央）。

## 项目练习

### 不可思议的鸡蛋竞赛

不可思议的鸡蛋竞赛示意图如图7-28所示。

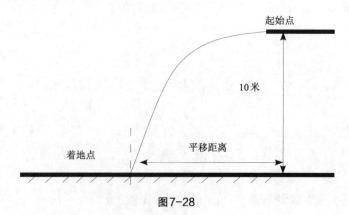

图7-28

❶ 竞赛内容

将一个采取了一定保护措施的鸡蛋从10米高空（或学校3楼阳台上）自由下落，看一看谁的鸡蛋是最"不可思议的鸡蛋"。

❷ 竞赛规则

（1）现场将鸡蛋装进行包装，包装时间越短，得分越高。

（2）鸡蛋包装完毕后，必须从外面看见鸡蛋，看到的部分越多，得分越高。

（3）鸡蛋包装完毕后，整体重量越轻，得分越高。

（4）鸡蛋包装完毕后，整体体积越小，得分越高。

（5）不可思议的鸡蛋着地后（静止在地面，弹跳过程不算），平移距离越短，得分越高。

（6）不可思议的鸡蛋着地后，打开包装，检查鸡蛋壳完好无缺为成功，有破碎的为失败。

# 第八章 科技 展望未来

### 内容描述

科技的发展是无止境的，科学就是不断把未知变为已知，这是人类伟大的真谛，也是弘扬探索精神的目的。探索科技的发展需要充满热情和激情。本章通过前面训练所得到的能力，引导你思考，引导你行动，去了解一些未来生活中的科技发展。像牛顿那样站在科学"巨人"的肩膀上，开拓创新；像爱因斯坦那样追求真理，超凡脱俗；像居里夫人那样坚定执著，无私奉献；像霍金那样挑战自我，挑战生命，挑战宇宙。

# 第八章 展望未来科技

科学技术是人类战胜自然、改造自然的武器，是推动社会生产力发展的重要力量。科技的每一次发展都是人类文明史上的飞跃，都是人类征服自然、征服自身的划时代的胜利。

未来科技给人类留下了无限的想象空间和科研前景。因为，人类到目前为止，对自然科学的认识，恐怕连整个自然奥秘的亿分之一也没有，所以，未来科技，并不是指虚无缥缈的猜想和臆想，而是需要人类去研究和发明创造的科学技术，只是，人类目前还没有达到那样的先进水平而已。

近百年来，人类科技的发展是史前数万年人类发明的总和。随着科技的发展，各式各样的科技新产品层出不穷，爱迪生经过无数次实验后，终于发明了电灯，人们在晚上也可以像白天一样正常工作；自杂交水稻之父袁隆平培育出了超级水稻之后，农民们种出的水稻大大增产，人们就不愁食不果腹闹粮荒；自莱特兄弟发明飞机后，人们就不用坐轮船，坐汽车，更不用走路去很远的地方，人们可以坐飞机环球旅行，既节省了时间，又节省了金钱；自互联网出现后，人们的生活变得更加丰富多彩。

人类要相信科学，更要相信科学还需要不断地发展，科学就是不断把未知变为已知，这是弘扬探索精神之目的。

## 项目一 电能无线传输

当你坐在候机室里,笔记本电脑没有电了,公共插座都被别人占用,心情郁闷却没有办法时,你也许会想:无线上网已经是再普通不过的事,为什么没有无线充电呢?

网线隐藏在天花板上

电流通过铜线时,就会产生一个强烈的电磁场,然后,房间里的各种电器就可以经过电磁场接收到电力。

台灯将不再需要电线

电脑没电池一样运行

手机、MP3自己会充电

一说到电力,就会想到大大小小的电线,从"三峡—上海"500千伏直流高压线,到办公桌下面乱麻一般的那些电源线。不但科幻小说里常见的微波输电线路一点也没有实用化的意思,连手机和笔记本电脑这样的小东西也还是要拖着长长的电线和沉重的变压器,实在是不太方便。

这种用无线方式输送电力的想法已经有近两百年的历史了,可以说它是与电磁学一起诞生的。19世纪上半叶,电磁铁问世不久、电磁感应现象刚刚被发现,英国的一位牧师和自然哲学家尼古拉斯卡兰就设计了一个简单的无线输电装置:通过改变一个线圈的电流,使旁边另一个线圈的两端间产生火花。

麦克斯韦用他那组优美的方程建立了完整的电磁理论体系,促成了无线通信的诞生,也使人们对无线输电兴趣更浓。

电学的先驱、交流电之父特斯拉试图利用地球本身和大气电离层为导体来实现无线输电,为此在纽约建造了一个29米高的发射塔,但由于资金耗尽,他雄心勃勃的计划并未能实现。

此后,人们尝试过微波、激光等许多方法,但都未能付诸实用。近两百年间,电灯、电话、广播、电视和互联网给世界带来了一次又一次翻天覆地的变化,无线输电技术却似乎总在原地打转,无数人的奇思妙想和勇敢尝试并没有带来实质性突破。

2007年6月,美国麻省理工学院的物理学家马林索尔加斯克领导的一个小组宣布,他们成功地利用无线输电技术,点亮了一个离电源约2米远的60瓦电灯泡。与理想目标相比,2米实在是微不足道,但在近两百年的努力中,这已经是令人惊喜的成绩。

也许,在可预见的未来,近地轨道上通过微波给地球供电的太阳能电站仍将停留在构想和初期实验中,但在家庭、图书馆、机场和咖啡馆里给笔记本电脑和手机自动无线充电会成为现实。

## 一、科学怪才特斯拉与电能无线传输

南斯拉夫科学家特斯拉是和爱迪生同时代的发明家,磁感强度单位就是以他来命名的。1880年,特斯拉发明了世界上第一台交流电发电机,更于1885年发明多相电流和多相传电技术,就是现在全世界广泛应用的50~60Hz(赫兹)传送电力的方法。

特斯拉除了在电力方面做出了杰出的成就之外,在其他方面的发明发现也相当惊人。他一生致力于研究非线性(即输入和输出不成正比)问题,曾经说过他可以将地球一分为二。早在1912年特斯拉提出:"若把物体的振动和地球的谐振频率正确地结合起来,在几个星期内,就可以造成地动山摇、地面升降。"1935年,特斯拉在其实验室打了一个深井,并在井内下了钢套管,然后他将井口堵塞好,并向井内输入不同频率的振动。奇妙的是,在特定的频率时,地面就会突然发生强烈的振动,并造成了周围房屋的倒塌。当时的一些杂志评论说:"特斯拉利用一次人工诱发的地震,几乎将纽约夷为了平地。"这就是著名的特斯拉实验。这种小输入强输出的超级传输效应称为特斯拉效应,是地球物理武器的关键,所以特斯拉也是超距武器的奠基人。

不仅如此，特斯拉还发明了特斯拉变压器，交流电摩打，现代电脑基础，无线通信，太阳能系统，雷达装置，机器人，死光，测谎仪，提出电磁射频武器概念……这些发明和发现超越了当时科学技术的几个时代，有的理论就连现今最先进的科学技术也无法完美解答。特斯拉死后，美国FBI将他的所有设计图纸与实验作品全部没收，美国军方对他的论文研究至今也没有停止，这也更为特斯拉造就了一份神秘色彩。

## 二、特斯拉线圈

特斯拉的发明之一就是特斯拉线圈，原理为把一个线圈连接在电源上传输能量作为发射器，另一个线圈连着灯泡，作为能量接收器。通电后，发射器能够以10兆赫兹的频率振动，但它并不向外发射电磁波。这一系统与现代无线电广播的能量发射机制不同，而与交流电力网中的交流发电机与输电线的关系类似，当没有电力接收端的时候，发射机只与天地谐振腔交换无功能量，整个系统只有很少的有功损耗，而如果是一般的无线电广播，发射的能量则全部在空间中损耗掉了。特斯拉有生之年没有财力实现这一主张。后人从理论上完全证实了这种方案的可行性，证明这种方案不仅可行，而且效率极高，对生态安全，并且不会干扰无线电通信。

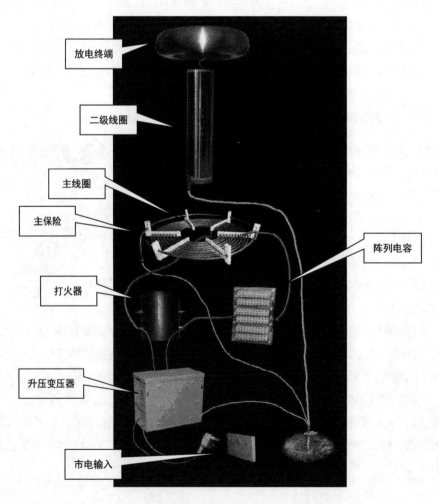

第八章　展望未来科技

　　特斯拉线圈是由一个感应圈、变压器、打火器、两个大电容器和一个初级线圈仅几圈的互感器组成的。原理是使用变压器使普通电压升压，然后经由两极线圈，从放电终端放电的设备。通俗一点说，它是一个人工闪电制造器。放电时，未打火时能量由变压器传递到电容阵，当电容阵充电完毕时两极电压达到击穿打火器中的缝隙的电压时，打火器打火，此时电容阵与主线圈形成回路，完成LC振荡进而将能量传递到次级线圈。这种装置可以产生频率很高的高压电流，有极高危险。特斯拉线圈的线路和原理都非常简单，但要将它调整到与环境完美的共振很不容易，特斯拉就是特别擅长这项技艺的人。

　　1943年，7个巨大的"特斯拉线圈"向停泊在费城的中型驱逐舰艾尔德里奇号（DE-173）定向发送了强大的电能，并且在10分钟之后使艾尔德里奇号瞬间消失。有人说，那7个也被人称为"磁暴线圈"的装置所发出的能

量足以支持所谓的"空间跳跃"，它们正是美国军方按照爱因斯坦相对论的理论计算结果来设置的。在传说中，这场"费城试验"以失败告终。当驱逐舰在百慕大被人们重新发现时，它的船员们不是身首异处就是深深陷入船体结构被物化为船的一部分。于是，能爆发出恐怖而庞大能量的"特斯拉线圈"随着"费城试验"一起在科幻作家的脑海里扬帆启航。作为一种高能量瞬间杀伤武器，它在电影、小说、漫画和游戏中被大肆布设。这场面几乎要使人们遗忘"交流电之父"特斯拉设计它的初衷——用作无线输电部件。

## 三、电能远程无线传输的发展

电磁理论体系建立后不久，马可尼的发明就使地球在无线频段上史无前例地热闹起来，无线通信在随后的人类生活（包括两次世界大战）中扮演着极其重要的角色。但用无线方式传输能量的技术没有跟上的原因就在于能量损耗。

电磁波以光速传播出去，弥漫在广大的空间中，这意味着能量的分散。随着距离的增加，电磁波强度会急剧衰减。阳光也是一种电磁波，太阳每秒释放的能量足以毁灭很多个地球，不过地球离太阳有1.5亿千米，只接收到太阳能量中微不足道但恰到好处的一部分，刚好能维持一个温和的环境供生命栖居。火星离太阳比地球再远一点，表面平均温度就低到零下几十摄氏度。至于太阳系外围的行星和矮行星，更是零下一两百摄氏度的冰冻世界，有的不比绝对零度高多少。许多遥远恒星比太阳更大更亮，但由于距离太远，它们释放的能量对地球几乎没有影响。这些事实意味着，用普通电磁辐射的方式来传输能量是毫无效率可言的，绝大部分能量都会被浪费掉。

无线通信对此不太在意，相反地，要保证信号能覆盖到尽量大的范围，电磁波的这种发散是必不可少的。收音机、电视机或手机需要的是电磁波运载的信息，不是能量本身，只要信号不至于弱到无法还原，就不要紧。信号的衰减当然仍是个问题，但我们可以用中继的方式来补足：中继站接收到信号，放大后重新发射出去，就像接力一样，使信息能够持续传递到很远的地方。

对无线输电来说，能量传递的效率是最重要的。因此，方向性强、能量集中的激光与具有类似性质的微波束是值得考虑的选择。基于激光或微波进行电力传输，这种设想在二三十年前就出现了，它们在许多科幻作品中成为未来世界的标准配置，美国、日本等一些国家还进行了相关实验。美国宇航局和能源部在20世纪70年代就考虑建设一个功率为1000万千瓦的宇宙太阳能发电站，通过微波向地球输电，不过由于花费太大，计划并未实施。目前，美国宇航局正尝试从地球通过激光束给飞行器供电，初步取得了一些成果，不过离实用也非常遥远。日本在微波输电方面取得了不少成绩，打算在此基础上试建宇宙电站，但这类工程造价目前仍过于高昂，其中原因之一还是发散问题——微波束和激光会随距离发散，为了使波束更紧密，需要非常巨大的天线。此外，为了保证传输效率，发射端和接收端中间不能有障碍物，这是微波和激光输电付诸实用的另一障碍。

## 四、利用共振原理的电能无线传输

麻省理工学院研究小组在约2米的距离上实现40%效率的无线输电，使人们看到了在家庭里省去一些电线的希望。他们所用方法的核心在于"共振"。

第八章　展望未来科技

物体在特定频率下会比较容易振动，在其他频率下则不然，这些特定频率称为固有频率或共振频率。有着相同共振频率的物体，彼此交换能量的效率比较高。玩过乐器的人都对共振有直观认识。中学物理老师会给学生做这样的共振实验：两个相同的音叉，敲其中一个，另一个也会抖动发声。

这个系统利用了共振（当一个物体与另一个物体的频率一样时，就会产生振动）原理。当两个物体的振幅相同时，它们传递能量的强度不会受到周围事物的影响。研究小组成员索亚克教授解释说："如果房间内放了许多相同的杯子，你向瓶中倒入不同度数的葡萄酒，这时这些杯子就会产生不同的共振频率。"例如，如果用勺子敲击，每个杯子都会发出不同的声音。"如果我进入房间，开始用非常高的声音歌唱，当我的声音与其中一个杯子的振幅相同时，它就有可能爆炸。"

研究小组利用的是低频电磁波共振，而不是利用声学共振。在实验中，两个感应器都以10兆赫的频率振动，产生共振，让能量在两者之间传递。本德莱教授解释说："随着每一次共振，感应器中会有更多的电压产生。"经过产生多次共振，感应器表面就会集聚足够的能量，让灯泡发出光亮。这个能量的集聚也是一位歌手用与杯子相同频率的声音歌唱时，杯子不会立刻破裂的原因。

本德莱教授说："酒杯不断集聚能量，直到能将自己打碎。"

麻省理工学院的研究小组利用两个铜线圈为共振器，发射端以10兆赫的频率振动，产生的不是弥漫于各处的普通电磁波，而是一种"非辐射"的电磁场，它在两个线圈间形成一种无形的"能量通道"。只有以10兆赫频率共振的

接收端才能接收到能量，未被接收的能量被发射器重新吸收。根据设计，这种非辐射电磁场的范围比较有限，不适用于长距离，但在离电源几米范围内的效果还可以。

频率10兆赫的电磁场不会对人体造成什么影响，因此这项技术用在家庭里不会有什么健康风险。索尔加斯克等人正在改进装置，以进一步提高能量输送效率，加大输送距离。也许在不久的将来，手机和笔记本电脑之类的"移动设备"将能摆脱电源线，彻底地"移动"起来。

将共振原理应用于电力传输并不是麻省理工学院研究小组的首创，特斯拉当年的无线输电构想，就是在地球和电离层之间建立约8赫兹的低频共振，利用环绕地球表面的电磁波传输能量。在地球和电离层构成的天地谐振腔里，电磁波能量损耗很少。特斯拉的实验中止后，并没有人继承这项研究，其中一个原因也许是在这种方式下电力公司没办法向用户收钱吧。

# 项目探索

## 任务一　特斯拉放电现象

### 一、材料准备

万能板、高压包（电视机）、电子元件（图8-1）。

### 二、工具准备

电烙铁、焊锡、松香、尖嘴钳、斜口钳、剥线钳、镊子。

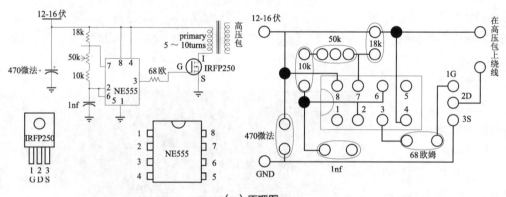

（a）原理图

（b）实物图

图8-1　特斯拉放电

### 三、操作注意

❶ 高压包的输入用 $\phi$1毫米的漆包线在高压包的磁环上绕8～10圈，绕紧。

❷ 功率管须加装散热片。

❸ 470微法电容耐压最好大于50伏。

❹ 直流电源采用功率大于30瓦电源或蓄电池。

❺ 元件焊好后管脚要修剪平整。

❻ 输出拉弧为高压包阳极高压（VCP高压帽端）与负极（GND，底下引脚中的一个，不同的高压包不同），设计拉弧距离在2厘米。

❼ 注意安全。

## 任务二　电能无线传输

### 一、材料准备

万能板、漆包线φ0.3毫米、电子元件（图8-2）、小圆柱铁氧磁芯。

### 二、工具准备

电烙铁、焊锡、松香、尖嘴钳、斜口钳、剥线钳、镊子。

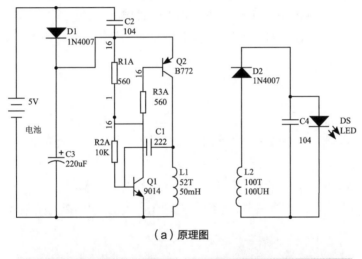

（a）原理图

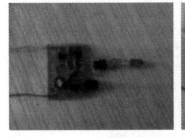 

（b）实物图

图8-2　无线传输实验

### 三、操作注意

❶ 电感用漆包线绕在铁氧磁芯上，不同的感量配合传输效率不同，必须进行试验调整。

❷ 设计无线传输距离为1厘米。

# 项目二 机器人的时代

机器人的诞生和机器人学的建立及发展，是20世纪自动控制领域最具说服力的成就，是20世纪人类科学技术进步的重大成果。现在全世界已经有100万台机器人，销售额每年增加20%及以上。机器人技术和工业得到了前所未有的发展。机器人技术是现代科学与技术交叉和综合的体现，先进机器人的发展代表着国家综合科技实力和水平，因此目前许多国家都已经把机器人技术列入本国21世纪高科技发展计划。随着机器人应用领域的不断扩大，机器人已从传统的制造业进入人类的工作和生活领域中，另外，随着需求范围的扩大，机器人结构和形态的发展呈现多样化。高端系统具有明显的仿生和智能特征，其性能不断提高，功能不断扩展和完善，各种机器人系统便逐步向具有更高智能和更密切与人类社会融洽的方向发展。

## 一、机器人起源

机器人的起源要追溯到3000多年前。"机器人"是存在于多种语言和文字中的新造词，它体现了人类长期以来的一种愿望，即创造出一种像人一样的机器或人造人，以便能够代替人去进行各种工作。

春秋时代（公元前770～前467年）后期鲁班利用竹子和木料制造出一个木鸟，它能在空中飞行，"三日不下"，这件事在古书《墨经》中有所记载，这可称得上世界第一个空中机器人。

三国时期的蜀汉（公元221～263年），诸葛亮既是一位军事家，又是一位发明家。他成功创造出的"木牛流马"，可以运送军用物资，成为最早的陆地军用机器人。

在国外，也有一些国家较早进行机器人的研制。公元前3世纪，古希腊发明家戴达罗斯用青铜为克里特岛国王迈诺斯塑造了一个守卫宝岛的青铜卫士塔罗斯。

1662年，日本人竹田近江发明了能进行表演的自动机器玩偶。到了18世纪，日本人若井源大卫门和源信，对该玩偶进行了改进，制造出了端茶玩偶，该玩偶双手端着茶盘，当将茶杯放到茶盘上后，它就会走向客人将茶送上，客人取茶杯时，它会自动停止走动，待客人喝完茶将茶杯放回茶盘之后，他就会转回原来的地方，煞是可爱。

瑞士钟表名匠德罗斯父子三人于公元1768～1774年，设计制造出三个像真人一样大小的机器人——写字偶人、绘图偶人和弹风琴偶人。它们是由凸轮控制和弹簧驱动的自动机器，至今还作为国宝保存在瑞士纳切特尔市艺术和历史博物馆内。

1893年，加拿大摩尔设计的能行走的机器人"安德罗丁"，是以蒸汽为动力的。这些机器人工艺珍品，标志着人类在机器人从梦想到现实这一漫长道路上，前进了一大步。

## 二、近代机器人的发展

1920年，捷克斯洛伐克剧作家卡雷尔·凯培克在他的科幻情节剧《罗萨姆的万能机器人》中，第一次提出了"机器人"（Robot）这个名词，被当成了"机器人"一词的起源。

美国著名科学幻想小说家阿西莫夫于1950年在他的小说《我是机器人》中，首先使用了机器人学（Robotics）这个词来描述与机器人有关的科学，并提出了有名的"机器人三守则"：机器人必须不危害人类，也不允许他眼看人将受害而袖手旁观；机器人必须绝对服从于人类，除非这种服从有害于人类；机器人必须保护自身不受伤害，除非为了保护人类或者是人类命令它做出牺牲。

这三条守则，给机器人社会赋以新的伦理性，并使机器人概念通俗化更易于为人类社会所接受。至今，它仍为机器人研究人员、设计制造厂家和用户，提供了十分有意义的指导方针。

通常可将机器人分为三代。第一代是可编程机器人。这类机器人一般可以根据操作员所编的程序，完成一些简单的重复性操作。1958年，被誉为"工业机器人之父"的Joseph F.Engel Berger创建了世界上第一个机器人公司Unimation（Univeral Automation）公司，并参与设计了第一台Unimate机器人。这是一台用于压铸的五轴液压驱动机器人，手臂的控制由一台计算机完成。它采用了分离式固体数控元件，并装有存储信息的磁鼓，能够记忆完成180个工作步骤。1959年，美国Consolidated Controls公司研制出第一代工业机器人原型。1960年美国机床铸造公司（AMF）生产出圆柱坐标的VERSATRAN型机器人，可做点位和轨迹控制，同年第一批电焊机器人用于工业生产。

第二代是感知机器人，即自适应机器人，它是在第一代机器人的基础上发展起来的，具

有不同程度的"感知"能力。美国人汤姆威克和博奈于1962年研制出一种装有压力传感器的手爪样机，可检测物体，并向电机输入反馈信号，启动一种或两种抓取方式。一旦手爪接触到物体，与物体大小和质量成比例的信息就通过这些压力敏感元件传输到计算机。1974年Cincinnati Milacron公司推出了第一台计算机控制的工业机器人，定名为"The Tomorrow Tool"。它能举起重达45.36千克的物体，并能跟踪装配线上的各种移动物体。

第三代机器人将具有识别、推理、规划和学习等智能机制，它可以把感知和行动智能化结合起来，因此能在非特定的环境下作业，故称之为智能机器人。从20世纪60年代后期起，几个工业化国家竞相开展了具有视觉、触觉、多手、多足、能超越障碍、钻洞、爬墙、水下移动的各种智能机器人的研究工作，并开始在海洋开发、空间探索和核工业中试用。1979年Unimation公司推出了PUMA系列工业机器人，他是全电动驱动、关节式结构、多CPU二级微机控制、采用VAL专用语言，可配置视觉、触觉的力觉感受器的技术较为先进的机器人。同年日本山梨大学的牧野洋研制成具有平面关节的SCARA型机器人。随着计算机科学技术、控制技术和人工智能的发展，机器人的研究开发，无论就水平和规模而言都得到了迅速发展。

1985年日本筑波世博会主题是"人类、居住、环境与科学技术"，而机器人无疑成了展会上的最大亮点。来自日本、美国和瑞典的科研机构在筑波展出了数十款机器人设计。和以往强调娱乐不同，此次展出的机器人大都是特种机器人，即为专业项目设计的工作机器人。这数十款"蓝领机器人"中，有能够爬楼梯的机器人、清扫机器人、机械零部件分类机器人、甲板除锈机器人和排险机器人。更大的震撼来自双足机器人的展出。此前，因为材料和技术原因，大部分机器人都设计得比较简陋，完全没有"人"的结构和造型。筑波世博会上，日本和美国同时推出双足站立行走式机器人，将机器人的仿人设计提升至前所未有的高度。

1998年丹麦乐高公司推出了机器人套件，让机器人的制造变得像搭积木一样相对简单又能任意拼装，从而使机器人开始走入个人世界。2002年丹麦iRobot公司推出了吸尘器机器人Roomba，他能避开障碍，自动设计行进路线，还能在电量不足时，自动驶向充电座，这是目前世界上销量最大、最商业化的家用机器人。

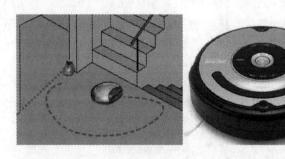

## 三、未来机器人的展望

随着工业机器人数量的快速增长和工业生产的发展，对机器人的工作能力也提出了更高的要求,特别是需要各种具有不同程度智能的机器人和特种机器人。这些智能机器人,有的能够模拟人类用两条腿走路,可在凹凸不平的地面上行走移动;有的具有视觉和触觉功能,能够进行独立操作、自动装配和产品检验;有的具有自主控制和决策能力。这些智能机器人,不仅应用各种反馈传感器,而且还运用人工智能中各种学习、推理和决策技术。智能机器人还应用许多最新的智能技术,如临场感技术、虚拟现实技术、多真体技术、人工神经网络技术、遗传算法和遗传编程、放声技术、多传感器集成和融合技术以及纳米技术等。可以说,智能机器人将是未来机器人技术发展的方向。

据美国电气和电子工程师协会(IEEE)统计,至2008年年底,世界各地已经部署了100万台各种工业机器人。其中,日本机器人数量居世界首位,排在其后的分别是新加坡和韩国。根据科学家的预测,到2050年,地球将真正进入机器人的时代。

## 项目探索

### 任务一 蜘蛛机器人

请你设计制作一款机器蜘蛛,能模仿蜘蛛在地面行走的动作,能按照地面轨迹行走,能自由避开障碍物。

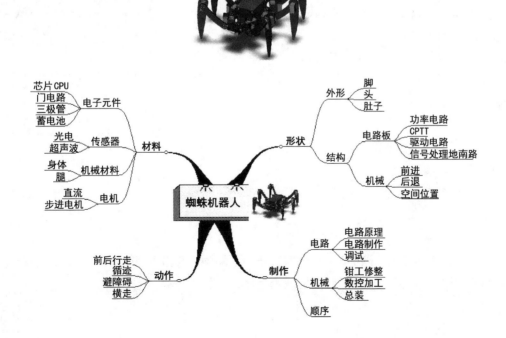

## 任务二 送乒乓球回家

请你设计制作两辆机器小车，完成以下的任务。如图8-3所示。

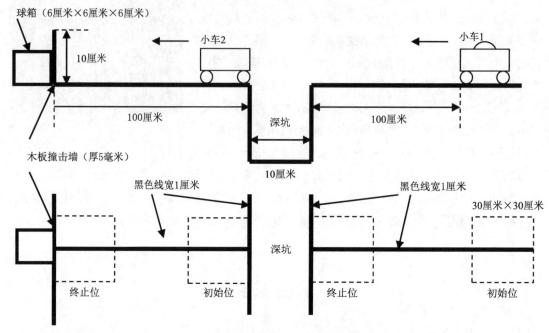

图8-3 乒乓球接力小车竞赛示意图

❶ 竞赛内容

乒乓球从回家路途中由于有深坑的存在，因此必须设计两辆小车进行乒乓球接力运输，小车1和小车2分别放在各自初始位置，比赛开始后，小车1（装载乒乓球）从初始位置出发至终止位置停下将乒乓球传递给小车2，小车2接到球后驶向撞击墙，到达终止位置将乒乓球放入球箱后停止。两辆小车初始位置到终止位置间画有一条黑线，沿深坑两边也各有一条黑线表示深坑边沿。请你设计制作两辆符合要求的小车参加竞赛。

❷ 竞赛规则

（1）制作的小车体积必须小于30厘米×30厘米×30厘米。

（2）小车放入规定初始位置，开始启动小车1后，不得再进行人为干涉，也不得采用遥控装置。

（3）在运输传递过程中乒乓球不得落地。

（4）成功完成任务的选手，以从小车1开始运行到乒乓球进入球箱的时间最短者为胜。

（5）每组选手可运行3次，取最好成绩计分。

第八章　展望未来科技

## 项目三　未来科技预测

在科技日新月异的今天，任何觉得不可能的事物，都有可能变成现实。就像在100年前，当时的人们无法想象到如今繁荣的互联网一样。那么在接下来的100年内，又有哪些可能会出现的新科技呢？

下面列出了当今科学家对2100年前生活的十大预测，如果这些预测能够变成现实的话，将会让世界发生翻天覆地的变化。

### 1. 能上网的隐形眼镜

出现时间：2030年前

预测者：华盛顿大学西雅图分校的巴巴克.A.帕尔维兹教授

你能想象有一天上网只有眨一下眼睛那么简单吗？帕尔维兹教授目前正在研究的一款隐形眼镜或许会让你明白一切皆有可能。这种新式的隐形眼镜上排列着一个LED集合。帕尔维兹表示："这些LED组合可以在眼前形成各种图像。这种眼镜的大部分材料半透明，人们可以戴着它自由活动。"这种眼镜还将识别人的面部特征，并显示所见者的生平，还能将一种语言翻译成另一种语言，这样人们就可以看懂镜片上显示的字幕。也许准备参加期末考试的学生们会是这种隐形眼镜的首批顾客，相信它也同样会受到科幻迷们的喜爱。

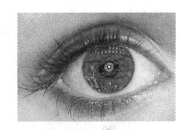

### 2. 人体器官商店

出现时间：2030年前

预测者：维克森林大学安东尼·阿塔拉博士

若不幸遭遇车祸或疾病，人们可以从"人体器官商店"订购用自身细胞培育的备用器官。科学家现在已经可以培育软骨、鼻子、耳朵、骨骼、皮肤、血管和心脏瓣膜。4年前，他们培育了第一个膀胱，去年又培育了第一根气管。在未来大约5年内，科学家将能够培育出肝脏。阿塔拉博士表示："我们可以预见的是，今后将能够提供现成的器官，人们只需取出受损的器官，然后按照需要植入培育的新器官。"

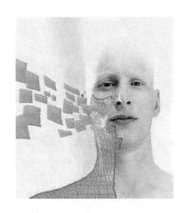

### 3. 读心术

出现时间：2030年前

预测者：加州大学伯克利分校的肯德里克·凯伊

目前的技术可以实现往中风瘫痪的患者的大脑中植入芯片，并将这个芯片同笔记本电脑连接。这些患者最终将学会如何利用意念编辑电子邮件、玩视频游戏和上网。凯伊正在编订一本"意念词典"，他已经研发出了一个可以破解脑电波信号的电脑程序。他说："从一大堆影像中识别出患者看到的特定影像将成为可能，而且仅仅通过检测其大脑的活动，就能够将这一影像还原。"日本的本田公司曾制造了一个机器人，戴着头盔的员工可通过意念控制机器人的活动。

### 4. 灭绝动物复活

出现时间：2070年前

预测者：美国先进细胞技术公司罗伯特·兰扎博士

未来人类将能够拥有饲养灭绝动物的动物园。兰扎能够从已死亡25年的动物尸体上提取可用的DNA，将这些DNA植入到母牛卵细胞内，9个月后，一只克隆动物就诞生了。这样，这个物种就算是复活了。即使尼安德特人已经消亡了数万年，但是他们的DNA已经被破译了，所以有科学家正在讨论要不要让他们复活。兰扎认为："如果我们有了控制基因的工具，那么从理论上来讲，利用基因复活物种就将成为可能。问题是，我们应该这么做吗？"

### 5. 延缓衰老

出现时间：2070年前

预测者：麻省理工学院莱昂纳德·瓜伦特博士

虽然没有人能够找到长生不老药，但是科学家现在可以从遗传学和分子学的角度分析梳理出细胞衰老的过程。很多影响衰老快慢的基因已经在酵母细胞、果蝇及蠕虫内被发现。科学家已经通过"热量控制"延长了昆虫、老鼠、兔子、狗、猫及猴子的寿命。也就是如果在喂养它们时减少30%的热量摄入，那么就能将它们的寿命延长30%。瓜伦特发现了SIR2基因，这个基因有可能解释"热量控制"的奥秘。

### 6. 战胜癌症

出现时间：2100年前

预测者：西雅图系统生物研究所勒罗伊·霍德

如今，当人们在胸部发现肿瘤时，可能这个肿瘤已经有了100亿个癌细胞。但是在未来，区区几百个癌细胞释放的蛋白质就能被安装在厕所内的DNA芯片识别出来，而这将肿瘤的发现时间提前10年。从此以后，"肿瘤"这一词就将从世界上消失。

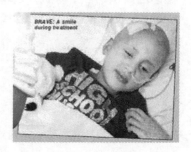

人们的体检方式也会发生改变。霍德曾写道："2018年6月，萨莉拿出一个小型设备，在手指上按了一下，取了一小滴血。利用这滴血，可以进行2000项不同的检测，并将数据无线发送到远程计算机上进行分析……"

此外，科学家已经研制出了"纳米粒子"，它是一种微型分子。这些分子可以像智能炸弹一样摧毁癌细胞。在过去的试验中，用这样的方式杀死过90%的癌细胞，这将使得癌症治疗发生根本性的变革。

### 7. 人类与机器人融合

出现时间：2100年前

预测者：麻省理工学院罗德尼·布鲁克斯

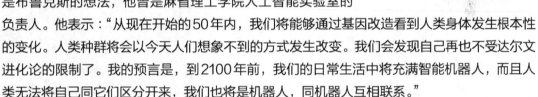

未来的几年，机器人可能拥有与老鼠、猫或狗甚至猴子一样的智力。到那个时候，有人觉得机器人可能很危险。有人建议应该在它们的"大脑"中植入芯片，这样一旦当它们产生了恶念，就可以将它们关闭。

但是也有人说，为什么人类不和机器人融合呢？而这正是布鲁克斯的想法，他曾是麻省理工学院人工智能实验室的负责人。他表示："从现在开始的50年内，我们将能够通过基因改造看到人类身体发生根本性的变化。人类种群将会以今天人们想象不到的方式发生改变。我们会发现自己再也不受达尔文进化论的限制了。我的预言是，到2100年前，我们的日常生活中将充满智能机器人，而且人类无法将自己同它们区分开来，我们也将是机器人，同机器人互相联系。"

这样的优点是，有一天当你醒来时，你会发现自己的身体很完美：美丽、超级强壮而且长生不老。

### 8. 太空电梯

出现时间：2100年前

预测者："碳设计"公司创始人布拉得雷·爱德华兹

设想一下，有一天你走进电梯，按下上升按钮就到了外太空，是不是很酷？这就是太空电梯，它将使向游客开放宇宙的梦想成为现实。

太空电梯的载人舱能够在数千万米长的电缆上移动，而电缆则靠地球转动产生的离心力来固定。碳纳米管的出现又朝这一梦想的实现前进了一步。爱德华兹已证明利用纳米技术可以做出能够支撑太空电梯的超强力电缆。

爱德华兹表示："建造一个200吨的电梯是个合理的设想，而且具有商业价值。一个200吨的太空电梯的大小相当于一架大型的商务飞机。太空电梯的大小完全取决于我们的意愿，不受任何物理层面的限制。"

### 9. 变形

出现时间：2100年前

预测者：美国英特尔公司贾森·坎佩利

在电影《终结者2》或《X战警》中都有外形变形的情景，而这也是研究"可编程物质"的科学家们的梦想。他们制造出了与大头针的针帽一样大小的电脑芯片，这是一种纳米级的微型电脑，被称作"catoms"。将这些电脑芯片进行编程，这些芯片根据既定电荷的不同有不同的组合方式。

坎佩利表示："比如，我的手机放到口袋里显得太大，如果拿在手里玩又太小。如果有纳米（可编程）芯片，那么我可以随时让手机变成我想要的形状。"英特尔公司高级研究员贾斯汀·拉特纳称："在未来40年内，这将成为一个很普通的技术。"

### 10. 建造星际飞船

出现时间：2100年

预测者：康奈尔大学梅森·佩克博士

恒星离我们太远了，就连最近的恒星也需要我们的火箭花费7万多年才能到达。但是佩克相信，第一艘星际飞船会是一个微型的电脑芯片，只有指甲盖大小。即使只有少量的芯片到达了恒星，这就足以发回有价值的信息。佩克博士的设想是，向木星周围发射数百万个芯片，这样木星周围强大的磁场将能够将它们加速到"每秒上万千米"，而且他认为这一速度还可以无限增加直至接近光速。

附录

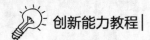

# 附录一　小发明小创造项目任务书

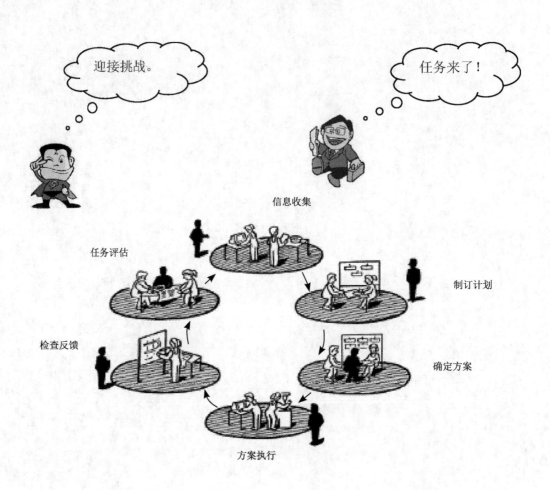

项目名称：
_____
项目小组成员：
_____
_____
项目完成时间：
_____

## 学生工作页——信息收集

| 项目名称 | |
|---|---|
| 基本信息 | 项目创意来源： |
| | 项目任务分析： |
| 技术信息 | 项目任务目标分解： |
| | 项目任务可以借鉴的技术： |
| 信息收集手段 | |

## 学生工作页——制订计划

| 项目名称 | |
|---|---|

项目设计的目标（子目标）：

目标实现的原理与图纸（怎样的结构和方法达到你的目的，可附页）：

目标实现的制作与安装流程：

制作所需材料工具清单：

| 备注 | |
|---|---|

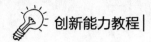

## 学生工作页——确定方案

| 项目名称 | |
|---|---|

项目设计可行性评估（可附页说明）：

对计划的改进措施说明：

确定小组在任务行动中的分工情况：

确定任务行动的时间进度表：

制订任务的评估标准：

| 备注 | |
|---|---|

## 学生工作页——方案执行与执行反馈

| 项目名称 | | 工作时间（每天1页） | |
|---|---|---|---|
| 工作内容 | | | |
| 执行过程中出现的问题及解决方法 | 问题1： | | |
| | 解决办法： | | |
| | 问题2： | | |
| | 解决办法： | | |
| | 问题3： | | |
| | 解决办法： | | |
| 工作小结 | | | |
| 备注 | | | |

## 学生工作页——项目评估

| 项目名称 | | 日期 | |
|---|---|---|---|
| 任务完成评估 | | | |
| 实际使用情况反馈 | | | |
| 需要改进的部分及怎样改进 | | | |
| 改进后的使用效果 | | | |
| 备注 | | | |

# 附录二　中职学生创新能力评价表

学生姓名_____　评价时间_____　评价总分_____

| 评价项目 | 评价内容 | 评价标准（方法） | 评价值 |
|---|---|---|---|
| 基本素养（20分） | 参与学习活动表现（5分） | 1. 从不参与学习活动，经常做一些与要求无关的事（0分）<br>2. 有时参与学习活动，有时做一些与要求无关的事（1～2分）<br>3. 经常参与学习活动，基本不做与要求无关的事（3～4分）<br>4. 积极组织及主动参加各种学习活动，有强烈的求知欲（5分） | |
| | 良好的学习习惯（5分） | 1. 不爱护工具，浪费材料，操作中无秩序，操作后不整理工位，不注意安全（0分）<br>2. 有时不爱护工具，有浪费材料现象，操作中不注意秩序，操作后整理不到位，有安全问题产生（1～2分）<br>3. 能爱护工具，基本没有浪费材料现象，操作中注意秩序，操作后整理到位，没有安全问题产生（3～4分）<br>4. 非常爱护工具，能规划使用材料，操作中有良好的技巧应用，操作全过程达到6S要求（5分） | |

续表

| 评价项目 | 评价内容 | 评价标准（方法） | 评价值 |
|---|---|---|---|
| 基本素养（20分） | 耐挫折力、毅力、责任感（5分） | 1. 遇到困难就主动放弃，小组合作不承担任何责任（0分）<br>2. 有时遇到困难就主动放弃，小组合作喜欢让别人承担比自己大的责任（1～2分）<br>3. 很少遇到困难就主动放弃，小组合作中有时能承担重任（3～4分）<br>4. 喜欢迎难而上，积极想办法克服困难，小组合作中敢于承担重担（5分） | |
| | 个人反思及与人沟通表现（包含团队精神）（5分） | 1. 不思进取且独来独往，自己放任自己（0分）<br>2. 对自己有一定的认识且有改进，能与他人交往（1～2分）<br>3. 当犯错或遇不测时能及时反思，矫正错误且能和多种人进行沟通（3～4分）<br>4. 经常反思自己行为，善于与人沟通，具备团队精神（5分） | |
| 观察能力（10分） | 观察兴趣、方法、见解（10分） | 1. 对任何事物不感兴趣，从不去观察身边事物（0分）<br>2. 对许多事物感兴趣，但很少有自己各种发现（1～3分）<br>3. 对许多事物感兴趣，主动去观察，有自己与他人不同的发现（4～7分）<br>4. 对许多事物感兴趣，主动去多角度观察，有自己与他人不同的发现和独特的合理见解（8～10分） | |
| 思维能力（10分） | 思维的发散性、敢于创新性（10分） | 1. 人云亦云，从没自己的想法（0分）<br>2. 有一定的想法，但大都没有合理性（1～3分）<br>3. 经常发表自己的新建议、新思维，缺乏全面性，有一定的参考价值（4～7分）<br>4. 多角度分析问题，经常提供有科学价值的建议、设想方案（8～10分） | |
| 通用能力（30分） | 使用工具方面表现（包括各种机械、电子加工技巧）（5分） | 1. 不会使用工具（0分）<br>2. 会用简单工具（1～2分）<br>3. 基本能使用各种工具（3～4分）<br>4. 能熟练使用各种工具及制造工具（5分） | |
| | 仿造技巧表现（根据给出的各种物件、制作出相同或相似的实物能力）（10分） | 1. 不会仿造（0分）<br>2. 会造一些简单物件（1～3分）<br>3. 基本能制作相似物件（4～7分）<br>4. 有较强的制作才能（8～10分） | |

续表

| 评价项目 | 评价内容 | 评价标准（方法） | 评价值 |
|---|---|---|---|
| 通用能力（30分） | 设计与绘图才能表现（5分） | 1. 不会设计及绘制图纸（0分）<br>2. 只会绘制简单的示意图（1～2分）<br>3. 会绘制正确的机械和电路图纸（3～4分）<br>4. 能设计及绘制正确的机械和电路图纸（5分） | |
| | 物化技巧表现（根据各种不同要求制造各种不同物件）（10分） | 1. 不会按要求制作物件（0分）<br>2. 会按要求做简单的物件（1～3分）<br>3. 基本能按要求制造各种物件（4～7分）<br>4. 有创造性地按要求制作各种物件（8～10分） | |
| 创造能力（30分） | 在公众场合敢于表达自己的想法并说服他人（5分） | 1. 从没自己技术上的想法，也从不敢在公众场合阐述自己的想法（0分）<br>2. 很少自己技术上的想法，只有在老师指定下才能在公众场合阐述自己的想法（1～2分）<br>3. 有自己技术上的想法，能主动在公众场合阐述自己的想法（3～4分）<br>4. 积极开拓自己技术上的想法，主动在公众场合阐述自己的想法并得到他人的肯定（5分） | |
| | 改造与提高现有生活工具、生产设备效率（含机器、物件、工具等）（10分） | 1. 对生活工具、生产设备缺乏认识（0分）<br>2. 对各种生活工具、生产设备有一定认识，能分析其原理结构（1～3分）<br>3. 能熟知生活工具、生产设备结构性能，指出其缺陷，提出改进方案（4～7分）<br>4. 能对生活工具、生产设备进行性能改造与提高其效率（8～10分） | |
| | 制造新产品、发明新技术和创新意识表现。（15分） | 1. 对制造新物件及研发新技术无认识（0分）<br>2. 对制造新产品、发明新技术感兴趣者，有一定设计制作能力（1～5分）<br>3. 有一定的动手制作新产品能力，基本达到设计目的（6～10分）<br>4. 具有创制新产品和研发新技术能力并已有作品（11～15分） | |

说明：1. 评价按该生的具体表现及作品（过程+成果）体现。
2. 培训类别按该生的得分量作归类培养。
①总分得1～30分，属创新能力很差；②总分得31～60分，属一般能力类；
③总分得61～80分，属创新潜力型； ④总分得80分以上，属良好创新型人才。

# 附录三　专利及相关知识

专利主要是指专利权。专利权是一种独占权，指国家专利审批机关对提出专利申请的发明创造，经依法审查合格后，向专利申请人授予的、在规定时间内对该项发明创造享有的专利权。

专利可以保护技术创新和革新。任何人发明创造了具有创新性及实用性的工艺方法、机器、产品或物料成分，或者对它们的改进，都可以申请专利。世界上大多数国家均拥有自己的专利制度。在一个国家获得了专利，专利拥有人在这个国家就拥有了阻止别人实施其发明的权利。在大多数国家，最长的专利保护期限是二十年。为了维持专利的有效性，必须缴纳年费，通常是每年一次。美国之外的许多国家拒绝为那些在申请专利前就公开其发明的发明人提供专利保护，因此发明人应该避免在申请专利之前公布或销售其发明。

我国专利法规定的专利有三种：发明专利、实用新型专利和外观设计专利发明，是指对产品、方法或者其改进所提出的新的技术方案。发明专利申请实行早期公开、延迟审查制度，保护期限为二十年，自申请日起算。

实用新型，是指对产品的形状、构造或者其结合所提出的适于实用的新的技术方案。实用新型专利申请实行初步审查制度，保护期限为十年，自申请日起算。

外观设计，是指对产品的形状、图案或者其结合以及色彩与形状、图案的结合所做出的富有美感并适于工业应用的新设计。外观设计专利实行初步审查制度，保护期限为十年，自申请日起算。

## 一、授予专利权的条件

**1. 不违反国家法律、社会公德，不妨碍公共利益**

**2. 专利法规定的不授予专利权的内容和技术领域**

①科学发现；

②智力活动；

③疾病的诊断和治疗方法；

④动物和植物品种；

⑤用原子核变换方法获得的物质。

对以上第④项所列产品的生产方法，可以依照专利法授予专利权。

**3. 授予专利权的发明和实用新型应当具备新颖性、创造性和实用性**

新颖性是指在申请日以前没有同样的发明创造在国内外出版物上公开发表过、在国内公开使用过或者以其他方式为公众所知，也没有同样的发明或者实用新型由他人向国家知识产权局专利局提出过申请并记载在申请日以后公布的专利申请文件中。

创造性是指同申请日以前已有的技术相比,该发明有突出的实质性特点和显著的进步,该实用新型有实质性特点和进步。

实用性是指该发明或者实用新型能够制造或者使用,并且能够产生积极效果。

**4. 授予专利权的外观设计**

应当同申请日以前在国内外出版物上公开发表过或者国内公开使用过的外观设计不相同或者不相近似,并不得与他人在先取得的合法权利相冲突。

## 二、申请专利前的准备

**1. 注意保密**

**2. 进行可行性分析**

检索国内外专利,查阅相关专业刊物,了解掌握同类技术或产品的现状,进行能否获得专利的可行性分析,避免人力、物力、财力的浪费。

## 三、申请专利的两种途径

**1. 自行申请**

专利申请人自己直接向国家知识产权局专利局邮寄申请,或到其代办处办理专利申请。国家知识产权局专利局受理处的地址是:北京市海淀区蓟门桥西土城路6号,邮编:100088.

**2. 委托代理申请**

专利申请人委托国家审批成立的合法代理机构以委托人的名义按照专利法规定向国家知识产权局专利局或其代办处办理专利申请。

委托代理申请专利的手续:

①与专利事务所签订专利代理委托合同科学发现;

②提供申请专利所需技术材料(法律规定:专利代理人负有保密责任);

③交纳代理费和申请费。

## 四、申请专利需提交哪些文件

**1. 申请发明或者实用新型专利**

请求书、说明书(实用新型专利必须有附图)及其摘要和权利要求书。

**2. 申请外观设计专利**

请求书以及该外观设计的图片或者照片等。

**3. 注意事项**

所有申请文件必须按国家规定的格式撰写或准备。

## 五、专利申请流程

实用新型和外观设计专利申请经初步审查,发明专利申请经实质审查,未发现驳回理由的，专利局将发出授权通知书和办理登记手续通知书。申请人接到授权通知书和办理登记手续通知书以后，应当在2个月之内按照通知的要求办理登记手续并缴纳规定的费用。在期限内办理了登记手续并缴纳了规定费用的，专利局将授予专利权，颁发专利证书，在专利登记簿上记录，并在专利公报上公告，专利权自公告之日起生效。未在规定的期限内按规定办理登记手续的，视为放弃取得专利权的权利。办理登记手续时，不必再提交任何文件，申请人只需按规定缴纳专利登记费（包括公告印刷费用）和授权当年的年费、印花税及发明专利申请的维持费就可以了。

专利权的终止根据其终止的原因可分为：

**1. 期限届满终止**：发明专利权自申请日起算维持20年，实用新型或外观设计专利权自申请日起算维持满10年，依法终止。

**2. 未缴费终止**：专利局将发出缴费通知书，通知申请人缴纳年费及滞纳金后，申请人仍未缴纳或缴足年费及滞纳金的，专利权自上一年度期满之日起终止。

## 六、专利申请流程图

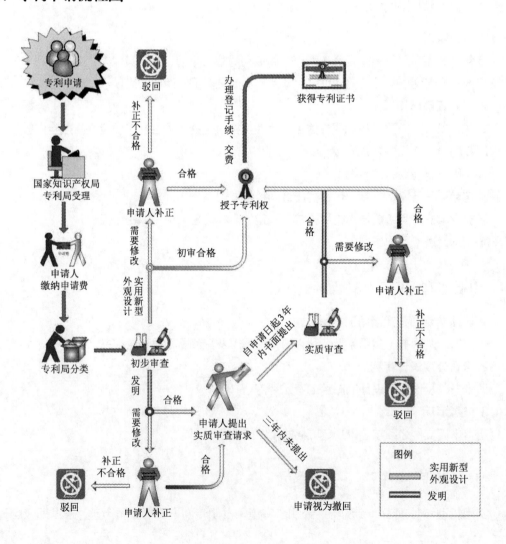

# 附录四　推荐网站

1. 中国科普网　http://www.kepu.gov.cn/index.htm
2. 科普知识网　http://kpzs.net/
3. 中学生科技　http://www.zxskj.com/
4. 学生科技网　http://www.student.gov.cn/sxyd/xfm/list.shtml
5. 央视网　　　http://cctv.cntv.cn（探索发现，地理中国，走进科学，我爱发明，自然传奇，科技之光栏目）

# 附录五　部分参考答案

## 第一章　处处留心皆学问
### 项目一　观察思考身边的事物

【项目练习】

1. 5处不同
2. 图中箭头所示

图1-2

3. 一般情况下，波长短的冷色光成像焦点往往在视网膜前，这就造成了其在视网膜上的成像较波长长的暖色光成像小。波长长的暖色光往往成像焦点往往在视网膜后，这造成了其在视网膜上的成像较波长短的冷色光呈像大。故波长长的红橙色有迫近感与扩张感，而波长短的蓝紫色有远逝感与收缩感。进行各种色彩设计时，为了达到各种色块在视觉上的一致，就必须按色彩的膨胀和收缩规律进行调整。

4. 这是一种视觉的错觉，现实生活中不存在。

5. 盲道不通畅

6. 这只是人体自己的感觉，实际并不是这样。

7. 12-9=3

8.

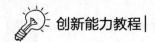

## 项目二 事物观察中的关键问题

【项目练习】

1. 略

2. 如果是美味的李子树长在路边，一般情况下，树上的李子不会留有这么多，路过的人早就摘光了。

3. 从左到右：冰淇淋郁金香，蜂巢花，球兰。

4. 略

5. 厚厚的羊毛地毯上跑动应该听不到明显的脚步声。

6. 站牌设计太靠近马路，行人查看时会产生安全问题。

7. 公共汽车驶向A，因为从正面看不到车门，所以车门必然在反面看不到的一面，而美国车辆是靠右行驶的，所以车门必然在车的右面。故推出车正驶向A。

8. 右边不是一个长方形（可用三角函数证明）。

9. 晚上由于海水温度下降慢，陆地温度下降快，会形成海面向陆地的气流，因此是朝南的房间才会有风吹进来。

10. 略

## 项目三 身边事物中的科学技术知识

【项目练习】

1. 请你回答问题。

（1）没有空气，声音无法传播。

（2）水壶盛水前，壶壁上吸附着一层空气，添水后，这层空气就变成了无数微小的气泡。因吸附力大于气泡受到的浮力，故水并不能使它们脱离壶壁。当水温升高时，气泡周围的水在气泡内蒸发，使气泡体积增大，当温度达到七八十摄氏度时，变大的气泡受到的浮力超过了吸附力，它们就要离开壶壁纷纷上升，同时在壶壁上仍遗留下一部分空气，这部分空气会以更快的速度增加体积而上升。上升的气泡遇到周围的凉水，气泡里的水蒸气就要液化，使气泡迅速变小或破裂。由于无数气泡在壶底急剧膨胀，又在上升中迅速变小，壶里的水就处于激烈的振动状态，进而又引起了空气的振动，形成了水声。由于气泡体积大小交替变化非常快，使水的振动频率高，水声的音调也就高。后来，由于壶里各处的水温相差越来越小，气泡体积大小交替变化也越来越慢，进而引起的水声的音调就要逐渐变低。沸腾时，气泡在水面上破裂，引起了水面大幅度的翻腾，由此而引起的空气振动频率远不如前者的高，水声的音调也就低了。

（3）自来水的金属管是热的良导体，当用手接触它时，手上的热量被金属迅速吸收并传走，手表面皮肤层的水分会立即遇冷凝固，将手和自来水管"粘"在一起。

（4）有时候从保温瓶中倒出一大杯开水后，瓶塞会跳起来是因为外界的冷空气乘机钻入保温瓶，瓶塞塞上后，冷空气被封闭在瓶子内并与热开水发生了热传递，冷空气温度升高，气体受热膨胀对外做功，就把塞子抛出瓶口，这时只要轻轻塞上瓶塞，然后摇动几下保温瓶，使开水蒸发出大量水蒸气，把冷空气这不速之客从保温瓶中赶出去，然后按紧瓶塞后就无后顾之忧了。

（5）有人说风筝是风吹上天的，说的不全对，纸片被风吹上天不一会儿就自己落到地面来。风筝被线拉着与风吹来的方向有一定的角度，当风刮到风筝上的时候，由于风筝的阻挡风的方向发生改变，风筝给风一股力量，使风转变了方向。根据牛顿第三定律，作用力与反作用力的大小相等，方向相反，分别作用在相互作用的两个物体。风也就给风筝一个反作用力，这个力使风筝向上，向远方飘去，这时只要适当地放开拉住风筝的细线，风就把风筝送上了天空。当人拉紧细线，细线对风筝的拉力与风对风筝的作用力方向相反，不让风筝远去。风筝在这两个力的作用下，悬在半空中。如果风速太小，风对风筝的作用力不足以支持风筝的重力和细线的拉力，风筝就会从高处向下跌落。一般靠近地面的风力较小，必须设法使风筝达到一定的高度，才能自动上升到更高处，线在空中飘浮。因此人们往往拉着风筝迎着风跑，或登到高处使吹到风筝上的风速大一些，使风筝飞升上天。

（6）胆汁中产生苦味的主要成分是胆汁酸，因为它难溶于水，所以渗入鱼肉中的胆汁，用水是很难完全洗除的。而纯碱能与胆汁酸发生反应，生成物是胆汁酸钠，它可溶于水。所以弄破了鱼胆，只要在沾了胆汁的鱼肉上抹些纯碱粉，稍等片刻再用水冲洗干净，苦味便可消除。如果胆汁污染面积较大，可把鱼放到稀碱液中浸泡片刻，然后再冲洗干净，苦味可以消除。

（7）因为菠菜里有草酸，豆腐里含钙，一起吃会生成草酸钙，难以吸收。

2. 请你解释下列现象。

（1）重心高低问题，空瓶重心最高容易倒。

（2）黑色比白色更能吸收光线。

（3）牛奶中的蛋白质烧焦了变黄。

（4）化学物质磷元素会自燃造成。

3. 略

4. 略

5. 略

6. 漂浮于空中。

## 第二章　点点思考聚知识

### 项目一　信息的收集与处理

【项目练习】

1. 略

2. 在产品生产中，要注重操作的便捷和外观美化。

3. 物体惯性与速度无关。

4. 公交总站应该迁移。

5. 左图违反物理中液体连通器原理，右图违反物理中光线折射原理。

6. 红色为220V进线。

7.

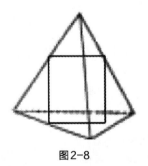

图2-8

8. 7桶

9. 首先将最下面那一排的首尾两颗移到第二排的首尾，再将第一排的放在最下面。

10. 2个

11. 如图

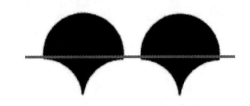

12. 3月1日后的38天，即当年4月7日。

### 项目二　思维的逻辑训练

【项目练习】

1. 在100米竞赛中，你追上了第二名，那你现在是第二名。如果你追上了最后一名，那你不是运动员。

2. 假设小赵是士兵，那么就与题目中"小赵的年龄比士兵的大"这一条件矛盾了，因此，小赵不是士兵；假设小张是大学生，那就与题目中"大学生的年龄比小张小"矛盾了，因此，小张不是大学生；假设小王是大学生，那么，就与题目中"小王的年龄和大学生的年龄不一样"这一条件矛盾了，因此，小王也不是大学生。所以，小赵是大学生。由条件小赵的年龄比士兵的大，大学生的年龄比小张小得出小王是士兵，小张是商人。

3. 这是个偷换概念的问题，每人每天9元，老板得到25元，伙计得到2元，27=25+2。不能把客人和伙计得到的钱加起来。

4. 先拿6块木料，一边三个，如果一样重，就把这6块木料放在一边，然后在剩余的6块木料中4块，一边放两块，如果一样重，就把剩余的两块木料分别放在天平的两边，这样就可以找到重量不同的那块木料了。

5. 提示：A、B、F、G、C、D、F、H

6. 从后向前演算，长女分得最后剩下的半数再加半头，可以推想出半头就是半数，最后剩下的只是1头牛。依此类推次子分得了3头，长子分得4头，妻子分得的是8头，合计是15头。反过来去验证是否正确。

**7.** 其步骤是：(1)把水饺放入沸腾的水中，用两个砂计时器开始计时。(2)待小砂计时器的砂漏光时，也就是八分钟后，再马上倒过来开始计时。(3)大的砂计时器的砂漏光时，也就是十五分钟后，小砂计时器经过了七分钟在这种状态下，把小砂计时器倒过来。(4)再经过七分钟，小砂计时器的砂漏光后，从最初的时间算起是十五分加七分，水饺便煮好了。

**8.** 王：英语，数学；李：语文，历史；赵：物理，政治

**9.** 假设卖葱的一共有20斤大葱，包括葱白和葱叶，所有的大葱是一模一样的。再假设一棵大葱重一斤，葱白8两，葱叶2两，如果大葱1元一斤的话，所有的大葱可以卖20元，如果分开的话，葱白可以卖0.8×0.8=0.64（元），葱叶0.2×0.2=0.04（元），这是一棵大葱分开卖的结果，20斤大葱分开卖所得的钱数是0.64×20+0.04×20=12.8+0.8=13.6（元），此数小于20。所以由此推理知道，分开卖的话卖葱人是肯定赔的。

**10.** 先把啤酒瓶底的直径测量出来，这样就可以计算出瓶底的面积。再在瓶中注入约一半的水，测出水的高度，做好记录；盖好瓶口后，把瓶子倒过来测量出瓶底到水面的高度，做记录。将两个做好的记录相加再乘以瓶底的面积便可知啤酒瓶的容积了。

**11.** 第一步，先将10斤酒倒满7斤的桶，再将7斤桶里的酒倒满3斤桶；第二步，再将3斤的桶里的酒全部倒入10斤桶，此时10斤桶里共有6斤酒，而7斤桶里还剩4斤；第三步，将7斤桶里的酒倒满3斤桶，再将3斤桶里的酒全部倒入10斤桶里，此时10斤桶里有9斤酒，7斤桶里只剩1斤；第四步，将7斤桶里剩的酒倒入3斤桶，再将10斤桶里的酒倒满7斤桶；此时3斤桶里有1斤酒，10斤桶里还剩2斤，7斤桶是满的；第五步，将7斤桶里的酒倒满3斤桶，即倒入2斤，此时7斤桶里就剩下了5斤，再将3斤桶的酒全部倒入10斤桶，这

样就将酒平均分开了。

**12.** 方块5

**13.** 把第二杯的水倒入第四个空杯。

**14.** C是凶手。

**15.** 略

### 项目三　发散思维的训练

【项目练习】

**1.** 该律师为女性。

**2.** 祖孙三人。

**3.** 小李是司机。

**4.** 乒乓球躲在墙角。

**5.** 排成六边形。

**6.** 月球无空气，鸟很快就死了。

**7.** 架一座300米宽的桥。

**8.** 不对，最佳线路是提了满桶的水送到小房子里去的路程应该最短。

**9.** 支撑柱藏在水柱里。

**10.** 斜着量，对角线处正好为一半。

**11.** 略。

**12.** 略。

### 项目四　解决问题的一般思维特征

【项目练习】

**1.** 混合在一起的铁屑、木屑、沙子和糖先用磁铁吸取铁屑。剩下的放入水杯，注入水，木屑漂浮在水面捞出。沙子沉淀在底部，把水倒出即可，倒出的水烧干后得到糖。

**2.** 略

**3.** 略

**4.** 略

**5.** 略

## 第五章　解决问题的策略

### 项目一　怎样发现问题

【项目练习】

**1.** 把最重的扔下去。

**2.** 凶手是死者的弟弟。

**3.** 聂海胜的航天工作服上大兜里有实验用的道具。

**4.** 磁性物质的录音功能。山谷中有许多铁磁性矿

物质，在一定电磁环境中相当于录音机原理把声音录下来，同时在近似的条件下把声音播出来。

5. 略。

6. 不管这个传说的可信度有多大，如果考虑一下把64片金片，由一根针上移到另一根针上，并且始终保持上小下大的顺序。这需要多少次移动呢？这里需要递归的方法。假设有 $n$ 片，移动次数是 $f(n)$。显然 $f(1)=1, f(2)=3, f(3)=7$，且 $f(k+1)=2\times f(k)+1$。此后不难证明 $f(n)=2^n-1$。n=64时，f（64）= $2^{64}-1=18446744073709551615$

假如每秒钟一次，共需多长时间呢？一个平年365天有 31536000 秒，闰年366天有31622400秒，平均每年31556952秒，计算一下，18446744073709551615/31556952=584554049253.855年

这表明移完这些金片需要5845亿年以上，而地球存在至今不过45亿年，太阳系的预期寿命据说也就是数百亿年。真的过了5845亿年，不说太阳系和银河系，至少地球上的一切生命，连同梵塔、庙宇等，都早已经灰飞烟灭。

## 第七章　创新来自需要

### 项目一　培养创新意识

【项目练习】

1. 脑筋急转弯

（1）脑袋瓜。

（2）1个小朋友拿到的是1个馒头，但馒头放在盆里。

（3）水字加两点水变冰字。

（4）老王是理发师。

（5）错。

（6）做梦。

（7）小明是盲人学生。

（8）风车。

（9）车轨上。

（10）盲人。

（11）小明是监考老师。

（12）备用轮胎。

（13）一个。因为吃了一个后就不是空肚子了。

（14）圣诞老人。

（15）睁开眼睛。

# 参考文献

［1］徐保平.全世界优等生都在做的1000个思维游戏.北京：中国时代经济出版社，2007.

［2］罗杰·冯·伊区著.当头棒喝——如何激发创造力.黄宏义译.北京：中国友谊出版公司，1985.

［3］武敬敏，杜慧.哈佛考考你.北京：中国广播电视出版社，2009.

［4］晨曦.科学制作总动员.广西：南海出版社，2011.

［5］胡瑞亮.让青少年受益一生的发明故事.北京：中国长安出版社，2010.

［6］郭漫.人类最伟大与最糟糕的发明.北京：航空工业出版社，2011.

［7］房龙著.发明的故事.李丽萍译.北京：北京大学出版社，2011.